Marcus Hodel
Alexander Berger
Peter Risi

Outsourcing realisieren

**Vorgehen für IT und Geschäftsprozesse
zur nachhaltigen Steigerung
des Unternehmenserfolgs**

2., verbesserte und erweiterte Auflage

Mit 45 Abbildungen

vieweg

Bibliografische Information Der Deutschen Bibliothek
Die Deutsche Bibliothek verzeichnet diese Publikation in der Deutschen Nationalbibliografie;
detaillierte bibliografische Daten sind im Internet über <http://dnb.ddb.de> abrufbar.

Die Wiedergabe von Gebrauchsnamen, Handelsnamen, Warenbezeichnungen usw. in diesem Werk berechtigt auch ohne besondere Kennzeichnung nicht zu der Annahme, dass solche Namen im Sinne von Warenzeichen- und Markenschutz-Gesetzgebung als frei zu betrachten wären und daher von jedermann benutzt werden dürfen.

Höchste inhaltliche und technische Qualität unserer Produkte ist unser Ziel. Bei der Produktion und Auslieferung unserer Bücher wollen wir die Umwelt schonen: Dieses Buch ist auf säurefreiem und chlorfrei gebleichtem Papier gedruckt. Die Einschweißfolie besteht aus Polyäthylen und damit aus organischen Grundstoffen, die weder bei der Herstellung noch bei der Verbrennung Schadstoffe freisetzen.

1. Auflage 2004
2., verbesserte und erweiterte Auflage März 2006

Alle Rechte vorbehalten
© Friedr. Vieweg & Sohn Verlag | GWV Fachverlage GmbH, Wiesbaden 2006

Lektorat: Dr. Reinald Klockenbusch / Andrea Broßler

Der Vieweg Verlag ist ein Unternehmen von Springer Science+Business Media.
www.vieweg.de

Konzeption und Layout des Umschlags: Ulrike Weigel, www.CorporateDesignGroup.de
Umschlagbild: Nina Faber de.sign, Wiesbaden
Druck- und buchbinderische Verarbeitung: MercedesDruck, Berlin
Printed in Germany

ISBN 3-8348-0114-3

Edition CIO

Herausgegeben von Andreas Schmitz und Horst Ellermann

Der Schlüssel zum wirtschaftlichen Erfolg von Unternehmen liegt heute mehr denn je im sinnvollen Einsatz von Informationstechnologie. Nicht ob, sondern WIE die Informationstechnik der Motor für wirtschaftlichen Erfolg sein wird, ist das Thema der Buchreihe. Dabei geht es nicht nur um Strategien für den IT-Bereich, sondern auch deren Umsetzung – um Architekturen, Projekte, Controlling, Prozesse, Aufwand und Ertrag.

Die Reihe wendet sich an alle Entscheider in Sachen Informationsverarbeitung, IT-Manager, Chief Information Officer – kurz: an alle IT-Verantwortliche bis hinauf in die Chefetagen.

Konsequente Ausrichtung an der Zielgruppe, hohe Qualität und dadurch ein großer Nutzen kennzeichnen die Buchreihe. Sie wird herausgegeben von der Redaktion der IT-Wirtschaftszeitschrift CIO, die in Deutschland seit Oktober 2001 am Markt ist und in den USA bereits seit 19 Jahren erscheint.

Bereits erschienen:

Netzarchitektur – Entscheidungshilfe für Ihre Investition
Von Thomas Spitz

Management von IT-Architekturen
Von Gernot Dern

Kommunikationssysteme mit Strategie
Von Peter Fidrich

Chefsache IT-Kosten
Von Theo Saleck

Optimiertes IT-Management mit ITIL
Von Frank Victor und Holger Günther

Chefsache Open Source
Von Theo Saleck

Von der Unternehmensarchitektur zur IT-Governance
Von Klaus D. Niemann

IT-Controlling realisieren
Von Andreas Gadatsch

Outsourcing realisieren
Von Marcus Hodel, Alexander Berger und Peter Risi

Weitere Titel sind in Vorbereitung.

www.vieweg.de

Vorwort zur ersten Auflage

Der eine wartet, bis dass die Zeit sich wandelt,
der andere packt sie kräftig an und handelt.

Dante Alighieri

Ausgangslage

Wir befinden uns erst am Beginn einer grösseren und umfassender werdenden Outsourcing-Welle. Zu Beginn des Outsourcing waren es vorwiegend IT-nahe Funktionen und Bereiche und mittlerweile sind es ganze Prozesse, die, teilweise losgelöst von der IT, ausgelagert werden. Aus diesem Grunde habe ich, zusammen mit meinen Co-Autoren, unsere Erfahrungen, Ideen und Vorschläge in diesem Buch niedergeschrieben, um Betroffenen und Beteiligten verschiedene Hilfestellungen sowie einen raschen Überblick in die komplexe Materie zu geben.

Motivation

Zurzeit gibt es wenige bis keine öffentlich zugängliche Unterlagen auf dem deutschsprachigen Markt, die eine konkrete Vorgehensweise (Phasenmodell), Aktivitäten, Ergebnisse, Checklisten, Templates sowie Praxisempfehlungen kombinieren. Mit anderen Worten: ich wollte eine Art „Kochbuch" für die Durchführung eines Outsourcing-Vorhabens bzw. -projektes erstellen, indem klar aufgezeigt wird, wann, was, wie und mit wem zu tun ist

Absichten

Das Hauptziel des vorliegenden Buches ist, eine Verbindung aus der praktischen Erfahrung in Projekten mit den theoretischen Aspekten (im Sinne eines übergeordneten Rahmens) herzustellen. Weitere Ziele sind:

- Ein übersichtliches und leicht verständliches Handbuch

- Aufzeigen von praxiserprobten Lösungen

- Hinweise, was in der Praxis funktioniert und speziell was nicht (Stolpersteine und Risiken)

- Checklisten zu liefern mit den zentralen Fragestellungen, die umgehend eingesetzt werden können

- Die Outsourcing-Phasen mit den zugehörigen Dokumenten transparent zu gestalten

- Ein fundiertes und erprobtes Vorgehensmodell aufzuzeigen, und gleichzeitig einen wissenschaftlichen Beitrag zu liefern.

Herausforderung

In der Praxis sind Outsourcing-Projekte vom Prozess her ähnlich, in der Ausgestaltung und den Schwerpunkten jedoch individuell verschieden. Der Erfolg kann sich für das Unternehmen "ABC" einstellen, währenddessen er sich für "XYZ" nur bedingt oder sogar gar nicht einstellen wird. Der Gap zwischen Erfolg und Misserfolg liegt u.a. darin begründet, dass jedes Unternehmen andersartige Voraussetzungen wie z.B. Firmenkultur, Zeithorizont, Firmengrösse, Radikalität bei der Ausgestaltung und Umsetzung des vorgelagerten Business (Re-) Engineering und dem Umfang des Outsourcing hat. Ferner sind die Schlüsselfaktoren wie Finanzen, Skills, Beratereinsatz sowie Ressourcen nicht überall gleich umfassend und v.a. nicht zu Projektbeginn vorhanden. Zu guter Letzt ist der Leidensdruck unterschiedlich hoch und somit verschieden stark ausgeprägt.

Alle beschriebenen Vorgehensweisen, Ergebnisse und Lösungen, haben bei der Autorenschaft funktioniert – nur ist der Projekterfolg teilweise vergleichbar mit dem Kochen: das Kochbuch gibt das Vorgehen und die Zutaten mit Angabe der Menge vor. Nun weiss jeder, dass gewisse Zutaten nicht (voll umfänglich) verfügbar sind, das Mischverhältnis, aus welchen Gründen auch immer, anders gewählt werden kann, manchmal eine günstigere Qualität genommen wird und falls Eile herrscht, man sich auf das Wesentliche beschränken muss. Dass der Erfolg sich folgedessen nur bedingt oder in einigen Fällen gar nicht einstellen wird, und das (Outsourcing-) Gericht nicht wie im Kochbuch abgebildet aussieht und möglicherweise wenig anders mundet, ist vermutlich keine Überraschung.

Dank

In der heutigen „Hier und Jetzt-Gesellschaft" ist es äusserst schwierig Menschen zu finden und zu gewinnen, die sich bereit erklären, einen Beitrag für ein Buch zu leisten, um so das Wissen weiterzugeben. Aus diesem Grund freut es mich ganz besonders, dass ich Fachleute für das vorliegende Buch habe gewinnen können und diese sich spontan bereit erklärten, mitzuarbeiten sowie Fachbeiträge zu liefern. Darüber hinaus ist es unmöglich, das Thema Outsourcing in seiner ganzen Breite und Tiefe alleine aufzuarbeiten. Mit dieser Erkenntnis bin ich dazu übergegangen, einen Teil der Theorie und Praxisbeiträge „outzusourcen".

Gerne bedanke ich mich bei nachfolgenden Personen für die vielen Ideen, die detaillierten Gespräche und die vielen Abende, die sie nicht mit der Familie verbringen konnten sowie für die interessanten, angeregten und teilweise hitzig geführten Diskussionen (auch Experten sind nicht immer der gleichen Meinung...) – ohne sie wäre diese Arbeit fachlich nicht so ausgeglichen ausgefallen:

- Alexander Berger für die Beiträge im Kapitel 1 – Outsourcing-Welt - und Kapitel 3 – Praxisbeispiele - zum Thema Facility Management

- Peter Risi für die wertvollen Beiträge im Kapitel 2 – Outsourcing realisieren – sowie das Einbringen seiner übersichtlichen und gut strukturierten Grafiken

- Werner Bolter und Edwin Meier für das fundierte Praxisbeispiel der Piatti AG

- Rocco Leone für den interessanten Beitrag zum Praxisbeispiel ASP

- Im Weiteren den zahlreichen „Probelesern" für ihre hilfreichen, kritischen Kommentare und Ergänzungen.

Last but not least gilt ein ganz besonderer Dank meiner Frau Genoveva, die nebst ihrer moralischen Unterstützung auch als Lektorin fungierte (indem sie u.a. die Tippfehler meiner fünfzehn Monate alten Tochter, die den Papa unterstützen wollte, korrigiert hat).

Nun wünsche ich Ihnen ein spannendes und unterhaltsames Lesen (trotz der trockenen Materie) mit vielen für Sie brauchbaren Anregungen und Praxisbeispielen.

Jede Arbeit ist nur so gut wie der Feed-back dazu. Sollten Sie Fragen, Interesse an weiteren Unterlagen, Informationen oder Material haben bzw. eine andere Meinung oder auch Erfahrung mit einzelnen Themen gemacht haben, so zögern Sie bitte nicht, mich unter nachfolgender Adresse zu kontaktieren:
Cheetah Consulting
Marcus Hodel
Vorstadt 32
CH-6304 Zug
Email: marcushodel@netscape.net

Zug, im Januar 2004
Marcus Hodel

Vorwort zur zweiten Auflage

Seit dem Erscheinen der ersten Auflage sind ein wenig mehr als 18 Monate vergangen. Feedbacks sowie Wahrnehmungen von Kunden als auch neue Erfahrungen aus den Projekten wurden in diese zweite Auflage eingearbeitet. Auf die einzelnen Kapitel bezogen, heisst dies

Änderungen

- Kapitel 1: überarbeitet, neu strukturiert und erweitert
- Kapitel 2: Neu sind die Beschreibung von Anforderungen sowie die Learnings
- Kapitel 3: unverändert
- Kapitel 4: Ergänzungen und Komplettierung der Checklisten

Allgemein lässt sich der Kunden- und Projekt-Feedback wie folgt zusammenfassen:

Outsourcing-Projekte und –Einführungen scheitern weniger an den Tools oder Methoden als viel mehr an den Soft Factors. Als Konsequenz ist dem kritischen Erfolgsfaktor Mensch vermehrt und im besonderen Masse Beachtung zu schenken.

Im Projekt in dem ich zur Zeit in Süd-Afrika tätig bin, reicht es nicht aus, dass der Projektleiter auf seiner Ebene Change Management durchführt, sondern es wurde ein ganzes Team mit Change Managern aufgestellt, um die Projektphasen, die Einführung sowie die erste Zeit „danach" aktiv zu begleiten.

Immer öfter wird mir zugetragen, dass es erhebliche Probleme mit dem Offshoring gibt, dabei ist es unerheblich, ob z.B. nach Indien oder in die neuen europäischen EU-Länder ausgelagert wird. Als Hauptschwierigkeiten und somit Risiken werden Kulturunterschiede, Zeitzonen, Sprachprobleme, Arbeitstechniken, Entfernung, fehlende persönliche Beziehungen genannt.

Ein weiterer Stolperstein ist die Beschreibung von praktikablen Anforderungen. Von Kundenseite scheint es wenig Erfahrung mit dem sog. „Requirement Engineering" zu geben. Was will ich eigentlich und was nicht, für welche Leistungen bin ich bereit zu bezahlen, welche können weggelassen werden.

Diesem Umstand wurde Rechnung getragen, indem neu das Kapitel „Beschreibung von Anforderungen" aufgenommen wurde, um so dem Leser eine Hilfestellung zu geben.

Seit zwei Jahren lebe und arbeite ich nun in Süd-Afrika. Hier ist es mir wieder (wie bei meinem Aufenthalt in den USA) bewusst geworden, dass in Europa Outsourcing im Allgemeinen eine Kulturfrage darstellt. Das heisst, dass der überwiegende Teil der Mitarbeiter gegenüber Outsourcing-Vorhaben kritisch bis negativ eingestellt sind, im Gegensatz dazu die Südafrikaner. In vielen Gesprächen habe ich erfahren, dass sie unterschiedliche Jobs (Kellner, Versicherungsverkäufer, Immobilienmakler, etc.) wahrgenommen haben und in diversen Regionen des Landes gelebt und gearbeitet haben. Somit ist ein Outsourcing-Projekt ein ganz normaler Alltagsprozess. Folge dessen ist die Einstellung zu Outsourcing auch kulturell bedingt sowie von der individuellen Wahrnehmung des Einzelnen abhängig. Eventuell können Europäer hinsichtlich (Outsourcing-)Kultur noch etwas dazu lernen.

Dank Unser Dank geht an all diejenigen, die uns bei der Erstellung der ersten und zweiten Auflage tatkräftig unterstützt haben. Insbesondere möchten wir uns für die Unterstützung in dieser Auflage bedanken bei:

- Frau Simone Wägele. Sie hat ihre Diplomarbeit zum Thema Auslagerung von Lohn- und Gehaltsabrechnung anhand eines praktischen Beispiels geschrieben und uns als Kurzfassung zur Verfügung gestellt.

- Herrn Sebastian Kübler: Er hat seine Diplomarbeit zum Thema Service Level Agreements geschrieben und uns den Teil der empirischen Studie zur Verfügung gestellt. Herr Kübler selbst wurde im Rahmen seiner Diplomarbeit durch Herrn Michael Suska, Head of Shared Services Consulting, Partner Deloitte Consulting GmbH als Mentor unterstützt. Auch ihm gilt unser Dank.

Ein besonderer Dank gilt Herrn Reinald Klockenbusch vom VIEWEG-Verlag für die angenehme Zusammenarbeit.

All diejenigen, die sich die Mühe gemacht haben, via E-Mail, Rezension Feedback zu geben, den wir sehr zu schätzen wissen, sei hiermit herzlich gedankt. Darum auch hier wieder die Aufforderungen an Sie, geschätzte Leserin, geschätzter Leser, uns Feedback zu geben. Sie erreichen mich am besten unter marcus@adept.co.za.

Marcus Hodel, Somerset West, im November 2005

Inhaltsverzeichnis

1   Die Outsourcing-Welt

Der Mensch hat dreierlei Wege klug zu handeln: erstens durch Nachdenken, das ist der edelste; zweitens durch Nachahmen, das ist der leichteste; und drittens durch Erfahrung, das ist der bitterste.

Konfuzius

1.1   Einführung

1.1.1   Zielsetzung und Aufbau des Buches

Zielgruppe

Für den Einsteiger oder wenig projekterfahrenen Leser bilden die Kapitel 1 - Theorie - und Kapitel 3 - Praxisbeispiele - wichtige und einfache Einstiegs- sowie Orientierungshilfe. Projektleiter und Führungskräfte, die mit Outsourcing konfrontiert sind, finden im Kapitel 2 eine Fülle von Information über das „Doing", also in welcher Projektphase „wer", „was", „womit" zu tun hat.

Gliederung

Das Buch gliedert sich in die nachfolgend aufgeführten vier Teile mit in sich geschlossenen Themengebieten.

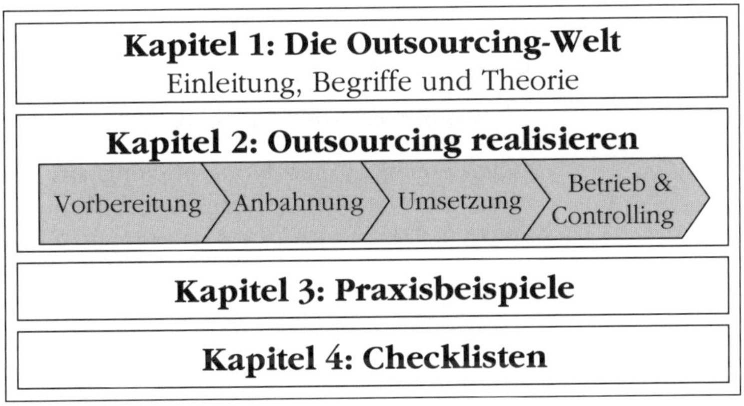

Kapitel 1: Die Outsourcing-Welt
Einleitung, Begriffe und Theorie

Kapitel 2: Outsourcing realisieren

Vorbereitung · Anbahnung · Umsetzung · Betrieb & Controlling

Kapitel 3: Praxisbeispiele

Kapitel 4: Checklisten

Abbildung 1: Buchaufbau

Zu Beginn jeden Kapitels gibt es für den Leser eine Kurzeinführung bzw. thematische Übersicht.

Kapitel 1 – Die Outsourcing-Welt

In diesem Kapitel werden die Grundbegriffe des Outsourcing im umfassenden Sinne eingeführt, definiert und ähnlich lautende Definitionen gegeneinander abgegrenzt. Neben der historischen Entwicklung des Outsourcing wird auch ein Blick in die Zukunft des Outsourcing gewagt.

Kapitel 2 – Outsourcing realisieren

Dieser Teil zeigt in ausführlicher Weise das Vorgehen von der Idee eines Outsourcing-Vorhabens bis hin zum Betrieb & Controlling.

Kapitel 3 – Praxisbeispiele

Um dem Leser eine möglichst umfassende Sicht zu gewähren, wurden drei Projekte aus verschiedenen Industrien und Unternehmen mit unterschiedlichen Grössen (vom KMU bis zum Grossunternehmen) ausgewählt und zu Praxisbeispielen zusammengefasst.

Kapitel 4 - Checklisten

Dieser Teil enthält eine Sammlung wichtiger Checklisten, die durch die Leser – mit projekt- und unternehmensspezifischen Anpassungen – in der Projektarbeit eingesetzt werden können.

1.1.2   Problemstellung und Ausgangslage

Herkunft

Outsourcing ist eine Wortschöpfung aus „outside" und „resourcing" und bezeichnet generell den Fremdbezug von Dienstleistungen. Das Spektrum der angebotenen Dienstleistungen reicht vom externen Bezug von Einzelleistungen bis hin zur Übertragung der gesamten Verantwortung eines Prozesses.

Diese Auslagerung an ein rechtlich unabhängiges Dienstleistungsunternehmen ist zu unterscheiden von der Ausgliederung an ein rechtlich verbundenes Unternehmen.

Kernidee

Grundsätzlich geht es darum, zu überprüfen, ob aus strategischer Sicht betriebliche Funktionen, Projekte oder Prozesse zum Kerngeschäft gehören und somit selber erbracht oder diese aus wirt-

schaftlichen Überlegungen an einen externen Dienstleister übergeben werden sollen (Make or Buy-Entscheidung).

Die Kernfrage, die sich Unternehmen zu stellen haben, lautet
somit: wie tief soll ich mit meiner Wertschöpfungstiefe gehen? Je
weniger tief man geht, desto schneller ist man bei den so genannten Kernkompetenzen bzw. –geschäft, also bei denjenigen
Bereichen, die das Unternehmen besonders gut kann und für die
Kunden bereit sind, Geld zu bezahlen.

Weitere Projekte Neben der Entscheidung Make or Buy werden oft auf Grund der
gewonnenen Erkenntnisse in der Vorphase, eine Vielzahl von
Projekten aufgesetzt, z.B.

- Überprüfung der Prozesse und Strukturen (insbesondere der
  Produktionsbereiche, Stäbe und IT)

- Qualitätsverbesserungen und Standardisierungsbestrebungen

- Überprüfung der Business-Anforderungen auf Notwendigkeit
  und Relevanz

- Aufbau bzw. Ausbau des internen Controlling (Leistungsverrechnung, Stückkostenrechnung)

- Fragen zur Standortentscheidung

- Zentralisierung vs. Dezentralisierung von Bereichen

Worum geht es beim Make or Buy?

In erster Linie geht es um die Überprüfung der Sourcing-
Optionen. Mit anderen Worten: ist es wirtschaftlich und strategisch sinnvoll, eine definierte Leistung selbst zu erbringen, zusammen mit einem Partner (z.B. eine Kooperation eingehen)
oder diese gepaart mit den Kompetenzen und Verantwortlichkeiten einem Dritten zu übergeben? Der Zeithorizont ist nicht kurz-,
sondern mittel- bis langfristig.

Interne Wert-
schöpfungskette Eine weitere Fragestellung ist die Überprüfung der internen
Wertschöpfungskette und der damit verbundenen Definition
bzw. Festlegung der Grenze für intern zu erbringende bzw. extern zu vergebende Leistungen. Ein Grossteil der zu erbringenden Leistungen mündet direkt in Produkten, die dem Kunden
verkauft werden. Hier wird die Grenze gezogen zwischen Standardprodukten, die hohes Outsourcing-Potenzial aufweisen und
Individualprodukten, mit denen sich die Unternehmen vom Mit-

bewerber unterscheiden können bzw. wollen und so dem Kunden einen echten Mehrwert bieten.[1]

Make or Buy

Zusammengefasst bedeutet dies, dass "Make" einer Eigenentwicklung gleichkommt, und so für den Kunden eine differenzierende Leistung erbracht wird. „Buy" wird realisiert, um u.a. wirtschaftlicher (effizienter und effektiver) zu sein.

Voraussetzung

Die genannten Überlegungen können nur unter der Voraussetzung realisiert werden, dass Langzeitstrategie, Kostentransparenz, Kernkompetenzen und Prozesse bekannt sind.

Welche Fragestellungen stehen im Mittelpunkt?

Konzepte wie Outsourcing stehen gerade heute im Mittelpunkt, Kernfragen sind:

- Was bringt die Konzentration auf Kernkompetenzen?
- Wie können die Prozess- und v.a. die IT-Kosten schnell, nachhaltig und strategiekonform gesenkt sowie die Wirtschaftlichkeit verbessert werden?
- In welchen Geschäftsfeldern lassen sich Kostensenkungspotenziale identifizieren und umsetzen?
- Sind bei der Durchführung eines Benchmarking die Prozess- und IT-Kosten marktgerecht bzw. wettbewerbsgerecht im Vergleich mit unseren Wettbewerbern?
- Wo müssen wir ansetzen, um die Prozesse und Strukturen schlanker zu machen?
- Wie können wir den Kostenblock der IT transparenter machen, wo müssen wir mehr, wo weniger in die IT investieren?
- Entspricht unsere Organisationsform noch den Markt- und Kundenbedürfnissen – sind wir schlank genug?

Wird durch Outsourcing die Selbstständigkeit aufgeben?

Jede Auslagerung reduziert zwangsläufig die Selbstständigkeit. An Stelle einer internen Ressourcenallokation, ist die externe Schnittstelle zum Outsourcingnehmer sicherzustellen, somit ver-

---

[1] Vgl. Franz, 1998, S. 57ff.

lagern sich der Gesichtspunkt und damit verbunden auch die Führungsaufgaben.

Kundenschnitt-stelle

Das wesentlich wichtigere Kriterium ist, dass die Betreuung der Kundenschnittstellen in der Hand des Outsourcinggebers verbleibt und so der Kundenauftritt oder Werbeaktionen einheitlich geschehen – hiermit identifizieren sich schlussendlich die Kunden und Mitarbeiter. Der Outsourcinggeber bleibt selbstständig und identifiziert sich über den kundenindividuellen Output. Schliesslich sind die Unternehmen in der Definition des „Was" (welche Leistungen / Produkte sind zu erbringen) frei und selbstständig, hingegen geben sie sich beim "Wie" (in welcher Art und Weise mit welchen Mitteln Leistungen / Produkte zu erbringen sind) in eine kontrollierte Abhängigkeit und geben somit einen Teil der Selbstständigkeit ab.

Worauf basiert die win / win-Beziehung?

Kerngeschäft und Skaleneffekte

Der Outsourcinggeber konzentriert sich auf sein Kerngeschäft und der Outsourcingnehmer wird seine Skaleneffekte mit zusätzlichem Volumen erhöhen und somit aus Sicht der Kosten effizienter arbeiten können. Darüber hinaus wird er die ihm übertragenen Aufgaben mit Hilfe gut ausgebildeter und erfahrener Ressourcen professionell abarbeiten.

Für die Übernahme der definierten Aufgaben erhält der Outsourcingnehmer eine Prämie. Der Outsourcinggeber ist seinerseits bereit, eine Abgeltung der Leistung zuzüglich einer Risikoprämie zu bezahlen.

Beide Parteien sind bestrebt, eine langfristige Beziehung einzugehen mit allen damit verbundenen Vor- und Nachteilen sowie Risiken.

Wie wird das Outsourcing-Vorhaben optimal umgesetzt?

Ein Outsourcing-Vorhaben umzusetzen bedeutet für viele Unternehmen, eine neue Herausforderung anzugehen. Damit verbunden stellt sich die Frage, ob das Outsourcing-Vorhaben mit den eigenen Ressourcen durchzuführen ist oder die Unterstützung durch einen externen Berater sinnvoll erscheint.

Das Hauptproblem beim Hinzuziehen eines Beraters liegt darin, dass er die unternehmensspezifischen, prozessualen, organisatorischen, technischen und informellen Gegebenheiten (heilige Kühe, informelle Führer, kritische Prozesse, etc.) nicht kennt und sich zunächst einen Überblick mittels einer Analyse verschaffen muss.

Aufbau von Know-how

Diese Analyse dient dazu, Know-how aufzubauen und dem Vorhaben eine grobe Struktur zu geben. Sie schafft für das Unternehmen noch keinen Mehrwert, kostet aber bereits Geld! Hier liegt ein klares Dilemma vor.

Die Praxis zeigt in zahlreichen Fällen, dass speziell nach M&A und drastischen Restrukturierungsmassnahmen, die mit Personalfreistellungen bzw. -entlassungen geendet haben, ein Teil des benötigten Know-how nicht mehr vorhanden ist. Mit anderen Worten: die gewünschten Informationen sind sehr schwer, in einigen Fällen gar nicht mehr zu beschaffen.

Ist der Markt für Outsourcing-Leistungen transparent?

Grundsätzlich ist der Markt vergleichbar transparent wie bei anderen Dienstleistungen. Eigene Recherchen zeigen, dass die Leistungen sowie Preise der Anbieter zwar erhältlich sind, aber miteinander nur schwer bis gar nicht vergleichbar sind, da der Leistungsumfang jeweils unterschiedlich ausgestaltet ist. Bei einigen Anbietern gehört eine bestimmte Leistung zum Gesamtumfang dazu, beim Mitbewerber ist diese extra zu bezahlen.

Grad der Standardisierung

Als Faustregel gilt, je höher der Grad der Standardisierung und je klarer die Abgrenzung einer Leistung (z.B. Server Hosting) vorgenommen werden kann, desto transparenter und vergleichbarer werden die Angebote der Dienstleister sein. Sind individuelle und kundenspezifische Outsourcing-Dienstleistungen wie zum Beispiel das Betreiben eines Customer Care Center, eines Registration Desk oder eines User Helpdesk gefragt, so erhält man von drei Anbietern drei unterschiedliche Offerten. In diesen Fällen fehlt die Markttransparenz. Grundsätzlich ist der IT-Service-Provider Markt wesentlich transparenter als der noch junge Markt für Business Process Outsourcing (BPO).

Ist Outsourcing eine Frage der Einkaufsmentalität?

Wenn Sie eine CD kaufen, was ist für Sie der Kauftreiber bzw. der ausschlaggebende Punkt für den Kauf? In der Regel geht die Kaufentscheidung über den Preis, vorausgesetzt, dass Produktqualität, Lieferzeit, –treue sowie Servicegrad den Erwartungen entsprechen und diese Leistungen beim Konkurrenzgeschäft vergleichbar sind.

Diese sicher persönliche Einstellung und Kundensicht trifft vorwiegend bei Standardprodukten (z.B. CD's) zu, die in Massenproduktion hergestellt werden. Bei individuell hergestellten Produkten sind andere Kriterien kaufentscheidend.

Zeit, Kosten, Qualität und Flexibilität

Die Problemstellung für Konkurrenzgeschäfte hingegen bleibt die gleiche. Um einen marktkonformen Preis anbieten zu können, müssen aus unternehmerischer Sicht die Prozesse effizient gestaltet, die Qualität verbessert und der Servicegrad (z.B. jede 15. CD ist eine Gratis-CD) erhöht werden. Mit anderen Worten: wird eine Zieldimension (hier der Preis) angepasst, hat dies unweigerlich Auswirkungen auf die anderen (Qualität, Kosten und Flexibilität) und dies bedeutet immer, dass, bevor gespart werden kann, diverse Kosten anfallen, um diese Einsparungen überhaupt vornehmen zu können.

Vor welchen grundsätzlichen Problemstellungen stehen die Unternehmen heute?

In der Theorie ist die Frage einfach zu beantworten, in der Praxis hingegen ist dies eine komplexe Angelegenheit.

Ein Auszug grundsätzlicher Problemstellungen:

* Zunehmende Transparenz der Märkte

* Stärkere Marktforderungen (due dilligence, compliance, Basel II, Sarbanes-Oxley)

* Einfachere Vergleichbarkeit der Produkte auf regionaler, nationaler und globaler Ebene führt zu (Preis-)Druck von internationalen Anbietern

* Heimmärkte werden für Grossunternehmen zunehmend enger und bedingen die Ausweitung der Geschäftsaktivitäten in neue Länder

* Globale Kundschaft mit der Anforderung internationaler Standards, Produktbeschreibungen in mehreren Sprachen und Aufbau eines internationalen Customer Care Centers

* Die Geschwindigkeit der Transformation nimmt stetig zu. Da die Unternehmen zunehmend globaler Konkurrenz ausgesetzt sind, müssen sie stärker als zuvor regulatorische, rechtliche Vorgaben und internationale Standards umsetzen und erfüllen. Dies bedeutet in der Regel wiederkehrende Anpassungen auf der Infrastruktur-, Prozess- und Softwareseite, die nicht unerhebliche Kosten verursachen und Ressourcen bin-

den. Zudem kommt erschwerend hinzu, dass Termine und Versionen der Software-Releases vorgegeben werden und eine interne (proaktive) Planung schwierig gestalten. Die zeitverzugslose Adaption und Umsetzung von externen Marktvorgaben wird verstärkt zum kritischen Erfolgsfaktor

- Imitation von Produkten bei gleichzeitiger Preissenkung, z.B. Automobilindustrie, HiFi-Geräte oder Sportschuhe

- Zunahme der Mergers & Acquisitions bringen neue Schnittstellen, anzupassende Geschäftsprozesse

- Fortlaufend verändertes Konsum- und Kaufverhalten

- Zwecks dramatischer Senkung der Personalkosten ist die Freistellung bzw. Entlassung von Mitarbeitern mittlerweile ein bewährtes Mittel. Andererseits müssen Schlüsselmitarbeiter überdurchschnittlich bezahlt werden, da ihre Abgänge nur schwer und längerfristig verkraftet werden können

Welche Auswirkungen ergeben sich für Ihr Unternehmen?

Generelle Herausforderungen
- Zunehmende Komplexität
- Erhöhter internationaler bzw. globaler Konkurrenzdruck
- Umsetzung internationaler Vorgaben und Standards

Unternehmerische Herausforderungen
- Auflösung von Unternehmensgrenzen
- Vermehrte geschäftsbereichsübergreifende Zusammenarbeit mit unterschiedlichen Zeit-, Kultur- und Sprachzonen
- Fehlen von spezifischem Fachwissen (z.B. internationales Recht, Provider- und Vendor Management)
- Arbeiten gemäss dem „follow the sun-Prinzip" (Beginn der Arbeiten im Raum Asia-Pacific über Europa und Tagesabschluss in den USA und dies im 8-Stundentakt)
- Einführung bzw. Ausbau des internationalen Multi Projekt Management
- Aufbau und Bewirtschaftung einer Skill Datenbank
- Verlagerung der (Produktions-) Standorte in Billiglohnländer

IT Herausforderungen
- Integration von Nicht-Standard-Software und Drittsystemen in eine unternehmensspezifische Soft- und Hardware-Standardplattform

- Verwendung von lieferantenseitig vorgegebenen Programmen und Datenstrukturen sowie Einbindung in die eigene Softwarelandschaft (speziell im Supply Chain Management)

- Umbau bzw. Anpassung der Prozesse, Infrastruktur, Soft- und Hardwareplattform, um die Markt- und Eigenbedürfnisse befriedigen zu können

Können Mitbewerber Partner werden?

Geschäftsunkritische Aufgaben

Dies Frage lässt sich mit einem klaren „ja" beantworten. In der Regel haben Unternehmen einer Industrie sehr ähnlich gelagerte Geschäftsfelder, die gut für das Outsourcing geeignet sind. Es gibt grundsätzlich zwei Möglichkeiten, diese einem Dritten zu übergeben. Entweder man nimmt ein dafür kompetentes und spezialisiertes Outsourcing-Unternehmen, oder die Mitbewerber schliessen sich zusammen und lassen die geschäftsunkritischen Leistungen durch denjenigen erbringen, der die Leistungen am wirtschaftlichsten abwickeln kann.

Welches sind die grössten Fehler, die im Outsourcing begangen werden?

- Zu langfristige Bindung an einen Outsourcingnehmer (kann zu Betriebsblindheit führen)

- Überschneidung von Aufgaben, Kompetenzen und Verantwortlichkeiten zwischen Outsourcinggeber und –nehmer

- Prozesse werden nicht eindeutig definiert

- Unterlassen oder Vernachlässigen von Messungen über Erfolg und Misserfolg

- Alles und jedes reglementieren zu wollen – dies führt zu einer Überreglementierung, Bürokratie und schliesslich zu einer Blockade bzw. Paralyse der Aktivitäten

- Keine Transparenz über den Outsourcing-Prozess

Wie können Outsourcing-Bereiche positioniert werden?

Traditionell wurden und werden kernferne Bereiche des Unternehmens ausgelagert. Bereiche, die nahe dem Kerngeschäft sind, werden nicht ausgelagert. Es kann aber durchaus auch Sinn machen, kernnahe Bereiche auszulagern und vom Wissen und Potenzial von Outsourcingnehmern zu profitieren.

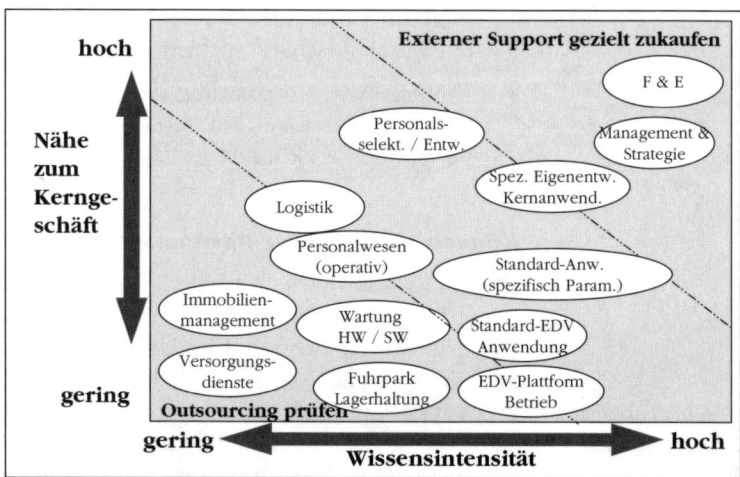

Abbildung 2: Positionierung traditionelles Outsourcing[2]

Ist Outsourcing das Allerweltsheilmittel?

Outsourcing ist sicherlich ein zentrales und wichtiges Managementkonzept, kann aber nicht alle Probleme lösen. Nur im Verbund mit anderen traditionellen Konzepten wird sich der nachhaltige Unternehmenserfolg dauerhaft einstellen. Die Geschäftsstrategie gibt die Vorgaben des „Was" (welche Produkte / Leistungen) und des „Wo" (über welche Vertriebskanäle und auf welchen Märkten) vor, das Business (Re-) Engineering stellt sicher, dass Effektivität und Effizienz der Prozesse gewährleistet sind. Mit dem Outsourcing wird das Sourcing-Potenzial geprüft und die Prozesse kosteneffizient umgesetzt.

---

[2] In Anlehnung an Wisskirchen, 1999, S. 11.

1.2   Ziel und Zweck des Outsourcings

Outsourcing kann aus verschiedenen Perspektiven betrachtet werden. Oft werden Outsourcing-Vorhaben <u>kurzfristig</u> initialisiert. Dabei spielt Kostendruck (bottom up-Ansatz) die dominante Rolle. Jedes Mittel ist recht, um die Kosten rasch, umfassend und langfristig zu senken.

Bottom up

Top down

Strategische Entscheidungen (top down-Ansatz) benötigen mehr Zeit. Sie verfolgen andere Schwerpunkte sowie Zielsetzungen und benötigen eine längere Vorbereitungsphase.

Nachfolgend werden die wichtigsten Überlegungen aus den beiden Ansätzen aufgeführt.

Strategie

- Aufbau von strategischen Wettbewerbsvorteilen
- Konzentration auf Kernkompetenzen
- Verlagerung des Planungsschwerpunktes: weg von den Ressourcen hin zu den Sachinhalten
- Abbau des Nettoumlaufvermögens
- Reduktion der Komplexität
- Geringere und verteilte Geschäfts- sowie Abwicklungsrisiken

Prozesse und Strukturen

- Bessere Aufgaben- und Leistungsabgrenzungen
- Effektivere und effizientere Prozesse und Strukturen
- Klares Verhältnis zwischen Outsourcinggeber und –nehmer

Kosten

- Abbau von Überkapazitäten mittels Auslagerung von peripheren Funktionen
- Externalisierung von Informatik-Dienstleistungen
- Höhere Kostentransparenz
- Reduktion von Kosten
- Umwandlung von fixen und sprungfixen in variable Kosten

Qualität

- Nutzung von externem fachlichen und technologischen Know-how (neues Wissen und neue Erfahrung)
- Erhöhung der Qualität bei gleichzeitiger Senkung der Qualitätskosten
- Abbau von Königreichen und Machtpositionen sowie Aufbau einer partnerschaftlichen Beziehung mit Outsourcingnehmer
- Standardisierung von Prozessen, Produkten, etc.

Flexibilität

- Zunahme der Unternehmens-Flexibilität
- Rasche Einführung von (IT-) Projekten
- Vereinfachung des Reporting und der Dokumentation

Zeit

- Reduktion der Transport-, Liege- und Durchlaufzeiten
- Schnellere Unternehmenstransformation
- Kürzere Entscheidungswege
- Zeitdauer bis zur Problemlösung

Ressourcen

- Entlastung von Managementkapazitäten
- Stärkung der eigenen Wissens- und Ressourcenpotenziale
- Weg zur Unternehmens- und Kulturtransformation
- Höhere Motivation der Mitarbeiter

Untenstehende Grafik führt die wichtigsten Kostentreiber im Outsourcing zusammen.

Leistungsumfang	Service-Qualität	Leistungen / Volumen
▪ Aufgaben	▪ Betriebszeiten	▪ Anz. Arbeitsplätze / Server
▪ Verantwortlichkeiten	▪ Max. Ausfallzeiten	▪ MIPS / GB / Kassetten
▪ Erneuerung / Beschaffung	▪ Reaktionszeiten	
Übernahme-Kondition	**Vertragliche Kondition**	**Betriebsbedingungen**
▪ Personal	▪ Terms & Conditions	▪ Anzahl Standorte / Länder
▪ Anlagen & Lizenzen	▪ Zahlungsmodus	▪ Standardisierungsgrad
		▪ Altsysteme
Anbieter-Effizienz	**Anbieter-Profit**	**Anbieter-Risiko**
▪ Gestehungskosten	▪ ev. leistungsabhängig	▪ Penalties
▪ Gemeinkosten		▪ Ausstieg
		▪ Unvorhersehbares

Abbildung 3: Kostentreiber im Outsourcing

Das Hauptziel des Outsourcing besteht in der Optimierung der Unternehmensorganisation bzw. -struktur, um dadurch Ballast abzuwerfen und die Flexibilität bei gleichzeitiger Kostenreduktion zu erhöhen. Je nach Fokus werden zusätzlich vorwiegend interne, aber auch externe Schnittstellen entlang der Wertschöpfungskette optimiert. Hinter diesem Ziel steckt die Kombination zweier bekannter Organisationskonzepte, nämlich Taylorismus und Lean Management.[3]

Taylorismus und Lean Management

Das tayloristische Konzept beruht auf einer extrem arbeitsteiligen organisatorischen Massenproduktion variantenarmer Produkte und dem Einkauf von einzelnen Fertigteilen. Das Lean Management basiert auf Konzepten der unternehmensinternen Organisation und der externen Beziehungen zwischen Unternehmen[4]. Des Weiteren geht es darum, kostenintensive und stark wiederkehrende Aufgaben aus dem Unternehmen auszulagern und einem Outsourcingnehmer zu übertragen.

---

[3] Vgl. Womack/Jones/Roos, 1991, S. 77.

[4] Vgl. Horchler, 1996, S. 7.

13

1.3   Rückblick – die Wellen

Outsourcinggeber waren vorwiegend Industrieunternehmen, allen voran die Automobilhersteller, die nach japanischem Vorbild von Lean Production einen Teil ihrer Produktion mit dem Ziel auslagerten, die Fertigungstiefe zu reduzieren und somit den Zulieferanteil zu erhöhen.

Outsourcing in den 50er Jahren

In den 50er Jahren gingen Grossunternehmen dazu über, einzelne Funktionen wie z.B. Bewachungs- und Sicherheitsdienste, Druckereien, Logistikbereiche und Tischlereien aus Kostenüberlegungen auszugliedern. Die von Produktionsbetrieben her bekannte Make-or-buy-Entscheidung wurde auf Dienstleistungsbereiche übertragen.

Outsourcing in den 80er Jahren

Zu Beginn der 80er Jahre gliederten Unternehmen nicht nur Funktionen, sondern ganze Prozesse aus. Gründe für diese zweite Welle waren vor allem die Zunahme des Kostendrucks durch vermehrten Wettbewerb, mehr Markttransparenz, globale Beschaffungsmöglichkeiten, neue technologische Informations- und Kommunikationstechniken sowie schnellere Reaktionszeiten (just in time). Dies führte zu massiven Anpassungen von Kostenstrukturen, Aufbauorganisationen sowie Prozessen und hatte einen starken Einfluss auf die Unternehmensbereiche.

Als Gewinn bringender Faktor erwies sich nicht nur die reine Verringerung der Fixkosten, sondern vielmehr die Steigerung der Wettbewerbsfähigkeit durch die stärkere Ausrichtung auf die Kernkompetenzen. Der temporäre Einsatz von externen Experten erwies sich als besonderer Vorteil. Weitere Erklärungsansätze waren die Erkenntnisse über Qualitätsmängel, schlechte Servicementalität und die hohe technische Innovationsgeschwindigkeit.

Outsourcing in den 90er Jahren

Die dritte Welle in den 90er Jahren war geprägt von Konzentration auf das Kerngeschäft, Kombinationen von strategischen und kostenorientierten Überlegungen, dem Aufstreben etablierter und spezialisierter Outsourcingnehmer und Anbieten professioneller Leistungen sowie technischer Weiterentwicklungen.

Multioptionales Sourcing

Die vierte Welle zeichnet sich vor allem aus durch die starke, schon fast grenzenlose Ausbreitung des Outsourcing im Sinne der Leistungserbringung. Near- und Offshoring bleibt nicht mehr nur zwingend grossen Unternehmen vorbehalten, sondern kann auch von kleinen und mittleren Unternehmen effizient und effektiv genutzt werden.

1.4   Handlungsfelder Sourcing

Dieser Abschnitt betrachtet Outsourcing aus verschiedenen Perspektiven und soll dazu dienen, eine Struktur rund um das Outsourcing aufzuzeigen.

Der erste Teil beschäftigt sich dabei mit der grundsätzlichen Fragestellung des Sourcing im Unternehmen.

1.4.1   Sourcing Überlegungen aus strategischer Sicht

Untenstehende Grafik zeigt eine Sourcing Map, die die unterschiedlichen Perspektiven beleuchtet.

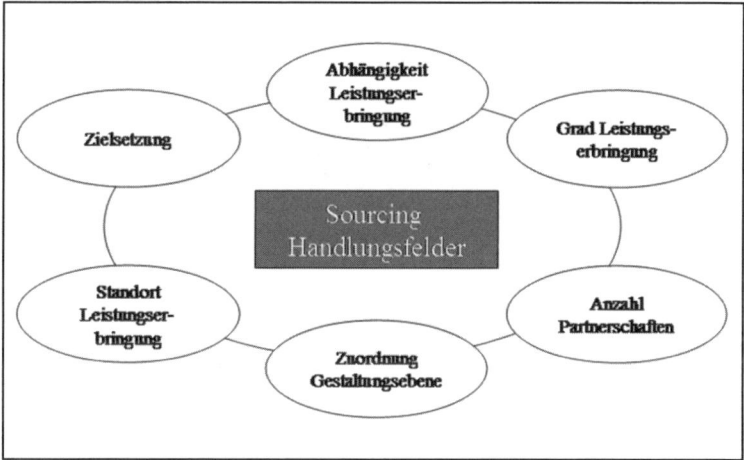

Abbildung 4: Sourcing Handlungsfelder[5]

Die nachfolgenden Kapitel beschreiben die einzelnen Perspektiven

1.4.2   Zielsetzung des Outsourcings

Die Frage, warum ein Unternehmen Leistungen nicht mehr selbst erstellen wollen, ist vielseitig. Es lassen sich aber verschiedene Gruppen herauskristallisieren. Diese sind

---

[5] In Anlehung an ephorie.de

- Strategisch orientiert

- Kosten orientiert

- Engpass orientiert

Im folgenden Abschnitt werden die drei Typen beschrieben.

1.4.2.1   Kostenreduzierer

Für Unternehmen, die sich momentan in einer Krisensituation befinden, könnte die Fragestellung wie folgt sein:

- Könnte durch Outsourcing eine Kostenreduktion erzielt werden

- Gibt es Möglichkeiten durch Outsourcing das gebundene Kapital zu reduzieren

- Können vorhandene und heute schlecht genutzte Bereiche der Infrastruktur an einen professionellen Outsourcingnehmer veräussert werden

> Die Reduktion der Betriebskosten und des gebundenen Kapitals stehen für den ***Kostenreduzierer*** dabei häufig im Vordergrund.

Einsparungspotenziale

Der Inhalt der Analyse muss somit die heutige Kostensituation und die Kapitalbindung genauer ausleuchten, um letztendlich mögliche Kosteneinsparpotenziale identifizieren zu können. Die Optimierungspotenziale sind je nach Kostenstruktur verschieden.

1.4.2.2   Engpass-Auslagerer

Engpässe verhindern

Der Engpass-Auslagerer versucht, Kapazitäten durch externe Ressourcen auszugleichen. Dabei kann es sich durchaus um kurzfristiges Auslagern handeln, meist jedoch bedeutet dies eine längerfristige Ausrichtung des Unternehmens.

> Das Zukaufen von Ressourcen irgendwelcher Art ist der zentrale Gedanke des ***Engpass-Auslagerers***. Diese Ressourcen werden zur Erhaltung und Steigerung der Wettbewerbsfähigkeit eingesetzt.

Aus zeitlicher Sicht ist es dem Engpass-Auslagerer oftmals nicht möglich, in geforderter Zeit eigene Kapazitäten (z.B. Produktion, Logistik, aber auch Know-how) aufzubauen.

1.4.2.3 Strategischer Auslagerer

Strategische Absicht

Agiert hingegen ein Unternehmen aus einer gefestigten Position und beabsichtigt, z.B. Informationstechnologien als strategische Waffe im Kampf um Wettbewerbsvorteile einzusetzen, lautet die Fragestellung folgendermassen:

- Was könnte ich extern betreiben, um die hoch gesteckten IT-Ziele besser zu erreichen und möglicherweise auch Zeit zu gewinnen, um die definierten strategischen Projekte schneller, flexibler und auch kostenoptimaler umzusetzen

> Das Hauptziel des ***strategischen Auslagerers*** liegt darin, freie Kapazitäten so zu schaffen, dass sich das Unternehmen auf die wichtigsten Kernaufgaben und kritischen Wertschöpfungsbereiche konzentrieren kann.

Wettbewerbsvorteile

Wenn Outsourcing als strategische Waffe im Kampf um Marktanteile und Wettbewerbsvorteile eingesetzt wird, heisst das nicht, dass Betriebskosten keine Bedeutung haben. Diese sollen nach Möglichkeit ebenfalls gesenkt werden, um möglichst viele finanzielle Ressourcen in die strategischen Anwendungsbereiche rund um das Kerngeschäft investieren zu können. Die Fragen in diesem Zusammenhang sind:

- Welches sind unsere Kernkompetenzen, die wir im Unternehmen behalten wollen und somit für ein Outsourcing nicht zur Disposition stehen

- Welche Aktivitäten haben mit unserem Kerngeschäft nichts zu tun und könnten allenfalls für ein Outsourcing in Frage kommen

1.4.3 Abhängigkeit zum Leistungserbringer

Sobald ein Unternehmen über organisatorische Veränderungen nachdenkt, wird es sich mit der Frage auseinander setzen müssen, in welcher Form und wie stark ausgelagert werden soll. Grundsätzlich gibt es zwei Unterscheidungsvarianten:[6]

- die Ausgliederung (internes Outsourcing)
- die Auslagerung (externes Outsourcing)

Diese Arten werden im folgenden Abschnitt kurz beschrieben.

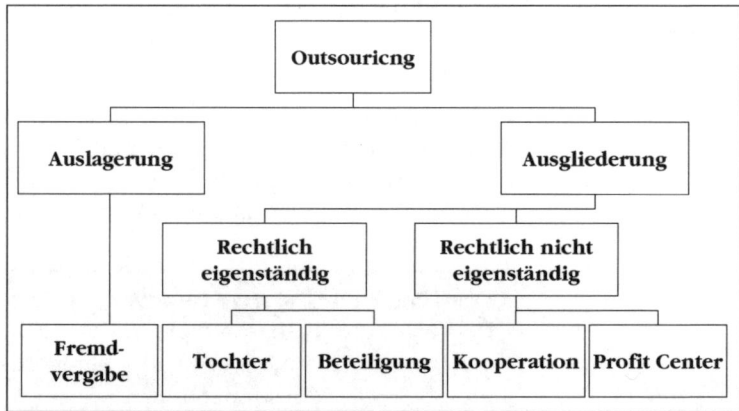

Abbildung 5: Erscheinungsformen des Outsourcing[7]

1.4.3.1   Ausgliederung

Bei der Ausgliederung will der Outsourcinggeber seinen Einfluss beim Outsourcingnehmer hinsichtlich der ausgegliederten Funktionen behalten. Aus diesem Grund wird meistens eine neue Firma gegründet, wobei der Outsourcinggeber in der Regel mehr als 50% der Anteile besitzt. Während einer Periode von 1–2 Jahren werden die ausgegliederten Leistungen ausschliesslich dem Outsourcinggeber angeboten, da der Outsourcingnehmer Zeit für seinen eigenen Findungsprozess (neue Prozesse, Strukturen, Leistungsverrechnungen, etc.) benötigt.

Erst nach Abschluss dieser Findungsphase werden die Leistungen auch auf dem freien Markt (also sowohl dem Outsourcinggeber als auch unabhängigen Dritten) angeboten.

Die Ausgliederung hat zum Ziel, kostenbewusstes bzw. unternehmerisches Denken und Handeln zu fördern.

---

[6] Vgl. Bruch, 1998, S. 55.

[7] Vgl. Bruch, 1998, S. 55.

Oft führt eine Ausgliederung im Verlauf der Jahre zu einer Auslagerung z.B. mittels Verkauf oder Management-Buyout, sobald
sich die Prozesse eingespielt haben und die gewünschte Qualität
der Leistungen erbracht wird.

Profitcenter Die schwächste Form der Ausgliederung ist das Profitcenter, das
zum Ziel hat, flexible Bereiche mit eigenverantwortlichem Erfolg
zu bilden. Diese Form der Ausgliederung kann eher als struktu-
relle Kosmetik bezeichnet werden, da sie vorwiegend interne
Prozesse optimiert.[8]

1.4.3.2   Shared Service Center

Im Rahmen von Ausgliederungen werden oft Shared Service
Centers (SSC) in Betracht gezogen. SSC sind in einem Unternehmen darauf fokussiert, für alle Unternehmenseinheiten eine grosse Anzahl gleichartiger, standardisierter Leistungen zu erbringen.

Ein wesentlicher Grund für die Bildung von SSC ist die Optimierung von Kosten, Verbesserungen der Prozessleistung und Verringerung der Durchlaufzeit. Diese Zielsetzung kann durch eine
Vielzahl von Überlegungen erreicht werden, so zu Beispiel:

- Optimierung der Prozesse mit gleichzeitiger Chance der
  Standardisierung

- Konsolidierung durch Reduktion der Standorte

- Einsatz von Best Practices in Prozessen und Technologie

- Spezialisierung

- Nutzung von speziellen Kompetenzen und Erfahrungen für
  des gesamte Unternehmen

Einsatzmöglich- Einsatzmöglichkeiten für SSC gibt es viele, aus der Natur der
keiten Sache bzw. der Aufgabe heraus sind Prozess-Teile, die nicht
zwingend nahe bei der eigentlichen Tätigkeit erfüllt werden
müssen. Oftmals finden sich folgende Teilprozesse bzw. Funktionen mit SSC abgedeckt:

- Personalprozesse: Personalstammdatenverwaltung, Lohn-
  und Gehaltsabrechung, Spesenabrechung

- Finanzprozesse: Debitoren- / Kreditorenverwaltung, Anla-
  genbuchhaltung

---

[8] Vgl. Bruch, 1998, S. 55ff.

19

- Einkauf: Dispositionsprozesse

- IT: Anwendungssupport

Der Aufbau und die Umsetzung von SSC verlangt von Unternehmen ein strukturiertes Vorgehen, bei dem viele Aspekte zu berücksichtigen sind, genau so wie dies auch bei einem Outsourcing-Vorhaben der Fall ist. Erfolgreiche Umsetzungen basieren auf methodischem Vorgehen. Dieses kann wie folgt zusammengefasst werden:

Phase	Hauptaktivitäten
Planung	• Projektplanung (Ziel, Zeit, Team, Vorgehen, etc.) durchführen • Analyse und Machbarkeitsstudie • Abgrenzungen vornehmen
Vorbereitung	• Prozessplanung aufstellen • Technologie Infrastruktur planen und aufbauen • Betriebsmodell und Leistungen definieren • Konkretisierung und Beschreibung der Prozesse • Systemumsetzung der Prozesse • Integration der Prozesse und Systeme in die bestehende Umgebung • Umsetzungsvorgehen planen • Veränderungsmanagement Aktivitäten
Umsetzung	• Organisatorische Anpassungen vornehmen • Mitarbeiter schulen / informieren • Systeme mit implementierten Prozessen bereitstellen und Daten migrieren • Reporting aufbauen
Optimierung	• Messen der Leistungen und Abweichungen festhalten • Kontinuierliche Verbesserungsmöglichkeiten für Prozesse und Technologie einrichten.

Abbildung 6: Umsetzungsvorgehen für Shared Service Centers

Strategische Ent-
scheidung

Viele Unternehmen stehen vor der strategischen Entscheidung, Shared Service Centers aufzubauen oder Bereiche auszulagern. Erfolgreiche Umsetzungen von SSC Projekten unterliegen ähnlichen Gesetzmässigkeiten wie andere Organisationsprojekte auch. Es sind dies z.B. Prozesse (genau Anforderungsabklärung, Prozessoptimierung und –integration, Projekt- und Change Management, Standortwahl, etc.)

Es ist nicht zwingend erforderlich, eine „entweder oder" Entscheidung zu fällen, vielmehr sind „sowohl als auch" Lösungen denkbar und sinnvoll. Die Kombination von SSC und Outsourcing sind in Abhängigkeit der Ausgangslage und der strategischen Überlegungen möglich und umsetzbar.

1.4.3.3   Externe Lösungen

Die Auslagerung ist gekennzeichnet durch die teilweise oder volle Vergabe von Funktionen an Outsourcingnehmer ohne kapitalbezogene Verflechtungen. Die Konsequenz davon ist, dass die Funktion aus dem Bereich herausgelöst und im Anschluss dieser Bereich aufgelöst wird. Eine direkte Einflussnahme auf die Funktionen ist nur noch über den Rahmenvertrag bzw. die Leistungsvereinbarungen möglich.

1.4.4   Grad der Leistungserbringung

Grundsätzlich lässt sich der Grad der Leistungserbringung in drei Schwerpunktbereiche einteilen:

* Totales Insourcing
* Totales Outsourcing
* Selektives Outsourcing

Insourcing

Insourcing wird als Gegenstück zum Outsourcing verstanden, alle Leistungen werden im eigenen Unternehmen (inhouse) erbracht. Der Begriff Insourcing wird oft im Zusammenhang mit Konzern- oder Holdinggesellschaften verwendet. Die Idee besteht darin, dass z.B. dezentrale Organisationseinheiten bzw. Tochterunternehmen mit eigener IT, ihre IT-Leistungen zentral beim Mutterhaus beziehen.

Selektives Out-
sourcing

Selektives Outsourcing (SO) beabsichtigt einzelne Teile eines Bereiches auszulagern. Beispiele aus der IT sind Desktop Services, Network Management oder Application Management.

Das selektive Outsourcing ist geprägt durch eine eher kurzfristige Ausrichtung und genau abgegrenzte Aktivitäten. Dieses modular und flexibel aufgebaute Outsourcing wird oft auch als Outtasking bezeichnet.

Im Vergleich zum klassischen Outsourcing findet beim Outtasking meist kein Transfer von Assets statt. Outtasking wird oft mit vielen Firmen gleichzeitig betrieben, wo hingegen Outsourcing eine Partnerkonzentration beabsichtigt.

Web Services

Outtasking als Tätigkeit kann wiederum mit so genannten Web Services in Verbindung gebracht werden. Web Services sind sowohl aus technischer als auch betriebswirtschaftlicher Sicht definiert. Aus technischer Sicht sind Web Services Softwarekomponenten, die durch andere Applikationen aufgerufen werden können[9]. Aus betriebswirtschaftlicher Sicht geht es vor allem um Prozess-Integration und deren Leistungsbeschreibung.[10] Web Services erlauben Unternehmen, Outsourcing-Entscheidungen auf der Ebene von Aufgaben zu treffen.

Beispiel selektives Outsourcing bzw. Outtasking

In einer Schweizer Grossbank wurde ein grösseres Outtasking-Projekt mit dem Ziel durchgeführt, die diversen unterschiedlichen Peripheriegeräte (Scanner, schwarz / weiss und Farbdrucker von einer Mehrzahl von Herstellern) auszutauschen und zu vereinheitlichen. Anstatt eine Vielzahl von Modellen von unterschiedlichen Lieferanten und Servicebetreibern bewirtschaften zu lassen, wurde beschlossen, nur noch zwei multifunktionale Standardprinter (u.a. mit Funktionen für Farbdruck, Scanning, Sortieren, Heften, etc.) einzusetzen und diese durch nur einen Lieferanten warten zu lassen.

Zweifelsohne musste vorab in die neuen Standardprinter investiert werden. Die Gesamtkosten konnten dennoch dramatisch reduziert werden.

Backsourcing

Nimmt der Outsourcinggeber die ausgelagerten Leistungen vom Outsourcingnehmer wieder zurück, wird dies als Backsourcing bezeichnet.

---

[9] Vgl. Reichmayr, 2002, S. 100ff.

[10] Vgl. Reichmayr, 2002, S. 122f.

1.4.5 **Anzahl der Partnerschaften**

Singlesourcing

Singlesourcing oder Doublesourcing beabsichtigt, die Zahl der Lieferanten bzw. Zulieferer auf einen oder zwei zu beschränken. Die Zahl der Kontakt- und Schnittstellen reduziert sich, verbunden mit einfacheren Abläufen, somit drastisch. Gleichzeitig erhöht sich das Risiko, nur von einem Lieferanten beliefert zu werden, beträchtlich. Die Parallele zum Outsourcing besteht darin, den Lieferanten als Partner anzusehen und mit ihm eine langfristige Beziehung aufzubauen.

Nachteile dieses Ansatzes liegen z.B. darin, dass der preisliche und der service-orientierte Wettbewerb nur bedingt spielen, da der Anbieter in alleiniger Position ist. Anderseits ist eindeutig definiert, wer die Leistungen zu erbringen hat.

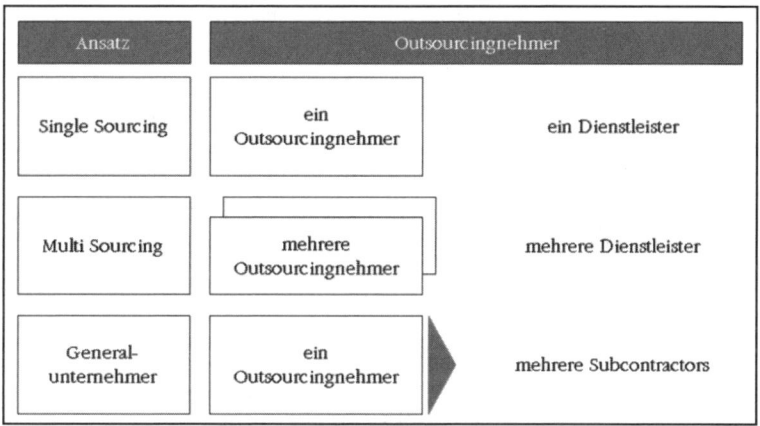

Abbildung 7: Erscheinungsformen des Outsourcings

Multisourcing

Beim Multisourcing werden die Leistungen von mehreren Leistungserstellern bezogen. Dieser Ansatz unterteilt die Leistungen bzw. die Prozesse in mehrere Pakte. Dadurch verspricht man sich u.a. einen gewissen Konkurrenzkampf unter die Anbietern und damit natürlich auch ein besseres Preis-/Leistungsverhältnis.

Generalunternehmer

Beim Generalunternehmer-Ansatz bringt ein Anbieter weitere Unternehmen zusammen und die Dienstleistung wird „aus einer Hand" angeboten. Damit erhofft man sich potenzielle Gefahren, die aus dem Multisourcing-Ansatz heraus entstehen können, besser abzufedern.

1.4.6   **Zuordnung der Gestaltungsebenen**

Diese Zuordnung zeigt die Positionierung innerhalb der drei Gestaltungsebenen Strategie, Prozesse und IT.

1.4.6.1   **Infrastruktur Outsourcing**

Diese Form des Outsourcings ist die am besten verstandene und dementsprechend auch am häufigsten eingesetzte Form des Outsourcings.

Im Rahmen der Dienstleistungen werden Rechenzentren sowie gesamte IT-Infrastrukturen zum Betrieb von Anwendung zur Verfügung gestellt. Die Infrastrukturen werden dann gleichzeitig auch durch den Anbieter betrieben. Dazu gehören z.B. Server, Platten, Kommunikations-, Überwachungs- und Sicherheitseinrichtungen, Backup-Systeme, Datenbanken und Datenbanksysteme sowie die operativen Systeme. Weitere Unterstützung erfolgt oft in den Bereichen Benutzerberechtigungen, Schnittstellen, Archivierung oder EDI-Kommunikation.

Zielsetzungen   Neben Kosteneinsparungen erwarten Outsourcinggeber mehr Flexibilität in der Nutzung von Ressourcen, eine Beschleunigung der Standardisierung sowie Steigerung des Innovationspotentials beim Übergang auf neue Technologien.

1.4.6.2   **Application Outsourcing**

Application Outsourcing bezeichnet das Management von Software Anwendungen durch externe Spezialisten. Application Outsourcing wird durch Application Service Provider (ASP) angeboten.

ASP wird hier sowohl im Sinne von Service Application Providing (Erbringen einer Dienstleistung) und Service Application Provider (Erbringer der Dienstleistung) verwendet.

Zwei Kategorien   ASP kann in zwei Kategorien eingeteilt werden:

- Bereitstellen von Software und Dienstleistungen, die durch den Endanwender noch personalisiert werden können. Zur Implementierung wird kein grosses Know-how benötigt. Beispiel: Nutzen von Microsoft Office Applikationen über das Internet

- Bereitstellen von Software und Dienstleitungen, die zur Implementierung sowohl IT- als auch Prozess Know-how benötigen. Oftmals handelt es sich dabei um klassische Transaktionssysteme. Diese können durch den Endanwender in einem zweiten Schritt personalisiert werden

Im Kapitel 3 Praxisbeispiele findet sich eine ausführliche Beschreibung von ASP in Verbindung mit einem Praxisbeispiel.

1.4.6.3   Business Process Outsourcing

Business Process Outsourcing bezeichnet die Auslagerung von gesamten Geschäftsprozessen an einen Outsourcingnehmer. Dabei wird die gesamte Prozess-Verantwortung an den Outsourcingnehmer übergeben und dieser liefert die Leistungen gemäss definierten Kriterien.

Skalierbarkeit und Flexibilität

BPO zielt darauf ab, von Best Practice, Anpassungsfähigkeit und der Skalierbarkeit der Leistungen zu profitieren. Veränderungen im Geschäftsumfeld bedingen oft Anpassungen an die Prozesse. Outsourcingnehmer gewährleisten diese Anpassungsfähigkeit. Die Skalierbarkeit ermöglicht dem Unternehmen, die Leistungen nach Bedarf abzurufen.

Aus Sicht des Managements gibt es grundsätzlich zwei Hauptüberlegungen, Leistungen auszulagern: entweder kosten- oder strategie-orientiert. Die Gründe für das BPO sind fast ausschliesslich strategischer Art. Das selektive Outsourcing fokussiert auf die Optimierung einzelner Bereiche, Einheiten bzw. Abteilungen. BPO geht hier einen Schritt weiter, indem es die gesamte interne Wertschöpfungskette analysiert und Mehrwert aufzeigt. Untenstehende Tabelle zeigt fasst Potenziale aus BPO-Projekten zusammen.

Perspektive	Potenziale
Verkürzung der Zeit und Erhöhung der Flexibilität	• Schneller Durchlaufzeiten • Flexiblere Handhabung und Umsetzung von Veränderungen
Kostenoptimierung	• Sich von grossen Kostenblöcken (Infrastruktur, Personal, etc.) zu trennen und eine Kostenführerschaft anzustreben • Reduktion grosser Investitionen

Perspektive	Potenziale
Qualitätsverbesserungen	• Leistungen zu bündeln und auf den Kunden auszurichten • Zu hinterfragen, ob die Leistungen vollständig sind, oder neue hinzu kommen bzw. wegfallen • Aufgabenketten zu entwirren und zu prüfen, ob diese (durch einen Dritten) wirtschaftlicher erbracht werden können • Die Transparenz zu erhöhen und die Vergleichbarkeit mit anderen Prozessen anzustreben • Standardisierung von Prozessen und Systemen • Verbesserung der gelieferten Prozessqualität
Risiko-Reduktion	• Auslagerung von Risiken zum Outsourcingnehmer • Risiko-Teilung mit anderen Outsourcingnehmern
Ressourcen-Nutzung	• Erhöhte Auslastung von Personal und Systemen und damit Reduktion von „Stillstandszeiten"

Abbildung 8: Praxis-Beispiele von Potenzialen

Im Laufe der Zeit haben sich typische „Kandidaten" zur Auslagerung entwickelt. Mit der Verfügbarkeit neuer technologischer Unterstützung wird das Portfolio möglicher Auslagerungen immer mehr erweitert. Untenstehende Grafik zeigt dazu typische Beispiele.

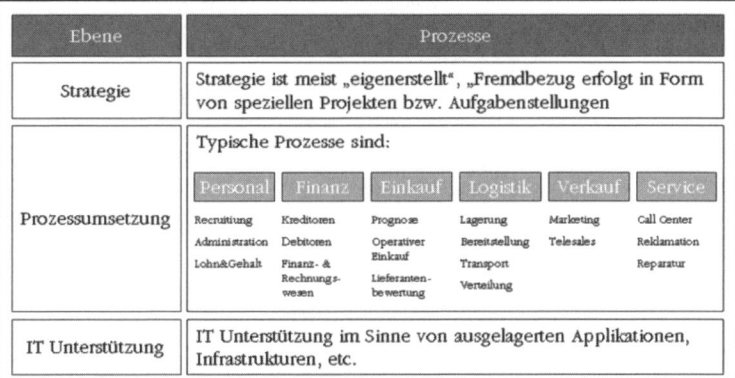

Ebene	Prozesse					
Strategie	Strategie ist meist „eigenerstellt", „Fremdbezug erfolgt in Form von speziellen Projekten bzw. Aufgabenstellungen					
Prozessumsetzung	Typische Prozesse sind:					
	Personal	**Finanz**	**Einkauf**	**Logistik**	**Verkauf**	**Service**
	Recruiting	Kreditoren	Prognose	Lagerung	Marketing	Call Center
	Administration	Debitoren	Operativer Einkauf	Bereitstellung	Telesales	Reklamation
	Lohn&Gehalt	Finanz- & Rechnungs- wesen	Lieferanten- bewertung	Transport Verteilung		Reparatur
IT Unterstützung	IT Unterstützung im Sinne von ausgelagerten Applikationen, Infrastrukturen, etc.					

Abbildung 9: Typische ausgelagerte Geschäftsprozesse

Im nächsten Schritt wird ein kurzes Praxisbeispiel aufgezeigt.

In einem kleinen Unternehmen wird die Lohn- und Gehalts-abrechnung durch eine Mitarbeiterin durchgeführt. Aufgrund von organisatorischen Veränderungen stellt sich die Frage, ob diese Tätigkeit künftig ausgelagert werden soll.

Zum Aufgabenbereich der Lohn- und Gehaltsabrechnung gehören:

- Fristgerechte Auszahlung der Löhne und Gehälter
- Erstellen der Abrechnungen und Zahlungsverkehr mit der Bank
- Fristgerechte Meldungen an Sozialversicherungsträger und das Finanzamt
- Verwaltung von Fehlzeiten, Urlaubs- und Krankheitstage sämtlicher Mitarbeiter
- Die Erstellung und Versendung von Jahresentgeltmel-dungen zur Sozialversicherung und Bescheinigungen für Lohnsteuerkarten
- An- und Abmeldung der Mitarbeiter bei den Krankenkas-sen
- Archivierung der jeweiligen Belege und Dokumente zu-ständig

In einem ersten Schritt werden die Aktivitäten und Kosten zur Lohn- und Gehaltsabrechung im Ist-Zustand erfasst, so dass die späteren Angebote in Leistung und Kosten ver-gleichbar sind. Für die spätere Bewertung der Angebote werden die aktuellen Tätigkeiten als Muss-Anforderungen ausformuliert. Von zusätzlich formulierten Wunschanforderungen wird ein zusätzlicher Nutzen erwartet.

Wunschanforderungen werden, je nach Wichtigkeit des Unternehmens, Anforderungsziffern zugeordnet. Der gewichtete Bewertungspunkt ist das Produkt aus Anforderungsziffer und Bewertungspunkt einer Wunschanforderung. Die Gesamtbewertung ergibt sich aus der Summe aller gewichteten Bewertungspunkte.

Die Auswertung der Angebote ergibt, dass zwei Anbieter bei den Mussanforderungen gleichwertig sind, ein Anbieter bei den Wunschkriterien mehr Punkte erzielt und gleichzeitig einen Kostenvorteil bietet. Dieser Kostenvorteil zeigt sich auch im direkten Vergleich der Eigenerstellung vs. Fremdbezug.

In einem nächsten Schritt wird eine strukturierte Argumente-Bilanz erstellt, um die Empfehlung besser begründen zu können. Dabei wurden folgende Themen bearbeitet:

- Kosten
- Strategie
- Leistung
- Personal

Der Vergleich der Leistungen (Ist-Zustand, Angebotsvergleich) und die Auflistung der Argumente zeigt,

- dass sowohl Muss- als auch Wunschanforderungen durch zwei der Anbieter erfüllt werden können,

- dass ein Anbieter sowohl auf Seite der Leistungen als auch der Kosten besser abschneidet,

- dass der Vergleich zwischen aktuellen Zustand (Eigenerstellung) und möglichem Fremdbezug eindeutig für Outsourcing spricht.

Basierend auf diesen Tatsachen wird die Funktion der Lohn- und Gehaltsabrechnung ausgelagert.

Transformation Outsourcing kann, wenn richtig eingesetzt, ein weiteres sehr wichtiges, strategisches Ziel unterstützen, nämlich die Erhöhung der Transformationskompetenz und –geschwindigkeit. Heute ist

Transformationskompetenz und -geschwindigkeit ein kritischer Erfolgsfaktor.

Die zentralen Fragestellungen dabei lauten:

- Wie sind die Prozesse, Produkte und Strukturen schneller an Kundenanforderungen und -erfordernisse anzupassen, um diese zeitverzugslos umzusetzen

- Wie soll das erforderliche Know-how hierfür kurzfristig und adäquat aufgebaut bzw. eingekauft werden

- Wie können die Ressourcen nach Erreichung der Zielvorgaben angepasst, bzw. mit neuen Aufgaben betreut werden

- Mit welchen intrinsischen Massnahmen und Fringe Benefits können die internen Ressourcen (Mitarbeiter) motiviert werden

Welche Voraussetzungen braucht man für ein BPO?

- Strategische Entscheidung und Bekenntnis für BPO

- Einen hierarchisch hoch angesiedelten Mentor bzw. eine Führungspersönlichkeit

- Ein angemessenes Projektsetup

- Ausreichend interne und externe Ressourcen

- Zugesagtes und ausreichendes Budget

- Vorhandensein klar definierter Prozesse, Strukturen und Verantwortlichkeiten (vorgängig durchgeführtes BPR-Projekt)

- Anpassung der Aufgaben, Kompetenzen und Verantwortlichkeiten der Mitarbeiter sowie Manager

- Flexible sowie mobile Mitarbeiter bzw. Manager

Im Kapitel 2 – Outsourcing realisieren - wird auf Voraussetzungen bzw. die damit verbundenen Aktivitäten, Ergebnisse und Rollen eingegangen und diese beschrieben.

Wie weit kann BPO gehen?

Wird der Prozess-Gedanke bzw. die end-to-end-Sicht weitergetragen, kommen nicht nur die Infrastrukturprozesse, also diejenigen Prozesse ohne Kundenkontakt, in Frage, sondern auch einige, die eine Schnittstelle zum Kunden bzw. zu Dritten (u.a. Lieferanten) haben.

Beispiel Customer Care Center

Als Beispiel sei hier das Customer Care Center genannt, das durch einen Outsourcingnehmer betrieben wird. Im Customer Care Center laufen sämtliche Ein- und Ausgangskanäle zum Kunden (Fax, Email, Telefon, Brief, etc.) zusammen und werden dort koordiniert. Zu den Hauptaufgaben gehören u.a. Identifizieren und Authentifizieren des Anrufers bzw. Emails, kleinere Abklärungen, Entgegennehmen von Beschwerden, Dispatching von Aufträgen, Kundenauskünfte (z.B. Auskunft über Kontostand, Sperrung der Kreditkarte bei einer Bank).

Gibt das Unternehmen in diesem Fall nicht einen wichtigen Kontaktpunkt zum Kunden aus der Hand?

Die Antwort ist ein klares „jein". Die entscheidende Frage ist, bringen die Mitarbeiter des Customer Care Centers die nötigen Voraussetzungen (Fachkompetenz, Freundlichkeit, Integrität, etc.) mit und schenkt der Outsourcinggeber ihnen das nötige Vertrauen. In der Regel ist es so, dass ein Teil der internen Belegschaft, die bereits diese oder ähnliche Aufgaben durchgeführt hat, zum Outsourcingnehmer wechseln (Outsourcing mit Personalüberlassung).

Um beim Beispiel des Customer Care Center zu bleiben: es werden in der Regel fast ausschliesslich diejenigen Aufgaben zusammengefasst und ausgelagert, die wenig kundensensitiv und operativ einfach zu handhaben sind sowie wiederkehrend anfallen.

Übergabe in mehreren Schritten

In der Praxis erfolgt die Übergabe der Aufgaben an ein Customer Care Center in mehreren Schritten:

Schritt-1: Nur Outbounds (ausgehende Anrufe, z.B. für die Produktlancierung oder für Kundenumfragen und Akquisition)

Schritt-2: Outbounds und selektive Inbounds

Schritt-3: Outbounds und Erhöhung der Zahl der Inbounds

Schritt-4: Out- und Inbounds

Somit steigt auf beiden Seite die Lern- und Erfahrungskurve bei gleichzeitiger Reduktion des Risikos.

Welches ist der grösste Konfliktherd?

"Wie setze ich die Mitarbeiter und Manager aus dem mittleren Kader zukünftig ein?", lautet die zentrale Fragestellung. Zweifelsohne gehört es zur unternehmerischen Aufgabe, sich um das Wohl der Mitarbeiter und des Kaders zu kümmern sowie sozial verträgliche Lösungen zu suchen und umzusetzen. Die Praxis zeigt auch, dass diese Idealvorstellung immer seltener erreicht werden kann und über kurz oder lang amerikanische Arbeitsmethoden bzw. -praktiken (hire and fire) anzutreffen sind und eingesetzt werden (müssen). Die Loyalität der Unternehmen gegenüber den internen Ressourcen nimmt im gleichen Verhältnis ab wie der Markt- und Kostendruck steigt.

Begrenzte Wahlmöglichkeiten

Es stehen nur sehr begrenzte Wahlmöglichkeiten für Mitarbeiter und das mittlere Kader zur Verfügung:

- Mitarbeiter gehen zum Outsourcingnehmer (inkl. Kündigungsschutz von z.B. einem Jahr)

- Mitarbeiter erhalten beim Outsourcinggeber andere Aufgaben

- Angehörige des Kaders erhalten ein Outplacement

Besonders hart trifft es das mittlere Kader, da in der Regel die Koordinations- und Führungsaufgaben zum Verantwortungsbereich des Outsourcingnehmers gehören.

Somit ist wichtig, die Betroffenen in den Outsourcing-Prozess frühzeitig miteinzubeziehen und die beteiligten Stellen wie Human Ressources-Abteilung, Behörden, (Arbeitslosen-) Ämter, Gewerkschaften, und Presse zu informieren.

Lösungsansatz

Ein Lösungsansatz zur Entschärfung dieses Konflikts besteht darin, den Mitarbeitern und dem mittleren Kader an Stelle von unbefristeten nur noch befristete Verträge (z.B. von einem Jahr) anzubieten. Sollte sich die Situation dahin ändern, dass mit einer rezessiven Marktlage zu rechnen ist (aktuelle Beispiele sind die Kombination aus Kriegen in Afghanistan, Irak und der Krankheit SARS im Jahre 2003), werden die Arbeitsverträge nur noch für kürzere Intervalle (für drei Monate) oder sogar gar nicht mehr verlängert, andernfalls erfolgt die Verlängerung des Vertrags um ein weiteres Jahr. Mit der Zeit wird hier ein Umdenken seitens Arbeitgeber und –nehmer stattfinden.

Zusammengefasst sind die wichtigsten Gründe für BPO

- Erhöhung der Transformationskompetenz und –geschwindigkeit

- In sich abgeschlossene und gut abgrenzbare Prozesse

- Bessere Führbarkeit und Überprüfbarkeit der Prozesse

- Einfachere Vergleichbarkeit mit Prozessen in den Branchen

- Verfolgung der end-to-end-Sicht

- Reduktion der Schnittstellen (Qualitätsverbesserung durch weniger Übergabefehler)

- Weniger Koordinationsaufwand

- Einsparung von Fach- und speziellem Know-how

- Professionalisierung der Leistungserbringung

1.4.7 Standort der Leistungserbringung

Für den Standort der Leistungserbringung gibt es verschiedene Möglichkeiten. Diese liegen von „on site", der Erbringung im Hause, bis hin zu „Offshore. Darunter wird in Europa mehrheitlich Indien und China verstanden. „Onshore" bezeichnet die Erbringung im Lande bzw. grösseren Region. „Nearshore" wiederum wird aus europäischer Sicht mit Polen, Rumänien, Bulgarien, Ungarn etc. in Verbindung gebracht.

Nearshoring

Nearshoring sucht die Vorteile des beinahe lokalen Anbieters (z.B. räumliche Nähe) mit der preislichen Attraktivität des Offshore-Dienstleisters.

Vorteile des Nearshorings sind vielfältig und müssen sicherlich ja nach Art des Vorhabens in Betracht gezogen werden:

- Die Kostenvorteile von Sourcing-Projekten im Ausland liegen im Einsatz von günstigen Entwicklern, die „remote" Leistungen in den Systemen des Kunden erbringen

- Geografische Nähe lässt das „vor Ort sein" besser zu

- Ähnlicher Kulturkreis

- Die Führung von Projekten und Prozesse kann im Bedarfsfall vom Stammhaus her gemacht werden

- Kostenreduktion

- Schnelleres Time to Market

- Mehr Entwicklungskapazität

- Nicht genügend inländische Ressourcen

- Grössere Flexibilität

- Fokus auf Kernbereiche

Früher wurde an kostengünstigeren Standorten oft Produktionsstätten aufgebaut. Unter anderem beeinflusst durch den Fortschritt der IT und die Ausbildung der lokalen Arbeitskräfte, ist es in der Zwischenzeit weit mehr als nur Produktionsprozesse zu verlagern. Nichts desto trotz müssen klare Auswahlkriterien herangezogen werden, wenn es darum geht, über Sourcing zu entscheiden. Kriterien (z.B. Kosten, Mitarbeiter, Umfeldfaktoren, etc.) bleiben in ähnlich, die Gewichtung unterscheidet sich je nach Variante aber schon eher.

Offshoring

Beim Offshoring verlagern Unternehmen Prozesse in andere Länder. Gründe sind z.B. tiefere Lohnkosten, staatliche Unterstützung wie Steuervorteile, erleichtertes Bauen, etc. Damit verbunden ist aber auch die Verfügbarkeit von gut qualifizierten Mitarbeitern.

Zurzeit werden eher weniger anspruchsvolle Tätigkeiten wie z.b. Datenerfassung, Help Desk. Aufgrund der vergleichbaren Ausbildung werden aber auch immer öfter anspruchvollere Tätigkeiten ausgeübt, sei es Anwendungsentwicklung oder auch Analysten-Tätigkeiten im Bankenumfeld. Unterstützt wird diese Verschiebung der Prozesse durch die hohe Verfügbarkeit von Informationstechnologie.

Nebst all den positiven Faktoren gibt es auch Bedenken zum Offshoring. Aus volkswirtschaftlicher Sicht werden immer wieder die Stimmen zu Arbeitsplatzverlusten in Europa laut. Ob und welche Konsequenzen Offshoring langfristig haben wird, ist heute noch unklar.

Aus Sicht der Umsetzung stehen Themen wie sprachliche Barrieren, kultureller Fit, Kontrollierbarkeit, fehlende Verantwortlichkeiten, Projektmisserfolge, hohe Risiken und mangelnde Flexibilität im Raum. Diesen Herausforderungen muss man sich aber auch in Europa stellen.

1.5 Ausblick

Der Ausblick beleuchtet zwei Aspekte des Outsourcing:

- Wie entwickelt sich der Outsourcing-Markt in nächster Zukunft?

- Wie entwickelt sich Outsourcing weiter und was sind mögliche Auswirkungen?

Der erste Teil setzt auf drei Studien auf, die nur einen kleinen Ausschnitt aus den heute verfügbaren Informationen zur Entwicklung von Outsourcing zeigen.

1.5.1 Entwicklung des Outsourcing-Marktes

Verschiedene Studien untersuchen die weitere Entwicklung des Outsourcing-Marktes.

BPO Markt

Eine gute Entwicklung prophezeit der Marktforscher Gartner dem Markt für Business Process Outsourcing. Während andere IT-Services unter der schwachen wirtschaftlichen Entwicklung leiden, boomt das Geschäft mit der Auslagerung von Geschäftsprozessen.

Weltweit konzentrieren Unternehmen die Investments auf ihr Kerngeschäft und versuchen zunehmend, nicht zum Kerngeschäft zählende Geschäftsprozesse auszulagern. Gemäss Gartner wird der Markt für BPO von 2002 bis 2007 jährlich um 9.5% wachsen.[11]

IT Markt

Die Metagroup zeigt in einer Studie, dass deutsche Unternehmen beim Outsourcing selektiv vorgehen und nicht mehr z.B. ganze IT-Abteilungen auslagern. Nach wie vor bevorzugt wird die Auslagerung des Applikations- und Infrastrukturbetriebs. Der Bereich des BPO ist noch nicht so stark ausgeprägt. „Neueinsteiger" im BPO fokussieren auf Finanzwesen und Human Ressources, geübte Anwender von BPO wandern eher schon Richtung Vertrieb und Marketing. [12]

---

[11] Vgl. Gartner, 2003, S. 2

[12] Vgl. Metagroup, 2003.

Eine Studie von Mummert Consulting[13] zeigt, dass der Markt für BPO in den kommenden 5 Jahren um 50% steigen wird. Hauptmotive bleiben nach wie vor Kostenoptimierung, Effizienzsteigerung durch Konzentration auf Kernkompetenzen und Serviceverbesserung. Nichts desto trotz wird mittels Outsourcing auch die Forschungs- und Entwicklungsarbeit intensiviert werden. Aus Sicht der Wertschöpfungskette werden hauptsächlich Prozesse ausgelagert, die durch externe Dienstleister günstiger und effizienter abgewickelt werden können.

Outsourcing im Mittelstand

Das kontinuierliche Wachstum des Outsourcing-Marktes beruht u.a. darauf, dass die Angebote nicht mehr ausschliesslich für grosse Unternehmen zugänglich sind, sondern verstärkt der Mittelstand zum Markt wird[14]. Dabei stehen in diesem Fall die gleichen Argumente im Vordergrund: Kosten sparen.

Fazit zum Outsourcing-Markt

Was ist nun das Fazit aus den Studien und welche Bedeutung hat das auf die Umsetzung von Outsourcing-Projekten?

- Outsourcing hat im Vergleich zu anderen Managementkonzepten lange Zeit überlebt und wird künftig eine gewichtige Bedeutung haben.

- Auf Grund der langen Lebensdauer von Outsourcing kann nicht von einem Hype gesprochen werden. Der stetige Wandel des Outsourcing-Angebotes wird sich fortsetzen.

- IT wird der Treiber von neuen Outsourcing-Angeboten sein.

- Was früher nur grossen Unternehmen vorbehalten war, ist mittlerweile auch kleineren Unternehmen zugänglich.

- Der Outsourcing-Markt ist im stetigen Wandel, auf der Nachfrageseite werden neue Leistungen nachgefragt, Anbieter von Leistungen versuchen durch Outsourcing-Innovation weitere Teilmärkte zu entwickeln.

---

[13] Vgl. e-business, 2003.

[14] Vgl. Computerwoche, 2003.

1.5.2	**Wandel des Outsourcing**

Die Ausprägungen von Outsourcing haben sich mit der Zeit gewandelt, dies wird auch in Zukunft so sein. Eine Studie von IDC[15] zeigt, dass sich das Spektrum des Outsourcing stetig verändert hat. Frühere Kostenüberlegungen sind zwar nach wie vor Gründe für Outsourcing, es kommen aber weitere dazu. Zunehmend liegt der Fokus des Outsourcing bei Business Transformation. Die Veränderung der Kundenbedürfnisse und volatilere Märkte verlangen von den Unternehmen erhöhte Anpassungsfähigkeit. Zielsetzung ist, flexible, adaptive Strukturen zu schaffen, um auf Marktveränderungen zielorientiert reagieren zu können. Diese Flexibilität und Agilität muss das ganze Unternehmen durchdringen.

Outsourcing von Kernprozessen

Outsourcing hat für Unternehmen zunehmend an Bedeutung gewonnen. Ausgehend von der Unterstützung von Supportprozessen, hat sich Outsourcing kontinuierlich in den Kernprozessen etabliert und wird seinen Platz im Bereich der Management-Prozesse finden.

- Aus der Frage nach Kostenreduktion wird die Frage nach Wertsteigerung

- Aus der Frage nach verbesserter Kontrolle wird Management der Unsicherheit

- Aus dem Auslagern von „Non Core Activities" wird die Frage, wie „Core Activities" mittels Outsourcing besser unterstützt werden können

Wohin wird sich nun Outsourcing bewegen?

Das traditionelle Verständnis der Leistungserstellung wurde und wird gesteuert durch Eigentum. In vielen Firmen und Branchen überwiegt nach wie vor die Überzeugung, dass je mehr der Anteil an der Wertschöpfungskette im Eigentum ist, umso erfolgreicher wird man im Markt sein. Dies mag auch für bestimmte Branchen zutreffen, doch darf das nicht zu allgemeiner Gültigkeit erklärt werden.

Flexibilität

Durch die kontinuierliche Veränderung von z.B. Technologie und Kundenwünschen wird die Flexibilität von entscheidender

---

[15] Vgl. IDC, 2002, S. 7ff.

Bedeutung sein. Dies immer mit eigenen Ressourcen bewerkstelligen zu wollen, erscheint ambitiös.

Management von Ressourcen

Die Leistungserstellung verändert sich immer stärker in Richtung Management von Ressourcen. Woher nun diese Ressourcen bezogen werden, ist sekundär, entscheidend wird sein, welchen Mehrwert diese Ressourcen zum Gesamtergebnis beitragen können.

Portfolio-Manager

Im Extremfall wird das Unternehmen zum Portfolio-Manager von Leistungen. Contracting, Brokerage und Networking werden zu zentralen Themen für die Unternehmen. Die Fortführung dieser Gedanken ergibt unweigerlich, dass die Unternehmensdefinition, wie sie ursprünglich Bestand hatte, sich verändern wird.

Auswirkungen

Die erweiterten, zusätzlichen Handlungsoptionen haben ihre Wirkung auf die Strategie. Das „Mehr" an Handlungsoptionen verlangt nach einer noch stärkeren Definition des „Was". Um in den Wertschöpfungsnetzwerken bestehen zu können, muss das Unternehmen die Rolle von Insourcing und Outsourcing im Gesamtzusammenhang verstehen und sich infolge dessen positionieren. Das Management des Sourcings wird zur entscheidenden Komponente im Wettbewerb.

Handlungsfelder

Die Breite der Handlungsfelder zwingt zwar die Unternehmen einerseits, den eigenen Weg wirkungsvoll zurechtzulegen, anderseits erlaubt das „Mehr" an Handlungsfeldern aber auch, einen Pfad teilweise oder ganz zu verlassen und eine neue Position im Wettbewerbsumfeld zu finden.

Die Anforderungen an die strategischen Überlegungen werden aus Sicht des Outsourcing massiv ansteigen.

Auswirkung auf Prozesse

Outsourcing wird in Zukunft auf Prozesse Auswirkungen haben. Was mit dem BPO begonnen hat, wird sich in der Zukunft fortsetzen. BPO und Web Services werden dazu führen, dass Prozesse in kleinere Einheiten aufgeteilt werden, der Aufwand an Prozess-Integration wird aber steigen. Um nun diese Integration wirkungsvoll gestalten zu können, müssen die Integrationskosten optimiert werden.

Im Zentrum der Diskussionen wird die Frage stehen, wer die gesamte Wertschöpfungskette führen wird. In direktem Zusammenhang mit der Führung des Prozesses hängt auch die Messung der Performance. Durch den hohen Grad an Integration wird es in Zukunft unumgänglich sein, dies auch im Performance Management darzustellen, zu messen und zu führen.

Auf der Ebene der Prozesse werden die Anforderungen an Prozessführung und -integration stark ansteigen. Das Nicht-Beherrschen dieser Aufgabe kann fatale Folgen auf eines oder mehrere beteiligte Unternehmen haben.

IT als Treiber

Massgeblicher Treiber der Weiterentwicklung des Outsourcing ist die IT. Geht man im Extremfall von einer totalen Zerlegung der Wertschöpfungskette über eine beliebige Anzahl beteiligter Unternehmen aus, wird sich das in der IT niederschlagen.

Die Offenheit der Systeme kann sich auf zwei Seiten zeigen. Auf der einen Seite kann man sich eine umfangreiche Applikation vorstellen, die über die ganze Wertschöpfungskette eingesetzt wird und alle beteiligten Unternehmen darin integriert sind. In diesem Fall handelt es sich nicht um einen eigentlichen Datenaustausch, sondern viel mehr um deren Integration und Synchronisation. Diese Lösung wird auf Grund mangelnder Flexibilität kaum eingesetzt werden.

Anderseits wird der Einsatz von vielen kleinen Applikationen und Transaktionen eine Erhöhung der Flexibilisierung ermöglichen. In diesem Fall werden nur Daten ausgetauscht. Erfolgsfaktoren werden „Datenbeherrschbarkeit" und Integration der einzelnen Teile zum Gesamten sein.

Geforderte Mitarbeiter

All diese Veränderungen werden nicht spurlos an den Mitarbeitern vorbeigehen. Die einzelnen Aufgaben werden sich nicht ändern, die wichtigste Veränderung erfolgt im Bereich der Führung. Erfolgreich wird sein, wer die Integration von Prozessen auf Seite der Führung von Mitarbeitern schafft. Das erfolgreiche Bewegen in den Wertschöpfungsketten des Unternehmens wird stark von den Mitarbeitern abhängig sein, diese müssen mit Hilfe von aktivem Change Management vorbereitet und begleitet werden.

1.6 Rollen

Um ein Outsourcing-Vorhaben erfolgreich zu realisieren und umgesetzte Projekte zu betreiben, braucht es sowohl auf Outsourcinggeber- als auch auf Outsourcingnehmer-Seite bestimmte Voraussetzungen bzw. Anforderungen. Im Folgenden sind die wichtigsten beschrieben.

1.6.1 Anforderungen des Outsourcinggebers

1.6.1.1 Allgemeine Überlegungen

Früher existierte eine Linienorganisation mit den klassischen Über- und Unterstellungen. Nach erfolgtem Outsourcing braucht es ein partnerschaftliches Beziehungs-Management zwischen Auftraggeber und Auftragnehmer, durch das Aufgaben, Kompetenzen und Verantwortungsbereiche (noch) detaillierter geregelt sind. Dies geschieht in der Regel über Verträge.

Je grösser das Know-how ist und je besser die Prozesse beherrscht werden, umso einfacher und eindeutiger können sie gegeneinander abgegrenzt werden. Dies stellt einen wesentlichen Erfolgsfaktor im Outsourcing dar.

> Analog dem Supply Chain Management braucht man im Outsourcing eine klare Abstimmung der innen- und zwischenbetrieblichen Prozesse, d.h. die ausgelagerten Aufgaben oder Prozesse müssen hinsichtlich **Kosten, Qualität, Termintreue und Zuverlässigkeit** nahtlos auf die inhouse erbrachten Leistungen ausgerichtet sein.

Diese Anforderungen an die Mittleraktivitäten sind nicht einmalig, sondern permanent zu erbringen.

Verantwortung bleibt beim Outsourcingnehmer

Der Traum, sich mit einem Outsourcing-Vertrag der Verantwortung entziehen zu können und gegen bare Münze garantierte Leistungen „pur" zu erhalten, hat sich als unerfüllbar erwiesen. Neben den klassischen Führungsaufgaben wie planen, steuern, kontrollieren und korrigieren kommen mit der Entscheidung zum Outsourcing neue hinzu. Der Umgang mit externen Partnern verlangt vor allem mehr Kommunikations- und Koordinationsvermögen.

1.6.1.2   Aufgabe, Verantwortung und Kompetenz

Die Hauptaufgaben der Outsourcing-Manager (1. und 2. Führungsebene) lassen sich wie folgt gliedern:

- Entscheidungsvorbereitung und Entscheidung über Outsourcing-Vorhaben

- Ressourcen planen und zuweisen (u.a. Mitarbeiter, Finanzen, Infrastruktur)

- Definieren von Outsourcing-Paketen (für Funktionen, Objekte oder Prozesse)

- Evaluation geeigneter Outsourcing-Partner

- Vertragsverhandlung und -gestaltung

- Erarbeiten einer Umsetzungsstrategie

- Einleiten und Etablieren des Kulturwandels

- Aufbauen einer Vertrauensbeziehung und kulturelle Integration der Unternehmen

- Definieren konkreter, vollständiger Leistungsvorgaben (Service Level Agreements, SLA)

- Etablieren eines Stimmungsbarometers

- Permanentes Überprüfen und Stärken der formellen und informellen Beziehungen

- Einrichten einer konstruktiven Feed-back-Kultur

- Einrichten eines Controlling

- Aufmerksame Information, Kommunikation und Aufklärung

- Fingerspitzengefühl im Alltagsgeschäft

- Umfassende Konfliktbewältigungsaufgaben

- Hilfe bei psychischen Blockaden (u.a. Angst um Arbeitsplatz)

- Besonderes Augenmerk auf Feinabstimmung richten

- Personalübernahme äusserst umsichtig gestalten

Kompetenzrege-
lung

Die Kompetenzregelung von Outsourcing-Managern hängt u.a. von der kapitalmässigen Beteiligung des Outsourcinggebers ab. Die beiden Pole bilden die Ausgliederung mit sehr umfassenden

Kompetenzen sowie die Auslagerung, in der die Kompetenzen fast uneingeschränkt zum Outsourcingnehmer übergehen.[16]

Prinzipiell darf die Verantwortung nur so weit reichen, wie einem Outsourcing-Manager Kompetenzen zugestanden werden. Die wichtigsten Veranwortungsbereiche sind Strategie, Controlling, Kosten, Kulturharmonisierung und Zielerreichung.

Regel:

- der Outsourcinggeber übernimmt die Verantwortung für Planung und Kontrolle

- der Outsourcingnehmer übernimmt die Verantwortung für die Ausführung

1.6.2 Anforderungen des Outsourcingnehmers

1.6.2.1 Allgemeine Überlegungen

Projekterfahrung

Neben der Erfahrung mit ähnlichen Projekten ist es zwingend erforderlich, dass der Outsourcingnehmer Erfahrungen im Planen, Umsetzen und im Lösen von Problemen aufweisen kann.

Mit Zuverlässigkeit ist die vertraglich vereinbarte Erfüllung der Leistungen gemeint. Dies bedeutet, dass insbesondere Termine eingehalten und die fixierten Kosten nicht überschritten werden, die Leistungen der geforderten Qualität entsprechen, Branchen- und unternehmensspezifisches Know-how vorhanden ist.

Kommunikation

Mit der einmaligen Übergabe der Aufgaben bzw. Prozesse an den Outsourcingnehmer ist es nicht getan. Beim Outsourcing von Leistungen von mittleren und grösseren Unternehmen ist ein Key Account Manager einzusetzen, damit keine Kommunikationslücken auftreten. Unter Kommunikationsvermögen wird verstanden, dass die Anliegen des Outsourcinggebers ernst genommen, Konfliktsituationen konstruktiv angegangen und gelöst werden sowie klar definierte Ansprechpartner zur Verfügung stehen.

Grösse des Outsourcingnehmers

Die Frage nach der Grösse des Outsourcingnehmers sollte Antworten hinsichtlich Flexibilität geben. Besitzt der Outsourcingnehmer eine Grösse, die es erlaubt, auch bei höherem Geschäftsvolumen (z.B. Auftragsspitzen) die nötigen Ressourcen in

---

[16] Vgl. Bruch, 1998, S. 78.

der gewünschten Qualität und termingerecht zur Verfügung zu stellen. Ferner müssen die Outsourcingnehmer über genügend finanzielle Mittel verfügen, sodass saisonale Schwankungen und rezessive Einflüsse das Erbringen der Leistungen nicht beeinflussen. Verbunden mit der Finanzkraft ist ebenfalls die laufende Weiterentwicklung von Leistungen, Innovationskraft und des Know-how der Mitarbeiter.

Standard- und Individualleistungen

Für den Outsourcinggeber ist es schwierig, sich im Dienstleistungs- und Angebotsdschungel der Outsourcingnehmer zu Recht zu finden. Aus diesem Grunde ist es aus Sicht Outsourcingnehmer äusserst sinnvoll, zwischen Standard- und Individualangeboten zu unterscheiden. Vor allem Standarddienstleistungen lassen sich wesentlich einfacher mit der Konkurrenz vergleichen und fördern die Transparenz der Angebote. Hat der Auftraggeber keine konkreten Vorstellungen über auszulagernde Aufgaben, Objekte oder Prozesse und erteilt weiter keine klaren Aufträge, wird der Outsourcingnehmer seine Leistungen nicht voll entfalten können.

1.6.2.2   Service Management

Anbieter von Outsourcing-Leistungen unterliegen einem harten Wettbewerb. Kunden stellen an sie vielfach sehr hohe Anforderungen, die sie bezüglich Schnelligkeit, Kosten, Nutzen und Flexibilität selbst kaum erfüllen können, d.h. ihre Erwartungshaltungen sind hoch, sie sind aber in der Regel eher weniger bereit, auch mehr dafür zu bezahlen.

Erwartungshaltung

Der Faktor Zeit

Der Faktor Zeit ist bei der Fertigung zentral. Gemessen wird die Arbeit von Outsourcing-Partnern vielfach an Durchlaufzeiten. Das bedingt eine saubere Planung aller Schritte eines Prozesses. Outsourcing kommt vielfach erst dann zum Zug, wenn das Unternehmen nicht innert nützlicher Frist produzieren kann. Dabei darf nicht vergessen werden: auch Outsourcingnehmer müssen dieselben Phasen der Planung, Entwicklung, Beschaffung sowie Fertigung durchlaufen - häufig in einer wesentlich kürzeren Zeit. Prozessorientierte Abläufe und flache Hierarchien sind zur Bewältigung dieser Herausforderung entscheidend.

Kostenreduktion und Kostentransparenz

Kostentransparenz steht im Zentrum eines Auftrags. Der Kunde erwartet eine offene Kalkulation und eine detaillierte Auflistung aller Tätigkeiten und Zuschläge: Die Kostenrechnung ist ein offenes Buch. Dadurch ist der Kunde heute in der Lage, wesentlich genauer abzuschätzen, in welchen Bereichen die Stärken des Outsourcingnehmers liegen.

Flexibilität

Jedes Unternehmen ist nur so gut wie seine Mitarbeiter. Das bedingt nicht nur technologisches Know-how. Gemeint sind vielmehr die fachlichen Qualitäten und die Sozialkompetenz der Mitarbeiter. Sie müssen den Fragen und Wünschen von Auftraggebern mit Offenheit begegnen und hören, was der Outsourcinggeber wirklich braucht. Es ist viel mehr ein Beraten als ein Verkaufen angesagt. Sie müssen bereit sein, ständig ihre Leistungen zu hinterfragen und diese den Kundenbedürfnissen anzupassen und sie darauf auszurichten. Dazu braucht es ein gezieltes Service Management.

Der Begriff Service Management sagt es bereits: Service hat mit Zufall oder Einzelaktionen nichts zu tun. Service ist ein permanent zu verfolgender Prozess, der entwickelt, gemanagt, schrittweise umgesetzt und institutionalisiert werden muss.

Zentrale Frage

Die zentrale Frage im Service Management lautet: Wie muss ein Unternehmen strukturiert und geführt sein, damit Kundenwünsche frühzeitig erkannt und die Leistungen den Vorstellungen der Kunden angepasst werden können? Nur wenn die Mitarbeiter und Verantwortlichen des Outsourcinggebers wissen, wie ein ideales Service Management funktioniert, können sie realistische Forderungen stellen.

Voraussetzungen für effizientes Service Management

Die zentralen Voraussetzungen für ein effizientes und wirksames Service Management sind:

- Kundenbedürfnisse antizipieren, richtig erkennen sowie ernst nehmen

- Klare Qualitätsrichtlinien für Produktion, Prozesse und den Umgang mit dem Outsourcingnehmer

- Ständige Bereitschaft zur Erkennung von Schwachstellen und zur Entwicklung von neuen Services

- Regelmässiges Monitoring beim Outsourcingnehmer

- Kurze Kommunikationswege und einen offenen und ehrlichen Dialog zwischen Outsourcinggeber und -nehmer

- Gemeinsame Entwicklung von Produkten und Dienstleistungen

- Abbau bzw. Weglassen von unnötigen Schnittstellen

- Mitarbeiter mit einem hohen Mass an Selbstverantwortung und Eigenmotivation im Umgang mit Outsourcingnehmer

Idealerweise wird sowohl auf der Seite der Outsourcinggeber als auch der –nehmer ein Service Management etabliert. Service muss vom Management vorgelebt und von den Mitarbeitern getragen werden. Das Management muss die Messgrössen vorgeben. Die Ziele sollen zwar hoch gesteckt werden, aber trotzdem fair und erreichbar sein. Service Management ist nie abgeschlossen und ist somit ein kontinuierlicher Prozess.

Steuerung erfolgskritischer Leistungen

Qualität muss messbar gemacht werden! Unter dem Gesichtspunkt des wachsenden Anteils von Outsourcing, spielen Service Level Agreement und Service Management Prozesse eine tragende Rolle in der Partnerschaft zwischen Outsourcinggeber und -nehmer. Die Service Level sind das zentrale Instrument zur eigentlichen Ausgestaltung und Entwicklung eines strukturierten und messbaren Fremdbezugs. Mit ihnen werden die zu erbringenden Leistungen in qualitativer und quantitativer Hinsicht dargestellt. Demgegenüber ist im Rahmenvertrag und der Leistungsvereinbarung (Servicevertrag) die IT-Partnerschaft zu vereinbaren. Die jeweiligen Inhalte der Service Level und das Management der dahinter liegenden Prozesse sind somit im Interesse beider Vertragsparteien detailliert zu spezifizieren, um einen sicheren und vor allem reibungslosen Betrieb zu garantieren sowie eine hohe Kundenzufriedenheit zu gewährleisten.

1.7 Zentrale Rolle der weichen Faktoren

Outsourcinggeber können die Gepflogenheiten und das Verhalten ihrer Mitarbeiter stark beeinflussen, indem sie ihnen mit psychologischem Feingefühl erklären, warum sich das Management für die Durchführung eines Outsourcing entschieden hat.

Seit Anfang der 90-er Jahre sind die „harten" Konzepte wie Business Process Reengineering und Outsourcing gross an der Zahl umgesetzt worden, mit unterschiedlichem Erfolg wie die Vergangenheit gezeigt hat. Warum sind Restrukturierungsprojekte gescheitert? Ein Hauptgrund ist einfach und einleuchtend zugleich: Hunderte bzw. Tausende von Individuen und Teams mussten motiviert, bewegt und auf gemeinsame Ziele ausgerichtet werden. Dabei mussten die Arbeitsweisen geändert und teilweise mit neuen Applikationen gearbeitet werden.

Erfolgreiche Transformation

Eine Transformation ist nur dann erfolgreich, wenn die Mitarbeiter nicht alle Verhaltensweisen bzw. Muster auf neue Prozesse anwenden, sondern auch ihre persönliche Einstellung bis hin zur Arbeitstechnik den neuen Erfordernissen anpassen können. CEO's und Change Agents müssen vorab ein „Reengineering in den Köpfen" der Mitarbeiter durchführen, um so das Verhalten der Betroffenen zu ändern.

Ein erfolgsentscheidender Faktor im Outsourcing ist der Umgang mit den Menschen im weitesten Sinn. Diese weichen Faktoren umfassen Themen wie Unternehmenskultur, Arbeitsklima, Vertrauen, Wertvorstellungen, Ängste, Konflikte. Mit anderen Worten, alles was einem im täglichen Arbeitsleben widerfahren kann. Soft factors können aus zwei Sichten gesehen werden: zwischen- und innerbetrieblich.

1.7.1 Die zwischenbetriebliche Sicht

Prinzipiell ist die Kontaktherstellung mit dem potenziellen Outsourcingnehmer vergleichbar mit dem Lebenszyklus einer Ehegemeinschaft. Vorab geht es darum die Stärken und Schwächen des Partners kennen zu lernen, gleichzeitig seine Handlungsweise und die Ideen für die gemeinsame Zukunft. In dieser Phase des Kennenlernens sind beide Parteien vorsichtig und tasten sich gegenseitig ab. Spürt man in vertiefenden Interviews, dass man sich auf den Partner verlassen kann, entsteht etwas sehr wichtiges, nämlich Vertrauen, auf dem eine solide und langfristig ausgelegte Beziehung gedeihen kann.

Um die ersten Beziehungsstürme unbeschadet überstehen zu können, ist eine Kulturanalyse des Outsourcingnehmers unumgänglich.

Kultur-Analyse Das Resultat aus dieser Analyse muss eine Antwort auf die Frage liefern, ob die Kultur des Outsourcingnehmers zur eigenen passt oder nicht. Wird diese Frage bejaht, so ist permanent an der Integration und Weiterentwicklung der beiden dennoch unterschiedlichen Kulturen zu arbeiten, unter anderem mit Austausch von Managern, offiziellen und inoffiziellen Anlässen, arbeiten mit gemischten Teams. Zu Beginn einer Outsourcing-Beziehung neigen die alten Bereiche des Outsourcinggebers oft zu Ablehnung (... dies können wir doch besser ...). Hier sind die Führungskräfte mit dem Einsatz eines konstruktiven Konflikt Managements und aufklärenden Gesprächen gefordert.

1.7.2   Die innerbetriebliche Sicht

Die wichtigsten Fragen für die Mitarbeiter und das mittlere Kader sind:

- Behalte ich meinen Arbeitsplatz?
- Wer ist mein neuer Chef?
- Was ändert sich an der Struktur bzw. Organisation?

Als schlimm wird von den Mitarbeitern die Ungewissheit und die verbreitete Unsicherheit empfunden, ob, wie und wann es weitergeht.

Change und Chance Im Englischen hört sich Change wie Chance an. Wird dieses Wortspiel ins Deutsche übertragen, bedeutet dies, dass der Wandel auch eine Chance beinhaltet, vorausgesetzt, dass die Mitarbeiter Lernbereitschaft, -fähigkeit und -geschwindigkeit aufbringen, um die vorgegebenen Outsourcing-Ziele zu erreichen.

1.7.3   Die Outsourcingnehmer-Sicht

Zweifelsohne kann es mit all diesen verschiedenen Sichten Ziel- und Interessenskonflikte geben. Aus diesem Grunde ist aus Sicht des Outsourcingnehmers die wichtigste Zielsetzung, die Mitarbeiter kulturell und von der Zuteilung der Aufgaben her umfassend einzugliedern. Die grundlegenden Elemente einer Eingliederung ins Team sind:

Teamgrösse: Ist die Teamgrösse so gewählt, dass sich das Team leicht und oft versammeln kann? Ist sichergestellt, dass die Teammitglieder leicht und häufig kommunizieren können? Sind die Diskussionen offen und können sich alle einbringen bzw. beteiligen? Versteht jeder Mitarbeiter seine Rolle und diejenige seiner Kollegen?

Fähigkeiten und Kompetenzfelder: Sind im Team tatsächlich oder potenziell die nötigen Fähigkeiten vorhanden hinsichtlich Problemlösung, Entscheidungsfindung und der Umgang miteinander, um die gemeinsamen Zielsetzungen zu erreichen? Sind die Mitarbeiter einzeln und gemeinsam gewillt, die erforderliche Zeit zu investieren, um sich selbst und den anderen dabei zu helfen, die nötigen Fähigkeiten zu erlernen und weiterzuentwickeln? Ist ein ausgeglichenes Verhältnis der verschiedenen Kompetenzfelder der Mitarbeiter bzgl. Sach-, Fach-, Sozial- und Methodenkompetenz vorhanden?

Gemeinsame Zielsetzungen: Ist es tatsächlich die Zielsetzung des Teams oder nur einer Führungsperson bzw. diejenige des Outsourcingnehmers? Verstehen alle Mitarbeiter die gemeinsame Zielsetzung gleich und haben den Eindruck, der Zweck sei wichtig oder gar mitreissend? Ist ein natürlicher gegenseitiger Respekt vorhanden?

Spezifische Leistungsziele: Gibt es Leistungsziele und sind diese spezifisch definiert? Sind diese einfach und messbar? Falls nicht oder nur schwer messbar, wie können die Ziele überprüft werden? Sind die Ziele ausgewogen gestaltet, sodass sie realistisch und doch anspruchsvoll sind?

Ergebnisverantwortung: Ist den Mitarbeitern klar, wofür sie individuell bzw. gemeinsam verantwortlich sind? Fühlen sich alle Mitarbeiter für alle Aufgaben und Massnahmen verantwortlich? Herrscht die Einschätzung vor, dass alle Mitarbeiter nur als Team gewinnen oder scheitern können?

Nur die ehrliche Beantwortung dieser Fragen bringt das Team und somit auch die Zielsetzungen des Outsourcingnehmers weiter. Nur wo die Mitarbeiter ihr volles Potenzial ausschöpfen können, kann ein erfolgreiches Team geschaffen werden.

1.7.4 **Erfolgsfaktoren beim Know-how-Transfer**

An vorderster Stelle bei den Mitarbeitern steht die Sinnvermittlung über das Outsourcing-Vorhaben, verbunden mit der Schaffung von Transparenz sowie einer stufengerechten Informationspolitik.

Nachfolgend sind die wichtigsten Faktoren aufgeführt, die einen Know-how-Transfer einfacher machen. Dies trifft vor allem beim Outsourcing mit Personalüberlassung zu.

Wer: Es besteht eine klare Projektorganisation, die den betroffenen Mitarbeitern kommuniziert wird. Im Projektteam sind eindeutige Rollen zugeteilt.

Was: Alle Projektziele sind klar formuliert und abgegrenzt – auch die übergeordneten Veränderungsziele.

Warum: Die Begründung und Bedeutung des Transfers ist für alle Beteiligten nachvollziehbar und einleuchtend.

Wie und womit: Die zu transferierenden Mitarbeiter erfahren eine gemeinsame Ausbildung und arbeiten bereits mit der (neuen) Methodik des Outsourcingnehmers. Falls möglich sind sie von operativen Aufgaben entlastet.

Gemeinsame Sprache: Der Projektleiter sorgt durch subtile Harmonisierung von Sprache und Denkweise ständig dafür, dass keine Missverständnisse bestehen bleiben und sich zwischen altem und neuem Team ein echter Dialog bildet.

Potenzial: Die Chancen, die sich kollektiv und individuell eröffnen, sind von jedermann erkannt und verstanden worden.

Stufengerecht: Die Projektziele sind hierarchisch und zeitlich gegliedert. Am Anfang sind sichere, rasche Teilerfolge („quick wins") besonders wichtig. Die ersten (Projekt-) Etappen sind darum sehr kurz.

Signal: Der Projektstart und die Transformationsphase sind in einzelne kleine Etappen gegliedert und für alle klar erkennbar.

Transparenz: Über den Projektstatus wird laufend, umfassend und transparent informiert.

Win / win: Der Projektleiter oder Change Manager wahrt das Interessengleichgewicht.

1.8   **Einsatz externer Berater**

Oftmals stellt sich die Frage, ob und wann externe Unterstützung zur Realisierung von Outsourcing herangezogen werden soll. Viele Unternehmen haben in den letzten Jahren sowohl gute als auch schlechte Erfahrungen gemacht.

Gründe   Gründe, wieso bereits in einer frühen Phase ein Outsourcing-Projekt durch einen externen Berater unterstützt werden soll, sind vielfältig: Know-how (Fach- und Methodenkompetenz), Zeitgründe, Zugang zu Wissen bzw. Benchmarks, etc.

Es ist zu erwarten, dass spezialisierte Berater ihr Fachgebiet kennen und auf dem aktuellen Stand von Wissenschaft, Technik und Trends sind.

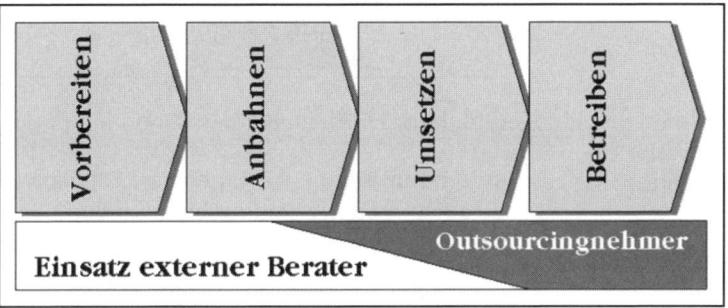

Abbildung 10: Einsatz externer Beratung

Geplanter Einsatz   Erfahrungsgemäss werden externe Berater vor allem in den Phasen der Vorbereitung, Anbahnung und teilweise Umsetzung eingesetzt. Schwerpunkte bilden die Themen Know-how Transfer, Projektvorbereitung, spezifische Zieldefinitionen, Entwicklung der Anforderungen, Evaluationsunterstützung und Verhandlungspartner. Gute Berater verfügen über entsprechende „Werkzeuge" (Checklisten, Vorlagen, etc.), die helfen, den Prozess zu strukturieren und den Grad der Vollständigkeit zu erhöhen.

Die Umsetzungsphase wird oft durch denselben Berater unterstützt. In dieser Phase dient der externe Berater in unterstützender Funktion im Sinne von Qualitätssicherung.

Wichtig ist, sicher immer wieder vor Augen zu führen, dass Berater primär zeitlich begrenzte Dienstleister sind und auf keinen Fall zu einer festen „Institution" werden sollten.

1.9   Methoden Engineering

Das in diesem Buch beschriebene Vorgehen basiert auf Methoden Engineering.[17]

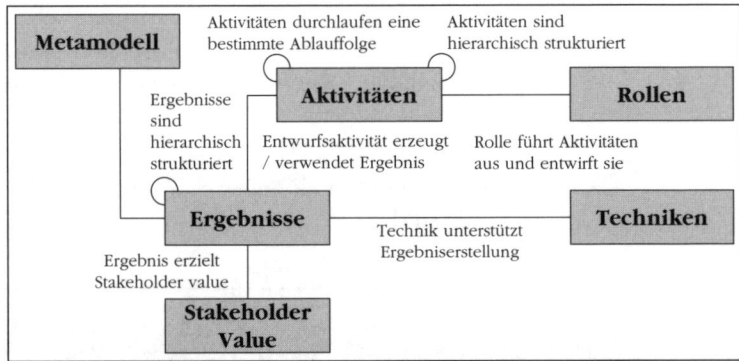

Abbildung 11: Elemente des Methoden Engineering

Ergebnisse

Im Zentrum stehen die Ergebnisse, die sowohl Outsourcinggeber als auch -nehmer zugeordnet werden, die Parteien erarbeiten ebenfalls gemeinsame Ergebnisse. Die Ergebnisse selbst haben untereinander zeitliche und inhaltliche Abhängigkeiten.

Techniken

Das Erlangen von Ergebnissen wird durch Techniken unterstützt, so z.B. mit SWOT-Analysen und Checklisten.

Aktivitäten

Gesteuert werden die Ergebnisse durch Aktivitäten. Diese Schritte selbst unterliegen einer zeitlichen und inhaltlichen Abhängigkeit in sich selbst, aber auch vorgelagerten Resultaten.

Rollen

Die Umsetzung wird durch die Rollen (z.B. Projektleiter) getragen, dies sind die involvierten Mitarbeiter mit den zugeordneten Aufgaben, Kompetenzen und Verantwortungen.

Stakeholder

Der Stakeholder Value kann als Mass der Wertschöpfung durch Outsourcing in beiden Unternehmen betrachtet werden.

---

[17] Vgl. Gutzwiler, 1994, S. 13.

2   Outsourcing realisieren

*Any manager who thinks he has a
road map of exactly how to get from
A to B is in trouble.*

James Champy

2.1   Überblick

Der zweite Teil dieses Buches beschäftigt sich mit der Vorgehensweise zur erfolgreichen Abwicklung eines Outsourcing-Vorhabens. Wie oben von Champy ausgedrückt, bildet die hier vorgeschlagene Vorgehensweise eine Roadmap, doch gilt diese als situativ und bei Bedarf sind Korrekturen bzw. Anpassungen vorzunehmen.

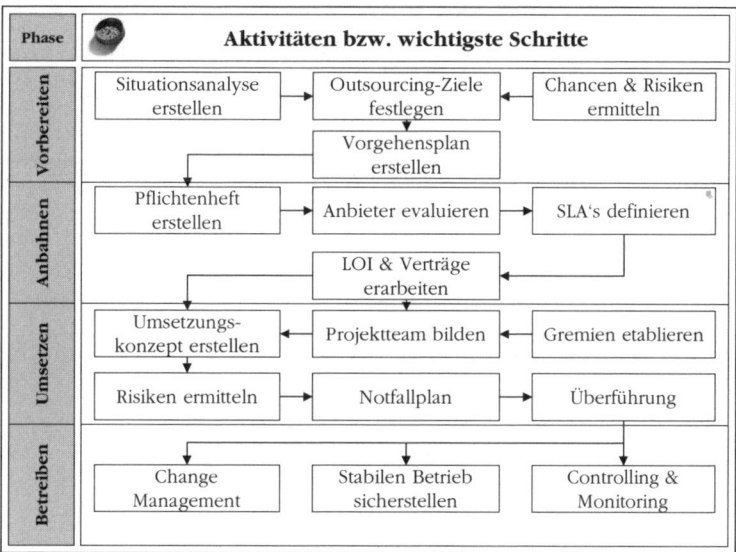

Abbildung 12: Übersicht Phasen und Aktivitäten

Oben stehende Grafik zeigt in einer Übersicht die vier Phasen und deren wichtigste Schritte, die je nach Outsourcing-Typ mit zusätzlichen Schritten ergänzt werden.

2.2 Vorbereitungsphase

An irgendeinem Punkt muss man den Sprung ins Ungewisse wagen. Erstens, weil selbst die richtige Entscheidung falsch ist, wenn sie zu spät erfolgt. Zweitens, weil es in den meisten Fällen so etwas wie eine Gewissheit gar nicht gibt.

Lee Iacocca

2.2.1 Einleitung

Die Vorbereitungsphase umfasst die Analyse der Ausgangslage, die Zielfestlegung, das Erarbeiten des Vorgehensplanes bis hin zur Bereitstellung der notwendigen Ressourcen.

Outsourcing Navigator	Spezifische Aktivitäten		
	Infrastruktur	**Anwendung**	**Geschäfts-Prozess**
Allg. Aktivitäten	**(Selektives) IT OS**	**ASP**	**BPO**
Vorbereitung ■ Situationsanalyse ■ Outsourcing-Ziele ■ Chancen/Risiken ■ Vorgehensplan und Ressourcen	■ Stärken & Schwächen im Infrastruktur- bereich ermitteln ■ Potenziale im Infrastrukturbereich ermitteln	■ Analyse der Anwendungs- Anforderungen ■ Integration mit Rest der IT-Infrastruktur	■ Analyse der Prozess- Bereiche ■ Prozess-Ziele festlegen ■ Integration übriger Prozessen
Anbahnung ■ Pflichtenheft erstellen ■ Outsourcingnehmer selektieren ■ SLA's definieren ■ Vertragsgrundlagen LOI und Verträge	■ Definition Infra- struktur-Leistungen ■ IT-Outsourcing Referenzen prüfen ■ Infrastrukur SLA's definieren	■ Definition Lösungs- anforderungen ■ Lösungs-Fit prüfen ■ ASP-Referenzen prüfen ■ Lösungs-SLA's	■ Definition Prozess- anforderungen ■ Prozess-Fit prüfen ■ BPO-Referenzen prüfen ■ Prozess-SLA's
Umsetzung ■ Projektteam bilden ■ Umsetzungskonzept ■ Risiken ermitteln ■ Überführung ■ Gremien etablieren ■ Notfallplan	■ Übernahme IT-Infra- struktur und Personal (falls relevant) ■ Infrastruktur Know- how übernehmen ■ IT-Services etablieren	■ Datenmigration planen und umsetzen ■ Lösung testen ■ Anwender schulen	■ Datenübergabe planen ■ Testlauf machen ■ Prozessanpassung (falls notwendig)
Betrieb ■ Betrieb etablieren ■ Reporting und Controlling (Qualität, Inhalt und Kosten) ■ Change Management	■ Controlling und Monitoring von IT- Infrastruktur- Charakteristiken (KPI's)	■ Controlling und Monitoring von Lösungs- Charakteristiken (KPI's)	■ Controlling und Monitoring von Prozess- Charakteristiken (KPI's)

Abbildung 13: Übersicht Vorbereitungsphase

Oben stehender Outsourcing-Navigator wird je Phase zur Positionierung verwendet. Zu jeder einzelnen Phase werden einerseits die allgemeinen Aktivitäten aufgeführt, andererseits aber auch die Spezialitäten je Outsourcing-Art.

Die folgenden Kapitel beschreiben die einzelnen Schritte im Detail.

Unternehmenspolitik

2.2.2 Governance

Bevor ein Unternehmen mit der Planung der operativen Tätigkeiten (Erstellen der Ausschreibung, Selektion des Outsourcingnehmers, Definition der SLA's, etc.) beginnt, ist die Governance bzw. die Unternehmenspolitik bezüglich Outsourcing auf höchster Unternehmensstufe festzulegen. Dies ist die Verantwortung des Managements.

> Damit ist die wichtige Basis bzw. das ***Fundament für das Outsourcing-Projekt*** geschaffen und das Management nimmt darin die Verantwortung wahr, die möglichen Unternehmensrisiken für das Outsourcing-Projekt in einem verantwortbarem Rahmen zu halten.

Ziel und Zweck

Die Governance soll definieren, was das Unternehmen unter Outsourcing versteht, und dass durch Outsourcing

* Der Gesamtprozess und Vorgaben im Sinne des Unternehmens (z.B. Qualität, Kosten, Risikobemessung, und Flexibilität) erbracht und eingehalten werden
* Die Steuerungspflichten beim Outsourcinggeber verbleiben
* Das Vorhaben den gesetzlichen Richtlinien entspricht
* Die Gesamtverantwortung beim Outsourcinggeber verbleibt
* Den Projektinvolvierten die Grundsätze klar sind, was ausgelagert werden darf und was nicht

Unternehmenspolitik

Bei der Unternehmenspolitik werden folgende Themen adressiert:

* Gründe für die Umsetzung des Outsourcing-Vorhabens

- Für Personen, Stakeholders, Daten, Unternehmenswerte, Vermögen, technische und betriebliche Infrastrukturen darf durch das Outsourcing zu keiner Zeit irgendeine Gefahr ausgehen

- Die internen Sicherheitsvorschriften sind durch den Outsourcingnehmer mindestens im gleichen Rahmen zu erbringen und müssen z.B. zweimal jährlich auf Aktualität überprüft werden

- Die interne Revision überprüft in regelmässigen Abständen und nach klar festgelegten Kriterien die erbrachten Leistungen hinsichtlich Qualität, Marktpreisen, Innovationsgrad

Rahmenbedingungen und Fertigungstiefe

Die Rahmenbedingungen für das Outsourcing-Projekt umfassen:

- Festlegen des Geltungsbereiches

- Einhalten der nationalen gesetzlichen Vorschriften

- Einhalten von Empfehlungen, z.B. der Eidgenössischen Bankenkommission zum Thema „Auslagerung von Geschäftsbereichen"

Länderunterschiede

Falls die Unternehmung ausländische Tochtergesellschaften hat und diese ein Outsourcing durchführen wollen, sind vorab die nationalen Gesetze und Regelungen des betreffenden Landes zu prüfen.

Abgrenzung der Aufgaben und Verantwortlichkeiten

Es ist klar festzulegen, was zu den betroffenen Leistungen gehört und was nicht. Es soll an den Grenzbereichen auch klar aufgeführt werden, was nicht unter die Weisung fällt wie z.B.:

- Vermeidung des Klumpenrisikos

- Consultingleistungen und die Gesamtverantwortung bleiben beim Outsourcinggeber

- Führungsaufgaben wie Unternehmensplanung, -organisation, -steuerung und –kontrolle stünden im Widerspruch zur Beibehaltung der Gesamtverantwortung und dürfen nicht ausgelagert werden

Risikobegrenzung

Massnahmen zur Risikobegrenzung sind konkret festzuhalten:

- Nebst den Kosten- und Nutzenüberlegungen sind zwingend auch Chancen und vor allem Risiken in den Business Case miteinzubeziehen und zu bewerten
- Grundsätzlich ist das Risiko zu begrenzen, sowohl aus Sicht der Gesamtunternehmung als auch bezüglich des durchzuführenden Projekts
- Sicherstellen, dass der Outsourcingnehmer keinen Zugriff auf Unternehmens- bzw. Kundendaten erhält
- Der Qualitäts- und der Sicherheitsbeauftragte (Risk Officer) sind bei den Vertragsverhandlungen beizuziehen
- (Vor-) Verträge sind vor dem effektiven Vertragsabschluss dem Rechtsberater und Controlling zur Stellungnahme zu unterbreiten

Schadenereignis

Ist ein Schaden eingetreten oder kann ein Outsourcingnehmer einen Teil oder alle zugesagten Leistungen nicht mehr erbringen, ist dies zeitverzugslos dem Key Account Manager bzw. dem Gesamtverantwortlichen unter Einbezug der Sicherheitsabteilung und der Rechtsberatung zu melden.

Due Dilligence

Der Umfang der Due Dilligence ist konkret festzulegen:

- Jeder Outsourcingnehmer ist im Rahmen des Evaluationsprozesses und insbesondere vor Vertragsabschluss einer Due Dilligence zu unterziehen
- Ist die Due Dilligence positiv, wird der Bericht dem Vorstand zwecks abschliessender Beurteilung vorgelegt
- Nur überprüfte und empfohlene Outsourcingnehmer dürfen eingesetzt werden

Verträge

Verträge sind durch zuständige und qualifizierte Stellen zu prüfen:

- Vor Vertragsabschluss sind die Verträge zusammen mit der Risikobewertung dem Sicherheitsbeauftragten und der Rechtsabteilung sowie dem Vendor Management vorzulegen

- Die Geheimhaltungserklärung ist Vertragsbestandteil und ist durch den Outsourcingnehmer ebenfalls gegenzeichnen zu lassen

Für Projektleiter und involvierte Stellen kann es sinnvoll sein, die benötigten Vertragsmuster zur Verfügung zu stellen, z.B.

- Letter of Intent (LOI)

- Rahmenvertrag

- Service Level Agreement

- Geheimhaltungserklärung

- Checkliste für die Ausarbeitung eines Outsourcing-Vertrags

Controlling

Das Controlling muss über den gesamten Prozess sichergestellt werden.

- 1-2 mal jährlich sind durch den Outsourcinggeber (Revision) und den Outsourcingnehmer Prüfungen hinsichtlich aller Vertragspunkte und deren Aktualität sowie der erbrachten Dienstleistungen durchzuführen (formale und prozessuale Kontrollen)

- Falls Mängel bzw. Probleme festgestellt werden, sind diese protokollarisch festzuhalten. Darüber hinaus muss der Outsourcingnehmer glaubhaft darstellen, bis wann diese Mängel behoben sein werden

2.2.3 Strategie analysieren

Motivation

Die Gründe, wieso sich ein Unternehmen zum Outsourcing entscheidet, sind vielseitig, so z.B. eben das Erreichen von strategischen Zielsetzungen. Vorgelagert zu den drei Motiven zum Outsourcing gibt es verschiedene Beweggründe, diese reichen vom zufälligen „lass uns outsourcen" bis zur strukturierten Strategieanalyse.

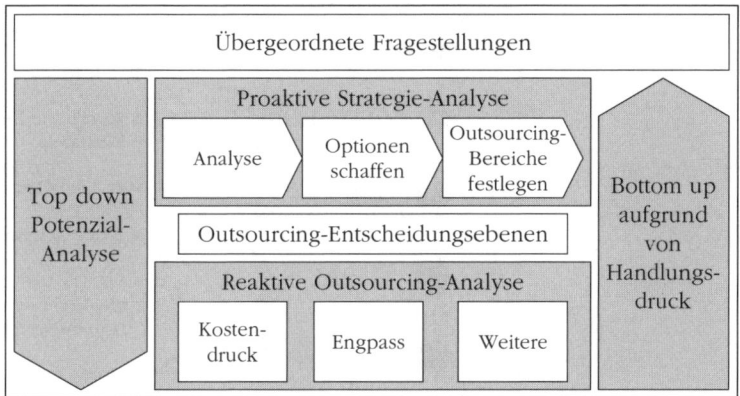

Abbildung 14: Outsourcing-orientierte Strategieanalyse

Es gilt zu bestimmen, welche Aktivitäten und Aufgaben vom Unternehmen zwingend selbst ausgeführt werden sollen, und welche Aktivitäten und Verantwortlichkeiten nach Aussen zu einem externen Dienstleister delegiert werden können.

Allerdings gibt es keine generische Antwort darauf, welche Aktivitäten delegiert werden können. Dies hängt von der Situation, den Zielen sowie den heutigen Stärken und Schwächen ab.

Sourcing-Strategie Aus der Analyse der Unternehmenssituation wird bedarfsgerecht und spezifisch eine Sourcing-Strategie abgeleitet, die die Zielerreichung des Unternehmens bestmöglich unterstützt und der vorliegenden Situation bzw. Ausgangslage gerecht wird.

> Wer Outsourcing als ***strategisch*** betrachtet, beachtet alle Schattierungen des Outsourcing und konzentriert sich nicht bloss auf die Reduktion von Kosten.

In diesem Falle wird Outsourcing gezielt genutzt, um die Wettbewerbsfähigkeit zu stärken.

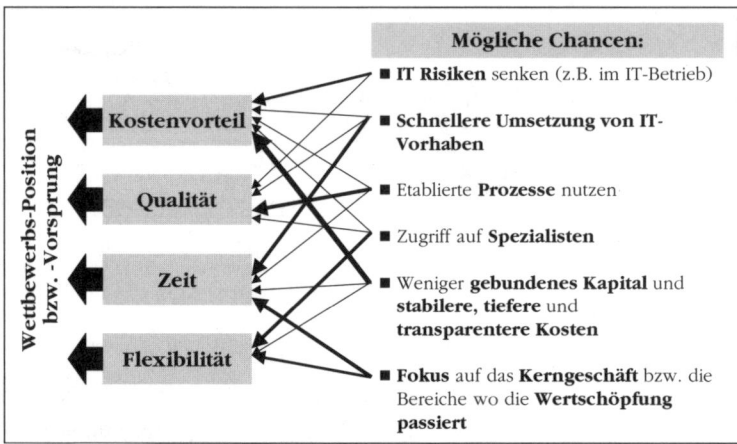

Abbildung 15: Stärkung der Wettbewerbsfähigkeit

Der folgende Abschnitt beschreibt den Top Down Ansatz zum Aufspüren von Outsourcing-Potenzialen.

2.2.3.1 Grundüberlegung der Strategieanalyse

Outsourcing-Potenziale

Ziel und Zweck der Strategieanalyse ist, bestehende Strategien auf Outsourcing-Potenziale zu überprüfen. Dabei geht es nicht darum, die bestehenden Strategien zu überarbeiten bzw. neue Strategien zu definieren. Möglicherweise zeigt es sich, dass Teile der Strategien nicht mehr den heutigen Anforderungen entsprechen.

> Grundsätzlich lassen sich in allen Strategietypen *Potenziale und Hinweise* auf Outsourcing-Stossrichtungen finden. Die Erfahrung zeigt, dass sich das Konzentrieren auf die Analyse der Funktional-Strategien (z.B. IT-Strategie) lohnt.

Outsourcing-Motive

Die Strategieanalyse orientiert sich an allen Outsourcing-Motiven, d.h. Kosten-, Engpass- und strategische Potenziale dienen zur Realisierung der strategischen Stossrichtungen. Dahinter verbirgt sich die Annahme, dass ein Unternehmen gleichzeitig alle drei Motive verfolgen kann, z.B.

- Im Bereich der IT wird oft eine Kostenoptimierung angestrebt

- Die Logistik wird mit dem Ziel von mehr Kapazitätsflexibilität ausgelagert

- Teilbereiche von Forschung und Entwicklung werden ausgelagert, um sicherzustellen, dass das Unternehmen fortlaufend den Zugang zur neusten Technologie hat

2.2.3.2   Interne und externe Analyse

Ziel der Analyse ist, Stärken und Schwächen aus strategischer Sicht festzustellen. Es ist zu erwarten, dass diese Analysen durch das Unternehmen bereits gemacht wurden und vorhanden sind, sodass sich das Vorgehen mehrheitlich um „Aktenstudium" handelt und nicht um eine tatsächliche Durchführung, wie diese im Rahmen einer strategischen Überarbeitung gemacht wird.

Die Praxis zeigt auch, dass – bewusste und unbewusste – Lücken bestehen. Je nach Ausprägung gilt es diese zuerst zu schliessen, bevor mit der Outsourcing-orientierte Analyse fortgesetzt werden kann.

Externe Analyse   In der allgemeinen Umfeldanalyse werden folgende Themen untersucht:

- Technologisches Umfeld

- Ökologisches Umfeld

- Sozio-kulturelles Umfeld

- Ökonomisches Umfeld

Da es sich in diesem Fall um eine outsourcing-orientierte Strategieanalyse handelt, reicht es in den meisten Fällen aus, sich auf das technologische und ökonomische Umfeld zu konzentrieren.

Neben den zwei obigen Analyse-Feldern, ist vor allem eine Branchenanalyse von grosser Bedeutung. Die Branchenanalyse wird z.B. mit Hilfe des 5-Forces Modells von Porter[18] durchgeführt und soll einerseits den aktuellen Wettbewerb aufzeigen und andererseits auch einen Blick in die Zukunft geben.

Ergebnisse der externen Umfeldanalyse sind erstens Chancen und Gefahren aus der Umwelt, der Branche, Kunden und zweitens Handlungsbedarf und –felder, die dem Unternehmen auferlegt werden.

---

[18] Vgl. Porter, 1980, S. 4ff.

Interne Analyse   Die interne Analyse beabsichtigt, mehr Informationen aus dem Unternehmen selbst zusammenzutragen und diese aus der Sicht des Outsourcing zu beleuchten und auszuwerten. Schwerpunktthemen sind:

- Kosten

- Ressourcen

- Fähigkeiten

- Wissen

- Innovationspotenzial

- Kernkompetenzen

Zu diesen Themengebieten müssen folgende Fragestellungen geklärt werden:

- Was ist im Unternehmen tatsächlich vorhanden

- Was braucht das Unternehmen, um in Zukunft zu überleben

- Was ist in der Zukunft nicht notwendig

- Was zeigt die Analyse der direkten Konkurrenz und was macht diese besser

Als Ergebnis wird ein Katalog mit internen Chancen und Gefahren erarbeitet.

Die Erkenntnisse aus der internen und externen Analyse werden zusammengeführt, bewertet und priorisiert. Dies ist der vorbereitende Schritt zur Schaffung und Bewertung von Handlungsoptionen.

2.2.3.3 Optionen schaffen und bewerten

Der Schritt beinhaltet primär folgende Fragestellungen:

- Welche Bereiche im Unternehmen können für Outsourcing weiter in Betracht gezogen werden

- Gibt es einen Markt für diese Bereiche, wer sind mögliche Outsourcingnehmer

- Wie kann Angebot (Outsourcingnehmer) und Nachfrage (Outsourcinggeber) zusammengebracht werden und welche Nutzenpotenziale ergeben sich für das Unternehmen selbst

Aus Tradition wurden und werden oftmals nicht kernnahe Aufgaben ausgelagert, da diese durch Dritte mit weniger Kosten und flexibler erbracht werden können. Beispiele dazu sind IT-Infrastrukturen und Facility Management.

Wettbewerbsvorteile

Das Gegenteil zu dieser Konzentration auf das Kerngeschäft kann auch vorliegen, nämlich die Beantwortung der Frage, welche Bereiche in Zukunft Wettbewerbsvorteile schaffen werden und durch das Unternehmen selbst kurz- bis mittelfristig nicht aufgebaut werden können, so zum Beispiel Innovation und Design.

Das Festlegen der Outsourcing-Kandidaten macht aber nur dann Sinn, wenn dafür ein Markt (Outsourcingnehmer) besteht. Den Markt von Outsourcingnehmern der einzelnen Bereiche sowie Arten aufzunehmen, ist sehr aufwändig. Es macht in diesem Fall Sinn, auf ausgewiesene Berater zu integrieren und vom Wissen und deren Erfahrungen zu profitieren.

„Was kost's, was bringt's?"

Die Bewertung der einzelnen Optionen erfolgt aus verschiedenen Blickrichtungen:

- Investition und laufende Kosten

- Zeit zur Umsetzung

- Risiken

- Veränderung der künftigen Marktchancen und Differenzierung gegenüber der Konkurrenz.

Als Ergebnis liegt ein Portfolio von Outsourcing-Optionen vor.

2.2.3.4   Outsourcing Stossrichtungen festlegen

Das im vorangehenden Schritt erarbeitete Portfolio gilt es im letzten Schritt als Ganzes zu bewerten und möglicherweise eine Selektion daraus zu treffen. Die Kriterien der Selektion sind vielfältig und unternehmens-spezifisch, mögliche Priorisierungskriterien sind:

- Kosten / Nutzen auf der Zeitachse

- Fit mit anderen Strategien und Projekten

- Risiken bei der Realisierung des Vorhabens

2.2.4   Ausgangslage und Ziele bestimmen

Im Zusammenhang mit Sourcing-Überlegungen gilt es zu beachten, wie ein Unternehmen heute positioniert ist und welche Ziele im Vordergrund stehen.

Art	Kostenreduzierer	Engpass Auslagerer	Strat. Auslagerer
Situation	■ Oft hohe Fixkosten ■ Teilweise ungenutzte oder schlecht genutzte Kapazität	■ Zu wenig Ressourcen ■ Zu wenig Know-how ■ Zu lange Umsetzungszeiten	■ Strat. Überlegungen ■ Evtl. weder Engpass- noch Kostenproblem ■ Auf Wertschöpfung
Ziel	■ Kostenreduktion ■ Nutzung von Skaleneffekten ■ Liquiditätsverbesserung ■ Höhere Variabilisierung der Kosten	■ Kurzfristig mehr Kapazität, Know-how und/oder Erfahrung	■ Wertsteigerung für das Unternehmen ■ Gestaltung der wichtigen Kernbereiche (Engpass verhindern) ■ Übergeordnete Gesamt-Optimierung
Präferenz	■ Auslagerung der Bereiche mit grössten Potenzialen	■ Komplexität auslagern ■ Kapazität zukaufen ■ Eigene Aufbauarbeit vermeiden	■ Strat. Partnerschaft ■ Langfristige Perspektive mit genügend Flexibilität

Abbildung 16: Outsourcing-Motive

Dabei ist wichtig, dass zuerst Klarheit geschaffen wird bezüglich:

- Motivation
- Ziele, die erreicht werden sollen
- Entscheidungskriterien (was ist wichtig?)
- Entscheidungsgremien, Projektstruktur und -ablauf
- Definierte Meilensteine
- Wichtigste Rahmenbedingungen und Eckpunkte

Spätestens bei der Zielbestimmung wird klar, um welchen Outsourcing-Typ es sich in erster Linie handelt.

2.2.5   Kernkompetenzen identifizieren

"Wir konzentrieren uns auf unsere Kernkompetenzen" ist heute fast schon eine Standardaussage, wenn man Unternehmer nach ihrer Strategie befragt. Doch so einfach sich das anhört, ist das Umsetzen meistens nicht.

Kernkompetenzen haben folgende Eigenschaften:

- Sie machen das Unternehmen am Markt und im Wettbewerb einzigartig

- Sie sind meistens von Grund auf entwickelt und können von Mitbewerbern im Markt nicht einfach kopiert oder nachgeahmt werden

- Sie sind mit Überzeugung aufgebaut, und ihr Einsatz erfolgt mit einer gewissen Besessenheit

Kernkompetenzen müssen langfristig geplant, aufgebaut und ausgebaut werden. Sie sind in der Strategie oder im Leitbild des Unternehmens klar verankert.

Kernkompetenzen im definierten Sinn beinhalten nicht einfach das, was man gut kann oder was heute viel Geld bringt. Kernkompetenzen sind eindeutig mehr. Wenn die Ansprüche hoch sind, so wird zugleich ersichtlich, dass es gar nicht einfach ist, diese zu entwickeln. Man tut deshalb gut daran, Sätze wie „Wir konzentrieren uns auf unsere Kernkompetenzen" zu hinterfragen und bezüglich den oben genannten Kriterien zu prüfen.

Die Vorteile von Kernkompetenzen

Kernkompetenzen im beschriebenen Sinn sind ein Schutzwall vor Nachahmung. Konkurrenten haben somit eine relativ hohe Eintrittsbarriere. Damit profitiert die Unternehmung von günstigen Voraussetzungen, Konkurrenten distanzieren zu können.

Wer also in seinem Unternehmen Kernkompetenzen erarbeitet und ausbaut, befindet sich auf dem richtigen strategischen Pfad.

> Wer keine eindeutigen **Kernkompetenzen** finden kann, sollte sich überlegen, wie solche entwickelt und ausgebaut werden können, um sich gegenüber der Konkurrenz abgrenzen zu können.

Lernen von erfolgreichen Unternehmen

Kernkompetenzen gezielt auf- und auszubauen braucht Energie, Kraft und Ressourcen. Unternehmen, die heute diese Position erfolgreich erreicht haben, bauen diese laufend aus. Beachtet man dabei den Ansatz, wie sie diese Position erreicht haben, dann fällt auf, dass es diesen Unternehmen gelungen ist, ihre Kräfte, Energien und Ressourcen auf das Kerngeschäft und die Kernkompetenzen zu fokussieren.

Die eigenen Ressourcen und Kapazitäten werden meistens gezielt auf die Kernbereiche angesetzt, und für Randbereiche und

Supportfunktionen werden nach Möglichkeit und Angemessen-
heit flexible Lösungen gesucht. Optimale Lösungen in diesem
Sinne binden wenig Managementkapazität und Kapital. Sie sind
attraktiv und bieten trotzdem die notwendige Flexibilität.

2.2.6 Leistungen definieren und abgrenzen

Der Inhalt des Outsourcing soll so ausgerichtet werden, dass es
für die Zielerreichung und die Ausschöpfung der Potenziale
optimal wird und die Risiken gemessen an den Nutzenpotenzia-
len tragbar sind.

Die folgende Übersicht zeigt eine mögliche Definition und Abgrenzung der Outsourcing-Leistungen.

Services:	Haupt-Leistungen	Mengen-Gerüst	Service-Qualität
User Help Desk 1st Level-Support	• Call Handling • Koordination/Eskal. • Störungsbehebung • Admin./Reporting	• Enduser: 485 • Calls/Mt: ca. 450 - 590	• Betriebszeit 07:00-19:00 • Reaktionszeit Tel. 30 Sek., E-Mail/Fax 30 Min. • Sprachen D,F,E,I

Betrieb Security Server
inkl. 2nd Level Support
(vor Ort)
	• Konfiguration
	• Security-Managment
	• Operating und
	  Administration
	• Fault-Management
		• Anzahl Server: 2
		• HW-Plattform: SUN
		• Betriebs-SW: Solaris
			• Verfügbarkeit
			  > 99%
			• 2nd Level Support
			  07:30-17:30

SAP-Betrieb
inkl. 2nd Level
Support (vor Ort)
	• Betrieb der SAP-Infra-
	  struktur, bis und mit SAP-
	  Basis
	• Infrastruktur-Beschaffung
	• Backup und Performance
		Anzahl User (Named)
		• Produktiv (P): 350
		• Testsystem (T): 10-20
			• Verfügbarkeit
			  > 99%
			• 2nd Level Support
			  07:30-17:30

IT-Infrastruktur Betrieb
inkl. 2nd Level
Support (vor Ort)
	Betrieb der Server:
	• Konfiguration Mgmt
	• Operating und Backup
	• Fault Managmenent
		• Anz. Server: ca. 50
		• Betriebssystem: NT/W2k
		• Anzahl RZ: 1
			• Verfügbarkeit
			  > 99%
			• 2nd Level Support
			  07:30-17:30

	Clients, Peripherie und Netzwerk (LAN)
	• Konfiguration & Betrieb
	• Fault Management
	• Release Management
		• Desktops: ca. 390
		• Notebooks: ca. 121
		• Drucker: ca. 57
		• Standorte: ca. 12
			• Verfügbarkeit
			  > 99%
			• 2nd Level Support
			  07:30-17:30

Abbildung 17: Beispiel einer Outsourcing-Abgrenzung

Den Outsourcing-Bereich abgrenzen bedeutet:

- Klare Hauptleistungen definieren, die Bestandteil des Outsourcing sein werden

- Wichtigste Mengengerüste und Charakteristiken zu den definierten Leistungsbereichen ermitteln

- Wichtigste erwartete Service Levels und Betriebs- bzw. Support-Zeiten festlegen

- Heutige Kosten für den definierten Bereich zusammenstellen, damit auch ermittelt werden kann, ob Kosteneinsparungen möglich sind

In einer ersten Phase ist es ausreichend, den groben Rahmen zu definieren und abzugrenzen.

2.2.7 Anforderungen bestimmen

Eine grosse Schwierigkeit im ganzen Outsourcing-Prozess stellt die Beschreibung von Anforderungen dar, da oft die Endbenutzer nicht gewohnt sind, zu beschreiben, was sie konkret wollen und wirklich brauchen. Ist dies nicht der Fall, kann es sehr leicht zu Frustrationen kommen, da der Outsourcingnehmer eine Leistung oder Software liefert, die nicht den Erwartungen und Vorstellungen des Outsourcinggebers entspricht.

Um mögliche Enttäuschungen zu mindern, soll dieses Kapitel eine kurzen Einführung in die Spezifikation von Anforderungen geben. Die Ausführungen sind so gehalten, dass diese sowohl die Anforderungsbeschreibung von Software als auch von Prozessen zu Hilfe gezogen werden können.

2.2.7.1 Definition von Anforderungen

Es ist ein eine Fähigkeit oder Voraussetzung, Erwartung, Forderung, Bedingung, Eigenschaft, die ein System (Software, Prozess, Maschine, Person, etc.) erfüllen oder besitzen muss, um einen Vertrag, eine Norm, oder ähnliches zu erfüllen.

Bestandteile einer Anforderung sind:

1. Das Merkmal: **Was** wird verlangt?

2. Die Perspektive: **Wer** stellt die Anforderung bzw. von welchem Standpunkt wird die Anforderung formuliert?

3. Das Produkt: **Welches System** bzw. welche Systeme sollen die Anforderung erfüllen?

Anforderungen können in verschiedene Klassen eingeteilt werden. Untenstehende Grafik fasst die wichtigsten Klassen zusammen.

Je nach Quelle und Projektart finden sich unterschiedliche Anforderungsklassifikationen, insbesondere

- Funktionale Anforderungen, die dazu dienen, die erwarteten Leistungen zu beschreiben

- Nicht funktionale Anforderungen, die ebenfalls in direktem Zusammenhang stehen mit der erwarteten Leistung

- Projekt-Anforderungen stehen insofern in Relation zu den Anforderung, weil diese beschreiben, wie die Umsetzung hin zur späteren Leistungserfüllung vorzunehmen ist.

2.2.7.2   Beschreiben von Anforderungen

Untenstehende Graphik zeigt die wichtigsten Prozessschritte auf, wie Anforderungen an ein Software-System beschrieben werden.

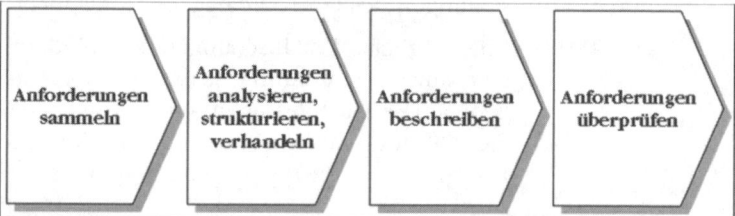

Abbildung 18: Vorgehen zur Beschreibung der Anforderungen

Quellen für Anforderungen sind vielseitig und müssen ja nach Problemstellung berücksichtigt werden. Folgende Quellen können beim Zusammenführen der Anforderungen helfen:

- Geschäftsstrategie

- Teil- oder Bereichsstrategien (z.B. Sales & Marketing)

- Geschäftsprozesse

- Informationsbedürfnisse

- Organisation / Struktur

- Produkte und Dienstleistungen

- Anwender und Anwendergruppen

- Organisation

- Gesetze, Richtlinien und Weisungen

- Mengen, Häufigkeiten und Grenzwerte

- Externe Schnittstellen

- Infrastruktur (Hardware, Software, Netzwerke, etc.)

- Bestehendes System (inkl. Systemdokumentation und Arbeitsunterlagen des Betriebs)

- Aufgaben- und Rollenmodelle mit Beschreibung der Verantwortlichkeiten

Diese Quelle können je nach spezifischer Themenstellung unterschiedliche Gewichtung erhalten.

Es ist zu empfehlen, dass die gesammelten Anforderungen niedergeschrieben und durch die Anforderungsteller überprüft und bestätigt werden. Der Nutzen daraus ist vielfältig:

- Dem Anforderungssteller werden die Anforderungen nochmals vor Augen geführt und kann diese nochmals bewusst hinterfragen

- Outsourcinggeber und –nehmer haben ein gemeinsames Verständnis der Problemstellung und sprechen dieselbe Sprache

- Die Anforderungsbeschreibung konkretisiert, was im Rahmen des Projekts realisiert wird

- Klare Anforderungsbeschreibungen erlauben bessere Aufwand- und Termineinschätzungen

- Mit Hilfe der Abnahmekriterien kann das Software-System beurteilt werden

Der Aufwand, der in die Beschreibung der Anforderungen gesteckt wird, lohnt sich allemal, da speziell der Outsourcinggeber nun weiss, was er konkret will resp. nicht braucht. Der Rücklauf aus dem request for proposal wird somit qualitativ besser sein und zu weniger Fragen bei den Outsourcingnehmerkandidaten führen.

Nur diejenigen Anforderungen, die nicht mehr in den Köpfen einzelner Manager stecken, hinterfragt, verworfen, diskutiert sowie akurat beschrieben worden sind, helfen die gewünschte Qualität an das einzusetzende Software-System auf beiden Seiten zu erreichen.

Zusammen mit den Anforderungen werden auch die Abnahmekriterien definiert. Aus diesem Grunde ist es wesentlich einfacher das Software-System anhand dieser Abnahmekriterien zu prüfen. Jedes Abnahmekriterium, welches nicht erfüllt wird, ist ein Fehler. Die Fehler werden in der Regel mittel Testen ermittelt.

Das Hauptziel, welches mit der Beschreibung der Anforderungen erreicht wird, ist das Erreichen und Erfüllen der betriebswirtschaftlichen Zielsetzungen des Outsourcinggebers.

2.2.8   Chancen und Risiken bestimmen

Im Verlauf der letzten Jahre war das Outsourcing der IT eine zunehmend attraktive Wahl für viele Unternehmen. Gleichzeitig haben sich die Informations- und Kommunikationstechnologien dramatisch und in Windeseile weiterentwickelt. Eine Abnahme der Geschwindigkeit und der technisch-applikatorischen Produktevielfalt ist in nächster Zeit nicht zu erwarten. In gleichem Masse haben sich die Rollen, Zielsetzungen, Chancen und Risiken des Outsourcing geändert. Mit Outsourcing müssen immer mehr Zielsetzungen erreicht werden.

Schnelle Veränderung

Chancen	Risiken
• Risiken senken und Stabilität gewinnen	• Schwierigkeit der Leistungsbestimmung bzw. Leistungsdefinitionen
• Schnellere Umsetzung des Vorhaben	• Unflexible Verträge (Änderungen, Laufzeit, Volumen)
• Spätere Anpassungen können flexibler gehandhabt werden	• Bindung an einen Partner und damit Abhängigkeit
• Etablierte Prozesse	• Partnerschaftsrisiken
• Einsatz von neuem Know-how	• Mögliche Probleme bei Rückführung
• Weniger gebundenes Kapital und stabilere bzw. transparente Kosten, variable Kosten	• Problem der Führung von externen Dienstleistern
• Fokus auf die Bereiche direkter Wertschöpfung	• Unterschätzung der tatsächlichen Kosten
• Nutzen von Skaleneffekten	• Schwierigkeit, die Leistungen zu kalkulieren und Preise festzulegen

Abbildung 19: Chancen und Risiken Outsourcing

Zunahme der Komplexität

Für Unternehmen, die sich für Outsourcing entscheiden, nimmt die Planungs- und Implementierungskomplexität zu, da nicht nur die IT (Netzwerke, Hosting, Cabling, Staging, etc.) sondern auch Geschäftsprozesse kombiniert ausgelagert werden. Dies erfordert ein professionelles Bearbeiten des Outsourcing-Portfolios sowie eine ständige Beziehungspflege zu den Outsourcingnehmern.

2.2.8.1 Allgemeines zu Chancen und Risiken

Ein schwieriges, zeitintensives und oft auch politisches Thema in Outsourcing-Vorhaben ist die Abgrenzung von klaren Aufgaben, Kompetenzen und Verantwortungen, da es um Motivationsprobleme, Verlust von Ansehen, Rang, Verschiebung oder Auflösung von Machtstrukturen geht.

Durch die Abnahme von Leistungen durch den Outsourcingnehmer besteht quasi ein vertraglicher Marktschutz. Im schlimmsten Fall ist dies ein Monopol, das unter Umständen auf die Qualität der zu erbringenden Leistungen negative Auswirkungen haben kann.

Risiko: Meinungsmacher

Werden Outsourcing-Entscheidungen nicht aus strategischen oder kostenbasierten Motiven getroffen, sondern von einigen wenigen Meinungsmachern, birgt dies ein enormes Risiko für ein erfolgreiches Gelingen von Outsourcing-Vorhaben.

Risiko: Vertragsgestaltung

Die Praxis zeigt, dass in der Vertragsgestaltung Fehler begangen werden, die erhebliche Risiken für den Outsourcinggeber bedeuten können. Verträge mit Laufzeiten über 3 Jahre sind zu vermeiden, ausser wenn diese flexible Ausstiegsszenarien beinhalten.

Trotz positiver Outsourcing-Entscheidung ist es empfehlenswert, eine kompetente Kerngruppe im Unternehmen zu behalten, die die fachliche Koordination übernimmt. Das Risiko wird so minimiert. Die besten Resultate werden erzielt, wenn zu Beginn nur Teilbereiche ausgelagert werden.

Chance: externes Know how

Eine der grössten Chancen im Outsourcing ist sicherlich vom externen Know-how des Outsourcingnehmers zu profitieren bzw. zu partizipieren. In vielen Fällen ist das gelieferte Know how eine Kernkompetenz des Outsourcingnehmers, die er sich über Jahre auf- und ausgebaut hat. Wissen aufzubauen, kann sehr zeit-, ausbildungsintensiv und teuer sein. Mit dem Know-how eng verbunden sind die dafür notwendigen und meist teuren Spezialisten, die in bestimmten Fachgebieten nur schwer auf dem Arbeitsmarkt zu finden sind.

Chance:
Kernaufgaben

Eine weitere Chance besteht darin, dass sich Unternehmen wieder auf ihre Kernaufgaben (back to the core business) besinnen bzw. beschränken.

> Gerade **kleine und mittlere Unternehmen (KMU)** haben Mühe z.B. für benötigte IT-Leistungen die nötigen Skalengrössen aufzubringen, um kostendeckend bzw. zu konkurrenzfähigen Preisen die IT-Dienstleistungen zu erbringen.

KMU sehen deshalb immer mehr Chancen in der gezielten Nutzung von Outsourcing.

2.2.8.2 Chancen am Beispiel IT-Infrastrukturen

Beherrschung der
Netzwerktechno-
logie

Die Entwicklung der IT-Infrastrukturen für das interne und externe Informations- und Kommunikationswesen hat sich über die letzten Jahre grundlegend verändert.

Die historisch gewachsenen Infrastrukturen bereiten vielen Unternehmen Kopfzerbrechen und die IT-Kosten steigen überproportional.

Aus technischer Sicht bilden also die Netzwerke (LANs, WANs, Intranet, Extranet, VPNs, und Internet) sowie die Applikationen das Herz der Unternehmen, die technologischem Wandel und Weiterentwicklung unterworfen sind. Diese Technologien sind für zunehmend mehr Unternehmen ein kritischer Erfolgsfaktor. Aus diesem Grund müssen diese professionell betrieben werden. Der Gap zwischen internem Know-how und den laufend steigenden Anforderungen an die benötigten Lösungen wird jährlich grösser. Aus diesem Grunde werden heute immer mehr IT-Aufgaben ausgelagert.

> In der **Vergangenheit** hatte die IT das Sagen und ersetzte ein altes Tool mit einem neuen. Jedes zusätzliche Tool verursachte wieder Implementierungs- und Wartungskosten.

Heute sind Linienverantwortliche nicht länger bereit, diese teilweise exorbitanten Kosten zu tragen. Aus diesem Grunde gehen viele Unternehmen dazu über, die Projektverantwortung der Linie bzw. liniennahen Stellen (z.B. Organisationsabteilungen) zu übertragen und haben so die IT-Dominanz entschärft.

Flaschenhals

Den Blick nach vorne gerichtet, sind viele CIOs der Meinung, dass die Netzwerkstrukturen rasant wachsen werden und bei ungenügender Beachtung zu einem Flaschenhals für die Organisationsstrukturen werden könnten, da das Unternehmen die Applikationen nicht zeitgerecht erhalten könnte. Die Folge wäre ein Wettbewerbsnachteil. Zweifelsohne ist es sehr viel schwieriger, dezentrale als zentrale Netzwerke und Datenzentren zu managen. Nur wenige Unternehmen können es sich zukünftig noch leisten, adäquates Know-how in allen Netzwerk-Technologien zu haben.

Erreichen der Geschäftsziele mittels Outsourcing

Outsourcing kann nur sein ganzes Potenzial ausschöpfen, wenn der Outsourcing-Prozess mit allen relevanten Beziehungen auf die Erreichung der strategischen Geschäftsziele ausgerichtet ist.

> Wird Outsourcing vorwiegend aus der ***Sicht der kurzfristigen Lösung*** von personellen oder technischen Problemen (z.B. fehlendes Know-how) gesehen, ist dies zu kurz gegriffen und es kann nicht der gesamte wettbewerbsentscheidende Vorteil erzielt werden.

Ein wesentlicher Effekt bei der Überlegung, welche Chancen und Risiken Outsourcing bringen wird, ist, dass alle beteiligten Abteilungen gemeinsam mit der Geschäftsleitung in einen konstruktiven Dialog treten müssen, um festzulegen, welche Bereiche grundsätzlich ausgelagert werden könnten.

Die Chancen, strategische Geschäftsziele zu erreichen, stehen wesentlich besser, wenn diese allen Beteiligten bekannt sind.

2.2.8.3   Empfehlungen zur Minimierung von Risiken

Die grundsätzliche Fragestellung lautet: Was ist zu unternehmen, um einerseits mit Outsourcing einen Wettbewerbsvorteil zu erhalten und andererseits diesen auch effektiv und effizient umzusetzen.

Empfehlung 1: Zusammenstellen eines Management-Teams für die Umsetzung:

- Strategische und langfristige Zielsetzungen sind bekannt

- Kennen der Kernkompetenzen (jetzt und zukünftig)

- Grundlegendes Verständnis für das Funktionieren des Geschäfts und der damit verbundenen Prioritäten

- Kennen der Geschäftsprozesse und Schnittstellen im Detail

- Wissen, welche Technologie die Geschäftsprozesse optimal unterstützt

- Sicherstellen, dass die beim Outsourcinggeber verbleibenden Mitarbeiter die neue Denkweise und Methoden leben

- Sorgfältige Auswahl und Information der Mitarbeiter für die Umsetzungsphase, um diese erfolgreich durchzuführen

- Sicherstellen, dass Schlüsselpersonen über den Abschluss der Umsetzungsphase beim Outsourcinggeber verbleiben, um die Kernidee des Vorhabens zu gewährleisten

Empfehlung 2: Viel Aufwand in die Beziehungen zu Endbenutzern, zum Outsourcingnehmer und Management investieren:

- Erfolgreiches und risikoarmes Outsourcing beginnt mit der stufengerechten Information der betroffenen Einheiten, z.B. mittleres Kader, IT-Verantwortliche, Endbenutzer (in einigen Fällen sogar Kunden)

- Offene, faire und ungeschminkte Informationspolitik zahlt sich langfristig aus

- Darlegung der verfolgten Zielsetzungen

- Informationsveranstaltungen für Interessierte über Projektstruktur und -stand anbieten

Empfehlung 3: Konzentration auf Geschäftsprozesse (und nicht auf einzelne Funktionalitäten):

- Etablieren von Metriken zur Messung der Geschäftsprozesse

- Dem Outsourcingnehmer erlauben, die den Geschäftsprozessen zu Grunde liegenden Technologien virtuell zu managen. Basis bilden dabei die SLA's

- Nicht nur die internen Strukturen sind auf diejenigen des Outsourcingnehmers anzupassen bzw. anzugleichen, son-

dern vor allem auch das Denken der Mitarbeiter und Führungskräfte beim Outsourcinggeber bedarf Korrekturen

- Versuchen, die reduzierten Kosten auf Outsourcinggeberseite
und den erhöhten Gewinn auf Outsourcingnehmerseite zu
teilen, um so auch das Zeichen von Vertrauen bzw. einer
langen Partnerschaft zu setzen

Empfehlung 4: Auswählen eines Outsourcingnehmers, der die Geschäftsziele
unterstützt.

- Genau dort, wo der Outsourcinggeber seine Geschäftsziele
erfüllt sehen will, muss der Outsourcingnehmer seine Kernkompetenzen haben

- Falls mehrere Geschäftsziele zu erfüllen sind, ist es sinnvoll,
für jedes einen separaten Outsourcingnehmer zu engagieren.
Nur so ist sichergestellt, dass die Kernkompetenzen zum
Tragen kommen

- Sicherstellen, dass der Outsourcingnehmer mit seinen eingesetzten, rasch ändernden Technologien „up-to-date" ist

- Sicherstellen, dass der Outsourcingnehmer „end-to-end" SLA
betreibt

- Es ist seitens Outsourcingnehmer der Nachweis zu erbringen, dass seine Prozesse ISO-zertifiziert sind und falls nötig,
laufend angepasst werden

Empfehlung 5: Sicherstellen, dass die nötige Flexibilität auf Seite Outsourcingnehmer gewährleistet ist, um auf Änderungen rasch und
unkompliziert reagieren zu können. Es ist vorzusehen, dass die
Verträge flexibel gestaltet sind, wenn:

- die Technologien ändern

- die Geschäftsprozesse ändern

- die Anforderungen an die Leistungen ändern

- die Strukturen bzw. die Organisationsformen ändern

- die Anzahl der Arbeitsplätze oder das Transaktionsvolumen
ändert

| 2.2.9 | **Business Case erstellen** |

Ein Business Case ist ein Szenario zur betriebswirtschaftlichen Beurteilung einer Investition. Auch ein Projekt stellt eine Investition dar, und muss gegenüber der Geschäftsführung eines Unternehmens seine Aussichten auf Gewinn hinreichend überzeugend begründen, um genehmigt zu werden.

Getroffenen An-
nahmen

Die getroffenen Annahmen im Business Case sind gut zu dokumentieren. Daraus können dann mit einer Cashflow-Analyse Aussagen über den Return on Investment oder die Amortisationszeit des Projektes getroffen werden.

Bei der Betrachtung eines Business Case sind nicht so sehr die Endergebnisse, sondern vielmehr die getroffenen Annahmen intensiv zu analysieren. Während die Kosten für das Projekt meist noch recht genau vorhergesagt werden können, ist die Aussage über die Erträge vollständig von der Reaktion des Marktes abhängig und kaum beeinflussbar.

Es gibt keinen Standard für die Beschreibung eines Business Case.

> Im Wesentlichen soll ein Business Case die Antwort liefern auf die Fragen: "Was sind die betriebswirtschaftlichen *Auswirkungen*, wenn wir das Projekt durchführen? Was passiert, wenn wir es nicht durchführen?"

Im Rahmen dieser Fragestellung besitzt der Ersteller eines Business Case grosse Freiheiten. Er sollte sich aber so weit wie möglich an die im Unternehmen üblichen Kennzahlen und Berechnungsmethoden halten, um die Genehmigungschancen für das beantragte Projekt gross zu halten.

Die Grundlage für die Entscheidung, ein Outsourcing-Projekt durchzuführen, wird im Business Case erarbeitet. Dieser wird dann dem Projektsteuerungsgremium zur Entscheidung (GO, GO mit Auflagen oder NO GO) vorgelegt.

Empfehlung

Es wird empfohlen, das Vorhaben aus allen möglichen Blickwinkeln zu betrachten, zu hinterfragen und zu bewerten, um ein möglichst vollständiges Bild davon zu haben, was man will bzw. nicht will. Der in den Business Case investierte Aufwand zahlt sich aus. Darüber hinaus kann bereits mit der Stakeholder-Analyse und –pflege begonnen werden.

Zusammengefasst geht es im Grundsatz darum, aufzuzeigen, ob

- Das Outsourcing-Vorhaben wirtschaftlich ist
- Ein strategischer Vorteil resultiert
- Sich die Kostensituation (cash in / out) im Verlaufe der Jahre verbessert
- Die angedachten Lösungsansätze umsetzbar sind
- Erfolgsfaktoren positiv sind
- Konsequenzen bei einer Ablehnung entstehen würden
- Risiken vorhanden sind
- Auflagen bestehen
- Die notwendigen Ressourcen vorhanden sind
- Eine Planung (Termine, Meilensteine) durchgeführt wurde
- Abhängigkeiten bestehen

Im Kapitel 4 befindet sich eine Checkliste mit wichtigen Fragen, die in einem Business Case beantwortet werden müssen.

2.2.10 Ressourcen bereitstellen

Ressourcen bereitstellen bedeutet, dass folgende Punkte sichergestellt werden:

- Ein geeigneter Projektleiter, der idealerweise bereits Erfahrung mit Outsourcing-Projekten hat, wird bestimmt und für die benötigte Zeit freigestellt
- Die notwendige personelle Unterstützung für die technischen und betriebswirtschaftlichen Abklärungen stehen dem Projektleiter zur Verfügung
- Finanzielle Mittel für eine allfällige externe Unterstützung wird budgetiert bzw. bereitgestellt
- Ein geeignetes Geschäftsleitungsmitglied sollte sich aus Management-Sicht mit dem Vorhaben befassen und dem Projektleiter unterstützend zur Seite stehen

Mit dem Bereitstellen der Ressourcen kann die Anbahnungsphase angegangen werden.

2.3 Anbahnungsphase

Nur wer selber brennt, kann andere anfeuern.

Hermann Lahm

2.3.1 Einleitung

Die Anbahnungsphase setzt auf den Ergebnissen der Vorbereitungsphase auf. Diese Phase umfasst im Wesentlichen die Erstellung des Pflichtenhefts, die Partnerwahl und die vertraglichen Aktivitäten (Letter of Intent, Rahmenvertrag, SLA's). In dieser Phase wird der Grundstein für die zukünftige Partnerschaft gelegt.

Outsourcing Navigator	Spezifische Aktivitäten		
	Infrastruktur	Anwendung	Geschäfts-Prozess
Allg. Aktivitäten	**(Selektives) IT OS**	**ASP**	**BPO**
Vorbereitung ■ Situationsanalyse ■ Outsourcing-Ziele ■ Chancen/Risiken ■ Vorgehensplan und Ressourcen	■ Stärken & Schwächen im Infrastruktur-bereich ermitteln ■ Potenziale im Infrastrukturbereich ermitteln	■ Analyse der Anwendungs-Anforderungen ■ Integration mit Rest der IT-Infrastruktur	■ Analyse der Prozess-Bereiche ■ Prozess-Ziele festlegen ■ Integration übriger Prozessen
Anbahnung ■ Pflichtenheft erstellen ■ Outsourcingnehmer selektieren ■ SLA's definieren ■ Vertragsgrundlagen LOI und Verträge	■ Definition Infra-struktur-Leistungen ■ IT-Outsourcing Referenzen prüfen ■ Infrastrukur SLA's definieren	■ Definition Lösungs-anforderungen ■ Lösungs-Fit prüfen ■ ASP-Referenzen prüfen ■ Lösungs-SLA's	■ Definition Prozess-anforderungen ■ Prozess-Fit prüfen ■ BPO-Referenzen prüfen ■ Prozess-SLA's
Umsetzung ■ Projektteam bilden ■ Umsetzungskonzept ■ Risiken ermitteln ■ Überführung ■ Gremien etablieren ■ Notfallplan	■ Übernahme IT-Infra-struktur und Personal (falls relevant) ■ Infrastruktur Know-how übernehmen ■ IT-Services etablieren	■ Datenmigration planen und umsetzen ■ Lösung testen ■ Anwender schulen	■ Datenübergabe planen ■ Testlauf machen ■ Prozessanpassung (falls notwendig)
Betrieb ■ Betrieb etablieren ■ Reporting und Controlling (Qualität, Inhalt und Kosten) ■ Change Management	■ Controlling und Monitoring von IT-Infrastruktur-Charakteristiken (KPI's)	■ Controlling und Monitoring von Lösungs-Charakteristiken (KPI's)	■ Controlling und Monitoring von Prozess-Charakteristiken (KPI's)

Abbildung 20: Übersicht Anbahnungsphase

Die Ergebnisse dieser Phase dienen wiederum als Grundlage für die Umsetzung.

2.3.2   Pflichtenheft erstellen

2.3.2.1   Einleitung

Das zentrale Ergebnis aus der Anbahnungsphase ist neben der
Auswahl des zukünftigen Partners mittels Kriterienkatalog ein
klar umrissenes Pflichtenheft mit den inner- und zwischenbetrieblichen Aufgabenabgrenzungen. Darüber hinaus enthält es
die Beschreibung der Schnittstellen sowie die definierten Anforderungen an den potenziellen Outsourcingnehmer.

> Ein klar abgefasstes *Pflichtenheft* fordert vom Outsour-
> cinggeber ein strukturiertes Vorgehen, liefert verständliche
> und eineindeutige Anforderungen sowie Zielsetzungen.
> Schlecht bzw. ungenügend verfasste Anforderungen sind oft
> verantwortlich für ein späteres Fehlschlagen des Outsour-
> cing-Vorhabens.

Um gute Resultate zu erzielen, ist es für den Outsourcinggeber
wichtig, dass er seine Ziele und Anforderungen an den potenziellen Outsourcingnehmer eindeutig formuliert. Zweifelsohne ist
Request for Propo- die Erstellung unternehmerisch sinnvoll ausgerichteten Request
sal for Proposal (RFP) sehr zeit- und arbeitsintensiv. Beschränkt sich
ein Outsourcinggeber auf die Klarheit der wesentlichen Kernin-
formationen im RFP, lohnt sich der Aufwand ganz sicher.

Das zentrale Anliegen des RFP ist ein gemeinsames Verständnis
über die auszulagernden Bereiche um sicherzustellen, dass es zu
keinen Missverständnissen kommt. Zuweilen liegt der Teufel im
Detail und folgedessen muss der RFP so spezifisch wie möglich
sein, damit es nicht zu falschen Interpretationen oder Missverständnissen kommt.

Somit ist der RFP nicht der Anfang des Sourcingprozesses, sondern eine Bedingung, klar zu verstehen, welche Ziele gefordert
sind und darüber hinaus eine Basis zu haben, um die Anforderungen auf Zielerreichung zu überprüfen.

Outsourcingneh- Outsourcingnehmer müssen willens sein, an einem gemeinsamen
mer Workshop Workshop über ein oder zwei Tage, teilzunehmen. Dieser Workshop bildet in der Regel die Basis für eine langjährige Beziehung.

Es ist ratsam, von denjenigen Kandidaten Abstand zu nehmen,
die bereits in dieser Phase des Prozesses die Teilnahme an den

Workshops bezahlt haben wollen, da hier zu stark die finanzielle Sicht im Vordergrund steht.

Erwartungshaltung

Die Erwartungen an einen Outsourcingnehmer müssen realistisch sein, d.h. dass nur das geliefert bzw. angeboten wird, was vereinbart worden ist und wofür auch bezahlt wird. Gehen die Erwartungshaltungen (im Sinne von added values) weiter, darf man nicht enttäuscht sein, wenn diese nicht erfüllt werden können. Diese „erweiterten" bzw. „informellen" Erwartungen machen am Ende oft beiden Seiten das Leben schwer, weil diese einerseits nicht vertraglich vereinbart worden sind und andererseits nicht objektiven Evaluationskriterien entsprechen.

Zusammenfassung

Nur diejenigen Leistungen, die im RFP niedergeschrieben sind, können angeboten und später beurteilt werden. Im Kapitel 4 befindet sich eine Zusammenstellung zum Thema „Definition von Anforderungen".

Beachtenswertes für die Erstellung eines RFP

Der potenzielle Outsourcing-Kandidat braucht über den Outsourcinggeber so viele Informationen wie nur möglich. Beispiele dazu sind Projektspezifikationen, Zeitrahmen, Prozesse, Strukturen, Kultur und Infrastruktur. Damit kann er sich ein umfassendes Bild über das Unternehmen machen. Nur so ist es ihm möglich, eine Lösung vorzuschlagen.

Wichtige Informationen

Auf dieser Basis kann der Outsourcingnehmer aus seiner Sicht den besten RFP mit detaillierten Angaben zur betrieblichen und technischen Lösung abgeben.

> Das schwierigste Unterfangen bei der Erstellung des RFP ist, einen konsistenten *Leistungskatalog* mit möglichst präzisen Angaben zum Leistungsinhalt, zur Leistungsqualität und zu den Rahmenbedingungen zu formulieren.

Fragekatalog

Es ist als Ergänzung ratsam einen strukturierten Fragekatalog an den Outsourcing-Kandidaten zu richten, der es erlaubt, die wesentlichen Zusagen und Erläuterungen des Outsourcing-Kandidaten einfacher zu vergleichen. Dazu gehören Fragen zu folgenden Themen:

- Unternehmensinformationen
- Erfahrungen und Referenzen in einem vergleichbaren oder ähnlichen Umfeld

- Infrastruktur des Leistungserbringers

- Fragen zur Leistungsübertragung (wird oft Transition genannt)

- Fragen bzw. konkrete Zusagen zum spezifizierten Leistungsumfang

- Fragen zur Preisgestaltung der Dienstleistungen

Vergleichbarkeit der Antworten

Bereits bei der Erstellung des RFP's muss die Grundlage gelegt werden, dass später bei den eingereichten RFP's Gleiches mit Gleichem verglichen werden kann. In der Praxis werden leider gerade an dieser Stelle mangels Erfahrung häufig Fehler gemacht.

Es ist also ein Wechselspiel zwischen geschlossenen (strukturierten) und offenen (unstrukturierten) Fragen. Es ist hilfreich, für den RFP-Prozess bzw. für die Auswertung der eingegangenen RFP's einen Berater beizuziehen, der einerseits die Ausschreibungsstruktur und konkrete Beispiele einbringen sowie die teilweise unterschiedlichen Lösungen bzw. Antworten vergleichen und auswerten kann.

Am RFP-Prozess beteiligte Stellen

In einigen Firmen wird der RFP-Prozess durch eine separate Einheit (in der Regel das Vendor Management) im Rahmen eines Teilprojekts durchgeführt. In der Folge sind die wichtigsten Stellen aufgeführt, von denen ein Input erwartet wird:

- Vertreter der operativen Abteilungen

- IT

- Finanzen

- Rechtsabteilung

- Vendor Management

- Evtl. Supply Chain Manager / Product Management

- Externer Berater

2.3.2.2   Inhalt und Struktur des RFP

Allgemeines

Damit der RFP nicht unübersichtlich wird, sind die weiterführenden Informationen im Anhang aufzuführen. Je nach Projektart und Grösse braucht es nicht alle aufgeführten Informationen. Der RFP sollte so viel Informationen wie möglich über die Treiber, Strukturen des Unternehmens, Details zum Projekt und auszulagernde Geschäftsbereiche beinhalten.

Informationen über das Unternehmen und die Geschäftsstrategie

Aufführen von allgemeinen Informationen, betroffenen Geschäftseinheiten, Rahmenbedingungen und Standorten.

Zielsetzungen und Übersicht

Unterstützung Zielerreichung

Zwecks besserem Verständnis sind die Zielsetzungen des auszulagernden Bereiches aufzuführen, verbunden mit den spezifischen IT-Zielen des Vorhabens. Grundsätzlich geht es darum, zu erfahren, inwieweit der zukünftige Outsourcingnehmer diese Ziele erfüllt. Darüber hinaus ist es von grossem Vorteil für den Outsourcingnehmer zu erfahren, welche Ziele das Unternehmen verfolgt.

Zeitrahmen, Rahmenbedingungen und Ansprechpartner

Organisation und Ablauf

Hier ist anzugeben, wie viel Zeit dem potenziellen Outsourcingnehmer für die Einreichung des ausgefüllten RFP zur Verfügung steht, wer bei zu klärenden Fragen zu kontaktieren ist und wie lange der Evaluationsprozess dauern wird. Kritische Zeitvorgaben, vorgegebene Geschäftstermine (Einführung eines neuen Gesetzes) und Restriktionen sind ebenfalls aufzuführen.

Informationen zu Budgets bzw. Kosten

Kennzahlen

Angaben zu Ausgaben für das laufende Jahr, Budgetzahlen können aber je nach Situation taktisch gezielt im Hintergrund gehalten werden.

- heutige Betriebskosten

- Anzahl Mitarbeiter zum Betreiben des Geschäfts

- geplante und budgetierte Projekte

Offene Darlegung

Die Erfahrung zeigt, dass sich eine offene Darlegung der heutigen Situation beim Outsourcinggeber in der Mehrheit der Fälle lohnt. Dies ist der beste Beweis, dass man gewillt ist, eine echte Partnerschaft einzugehen.

Informationen zu Mitarbeitern

Personalüberlassung

Die zur Aufgabenerfüllung nötigen Skills und Erfahrungen sind hier aufzuführen. Ein zentraler Punkt ist die Angabe, ob Personal übernommen werden muss oder nicht. Falls dies der Fall ist, müssen Konditionen und Rahmenbedingungen definiert werden.

Zu beachten ist ferner, dass bei internationalen Outsourcing-Projekten mit Personalübertritt die gesetzlichen Regelungen länderspezifisch unterschiedlich sein können.

Heutige Umgebung

Detaillierte Angaben sind zu machen über die vorhandene Infrastruktur und die heute eingesetzten Lösungen sowie den Stand der aktuellen Dokumentation der Umgebung bzw. des Betriebs.

- Applikationen
- Support der Applikationen
- Infrastruktur-Rahmenbedingungen
- Betriebs-Dokumentation der Lösungen

Kriterien für die Evaluation

Kriterien und Zielsetzung

Dieser Abschnitt erklärt wie die Antworten ausgewertet werden und weist auf ein umfassendes, objektives und faires Verfahren hin. Alle Anforderungen werden gewichtet. Die Kriterien für das Gewicht werden in einer Legende aufgeführt, damit der potenzielle Outsourcingnehmer seine Antworten so geben kann, dass er auf die für den Outsourcinggeber wichtigsten Belange jeweils eine Antwort hat. Alle Kriterien sind auf die Zielsetzungen des Geschäftsbereiches bzw. der verfolgten Strategie auszurichten.

Format des Angebotes

Vergleichbarkeit

Damit der Evaluationsprozess effizient ist, muss jede eingehende Antwort formale Richtlinien erfüllen, ansonsten ist die Vergleichbarkeit nicht (immer) gegeben und das Verfahren wird intransparent. Einige Firmen senden einen RFP als Vorlage zur Beantwortung an die Anbieter.

> Mit diesen **Vorgaben bzw. Vorlagen** ist einfach feststellbar, wer z.B. die Anforderungen nicht vollständig ausgefüllt hat, Vergleiche lassen sich bei richtiger Anwendung wesentlich besser machen.

Preisangebote, rechtliche Aspekte und Erwartungshaltung

Absicherung

Im Allgemeinen ist es nicht nötig, zu diesem Zeitpunkt rechtliche Details zu klären. Dennoch ist es ratsam, einen internen bzw. externen Rechtsberater beizuziehen sowie einige oder alle der nachfolgenden Aspekte zu berücksichtigen.

- Der Outsourcinggeber behält sich das Recht vor, einen oder alle erhaltenen Angebote zurückzuweisen sowie mit einem oder mehreren Outsourcingnehmer zu verhandeln, in der Art und Weise, wie es für ihn am geeignetsten erscheint

- Der Offertsteller garantiert die Gültigkeit der eingereichten Offerte für 90 Tage ab nach der Einreichfrist

- Für die Erstellung der Offerte sowie ein allfälliges Präsentieren der Lösung kann keine Rechnung gestellt werden

- Der Offertsteller akzeptiert Deutsches (Schweizer, etc.) Recht sowie den Ort des Gerichtsstands des Kunden

- Bestehen Rechte auf geistiges Eigentum, so ist dies ausdrücklich anzugeben. Um Differenzen rechtzeitig zu vermeiden, ist es hilfreich, als Beilage einen Entwurf eines rechtsgültigen Vertrags mitzugeben mit der Aufforderung, diesen zu prüfen und die Zustimmung bzw. die Ablehnung (von bestimmten Vertragsteilen) zu geben

Anforderungen an den Outsourcingnehmer

Zentral ist, dass der Outsourcinggeber bereits eine konkrete Vorstellung von der Organisation zukünftiger Prozesse, Schnittstellen und Ansprechpartner hat. Es geht darum, im Rahmen des Pflichtenhefts zu definieren, wie die externen Strukturen des Outsourcingnehmers auf die internen angepasst werden können.

2.3.3   Outsourcingnehmer-Kandidaten definieren

Ziel und Zweck

Nachfolgend sind die Teilschritte mit den wichtigsten Ergebnissen für die Selektion von Outsourcingnehmer-Kandidaten beschrieben. Die Zielsetzung dieser Aktivitäten ist die Sicherstellung, dass die Outsourcingnehmer-Kandidaten objektiv, fair sowie alle gleich behandelt bzw. beurteilt werden und der zukünftige Outsourcingnehmer hinsichtlich den harten und weichen Faktoren zum Unternehmen passt.

Objektive Beurteilung

Das verfolgte Hauptziel des Selektionsprozesses ist, herauszufinden, welcher Partner die Anforderungen hinsichtlich Zeit, Kosten, Qualität und Flexibilität am wirtschaftlichsten erfüllen kann, und auch von der partnerschaftlichen Seite her betrachtet, am besten zum Unternehmen passt. Die Selektion des zukünftigen Partners kann sehr umfassend und somit zeitintensiv sein. Es wird zwischen den beiden Selektionsarten „desk selection" und „best in class selection" unterschieden. Bei der ersten Art wird die theoretisch grösstmögliche Zahl von Dienstleistern angegangen, bei der zweiten kommt nur eine eingeschränkte Anzahl von Dienstleistern zum Zuge.

Partnerselektion

> Der **Selektionsprozess** von Outsourcing-Kandidaten gehört mit zu den wichtigsten Aufgaben im gesamten Projektverlauf, da hier die Weichen für die Zukunft gestellt werden.

Rollen

Je nach Grösse und Komplexität des Projekts sind unterschiedliche Rollen erforderlich:

* Projektleitung
* Projekt Office
* Evaluationsteam
* Rechtsabteilung / -beratung
* Risk Officer
* Human Ressources Management
* Projektsteuerungsgremium
* Vendor Management

Projekt Management

Vendor Management

Die Selektion der Outsourcingnehmer-Kandidaten erfolgt in der Regel als separates Teilprojekt. Bei grösseren Unternehmen wird dieses Teilprojekt vom Vendor Management begleitet bzw. in einigen Fällen sogar selbstständig mit Einbezug der Projektleitung durchgeführt, da diese über einen grösseren Erfahrungsschatz verfügen und diese Art von Aufgaben zu ihrem Tagesgeschäft gehört.

Rechtsabteilung

Für dieses Teilprojekt ist das Beiziehen der Rechtsabteilung und der (temporäre) Einsitz im Projektsteuerungsgremium zu empfehlen, da hier bezüglich Vertragswerk und dem Kontakt zu Aussenstellen rechtliche Fragen- und Problemstellungen auftauchen und zu klären sind.

Stakeholder

In der Praxis läuft der Selektionsprozess meistens nicht linear und nicht ohne Nebengeräusche ab. Oft haben einzelne wichtige Stakeholder bereits ihre interne Wahl getroffen ohne das Ergebnis abzuwarten. Die Argumente pro bzw. kontra einen Dienstleister sind daher in der Regel emotional (Bauchentscheidung) geprägt.

In diesen Fällen gilt es, den Projektsponsor mit einigen wichtigen Stakeholdern zu gewinnen und diese zu überzeugen sowie klar zu stellen, dass es sinnvoll ist, den Selektionsprozess strukturiert sowie transparent durchzuführen.

> Es bedarf einer **neutralen und objektiven Bewertung** mit vorher klar definierten Kriterien, die erfüllt werden müssen.

Falls diesem Vorgehen grundsätzlich nicht zugestimmt werden kann, weil z.B. ein wichtiger Stakeholder sich bereits über eine Präferenz geäussert hat, ist empfehlenswert, dies zu dokumentieren und aus formalen Gründen sowie zwecks besserer Transparenz dem Projektsteuerungsausschuss zuzustellen. Bei später auftretenden Problemen kann der Projektleiter auf dieses Dokument zurückkommen und ist zumindest „formal-juristisch" entlastet.

2.3.4

Outsourcingnehmer-Kandidaten evaluieren

Kandidaten kritisch prüfen

Die kritischen Bereiche bestimmen die Schwerpunkte. Es gibt kein allgemein gültiges Rezept, sondern es geht darum, der Situation und der Herausforderung angepasste Themenfelder im Rahmen einer eingehenden Prüfung gezielt auszuleuchten.

- Die Offerte und die darin gemachten Aussagen und Referenzangaben sind kritisch zu überprüfen
- Kritische Systeme, Anwendungen oder Service Levels sind zu hinterfragen
- Problembereiche sind zu identifizieren (z.B. Lizenzen mit Dritten, die eventuell nicht übertragen werden können)
- Kritische Skills für das Erbringen der Outsourcing-Leistungen sind beim Anbieter zu prüfen
- Personalübertritt der Schlüsselpersonen müssen sichergestellt werden
- Getroffene Annahmen für die Kalkulation bzw. das Angebot verifizieren
- Sicherstellen, dass über Preise und Leistungen sowie Leistungsqualitäten Klarheit herrscht
- Referenzkunden mit vergleichbarem Leistungsumfang besuchen

In dieser für das Gelingen des Outsourcing-Vorhabens sehr wichtigen Phase ist eine akkurate Planung verbunden mit dem Einsatz eines interdisziplinär zusammengesetzten Projektteams unerlässlich.

2.3.5

Kultur analysieren

2.3.5.1

Einleitung

Idealerweise spüren die Mitarbeiter des Outsourcinggebers im operativen Betrieb kaum, dass ein Outsourcingnehmer die Leistungen erbringt. Voraussetzung hierfür ist aber das Vorhandensein der formalen Aspekte (Verträge, definierte Prozesse, geregelte Zuständigkeiten, etc.) sowie eine tragfähige Beziehungsebene, die auf Überzeugung und Vertrauen basiert. Zweifelsohne muss das Vertrauen gemeinsam erarbeitet werden, daran führt kein

Weg vorbei. Jedoch ist es hilfreich, wenn der Outsourcinggeber dem Partner ein etwas Vorschuss an Vertrauen gibt.

Langfristige Part-
nerschaft

Damit eine langfristig ausgerichtete Partnerschaft entstehen kann, müssen die beiden Kulturen zu grossen Teilen kongruent oder kompatibel sein. Als Analogie soll wiederum die Ehe dienen: in diesem Fall ist es in der Regel einfacher, sich mit einem Partner aus einem gleichen oder ähnlichen Kulturkreis zu verstehen. Generell wird dem kulturellen Aspekt viel Bedeutung zugemessen. Kongruenz bzw. Kompatibilität heisst hier aber nicht unmittelbar Identität.

> Es ist auffällig, dass die Vielzahl von Outsourcinggebern übereinstimmend das *Instrumentalisieren von Kulturen* für die Umsetzung und vor allem für die Integrationsleistung als erfolgskritisch ansehen.

2.3.5.2

Was ist nun der kulturelle Fit?

Der kulturelle Fit wird häufig durch extreme Positionen dargestellt wie z.B. individuelle vs. kollektive Kulturprägung, Offenheit und Umweltorientierung vs. Geschlossenheit und Binnenorientierung oder Kosten- vs. Nutzenorientierung.

Es gibt 3 Szenarien der Kulturentwicklung in Outsourcing-Partnerschaften:[19]

Kulturübernahme: Dominanz und Durchsetzung einer Partnerkultur. Möglichkeit des Scheiterns durch Misstrauen und Missverständnis

Kulturpluralismus: Es werden beide Kulturen zugelassen. Als Subkultur-Split wird der Zusammenhang umschrieben, wenn es zu einem Kulturkampf an Schnittstellen kommt, an denen unterschiedliche Kulturen, die die Partner in einzelnen Bereichen einbringen, kollidieren

Kulturassimilation: Entwicklung eines eigenen selbstständigen Kulturprofils

Es geht bei der Kulturanalyse darum, vorab ein kulturelles Idealprofil zu bilden.

---

[19] Vgl. Bleicher, 1992, S. 3ff.

Die Profile der Outsourcingnehmer lassen sich hinsichtlich der drei Fit-Ebenen bilden, die mit den unterschiedlichsten Gegensätzen arbeiten und anhand einer Positionierung eine Aussage erlauben, inwieweit die Kooperation der Realisierung des Outsourcing-Vorhabens dient und sich somit letztlich wertsteigernd auswirkt. Partnerprofile sind auf die für den Kooperationszweck abgestimmten und entscheidenden Konfigurationsmerkmale auszurichten.

Kulturelle Inkongruenz   Unbestritten kann eine kulturelle Inkongruenz den Erfolg und die Stabilität einer Allianz gefährden, dennoch wird es ebenso Probleme geben, wenn eine Unternehmenskultur als Homogenisierungsmittel instrumentalisiert wird, um eine einheitliche Position zu erzeugen.

2.3.5.3   Die Komponenten des Kulturfit

Es gibt bestimmte Konstellationen, die nicht zusammenpassen, z.B. dass Henry Ford nie einen Chevy gefahren hätte. Es ist auch ein Unterschied, ob der Kulturfit aus Sicht des Managements oder aber aus Sicht der Mitarbeiter gesehen wird. Im Grunde spielt es überhaupt keine Rolle, wenn beide Parteien willens sind, miteinander zusammenzuarbeiten. Nur ist es so, dass ein ungenügender Kulturfit letztendlich in einem schlechten Arbeitsklima, weniger Produktivität sowie einer höheren Fluktuation enden.

Anforderung an die Kultur   Speziell der Outsourcinggeber kann dies verhindern, indem er klar ausdrückt, welche kulturellen Aspekte für ihn zentral und somit durch den Outsourcingnehmer zu erfüllen sind.

Im Unternehmensleitbild stehen unter anderem die Werte (das "WAS"), die dem Unternehmen wichtig sind. Der Schwerpunkt der Betrachtung konzentriert sich stark auf das "WIE". Dies sind vor allem:

Arbeitsstil: Die Art und Weise, wie die Mitarbeiter des Outsourcingnehmer-Kandidaten ihre Arbeit erledigen und an Probleme herangehen

Teamorientierung: Hierarchie vs. Gleichberechtigung

Management-Stil: Kooperativ vs. militärisch

Kundenorientierung: Worthülse oder tatenorientiert und verankert bei den Mitarbeitern

Qualitätsansatz: Kontrolle oder Fehlertoleranz

Grundsätzliche Einstellungen: Permanentes Lernen, Risiken eingehen können, flexible Arbeitszeiten, Mobilität, etc.

Arbeitsform: Alleine vs. Teams

Umgang mit Erfolg und Misserfolg: Wie wird mit Erfolg bzw. Misserfolg umgegangen

Entscheidungsstil: Mit welcher Art von Vorgesetzten hat man zu tun, Leader vs. Follower

Unternehmensgeist: Offen, innovativ vs. abwartend, ausführend

Es ist erfolgsentscheidend, dass der Outsourcinggeber zu jeder oben aufgeführten Frage eine befriedigende und aussagekräftige Antwort erhält, um sich ein vollständiges Bild über die Kultur des Outsourcingnehmer-Kandidaten zu machen. Darüber hinaus ist der persönliche Eindruck bei der Firmenpräsentation sowie in den diversen Gesprächen einzubeziehen.

Persönlicher Eindruck

In der Praxis wird oft ein Firmenrundgang durchgeführt, um zu sehen und zu erfühlen, wie das Arbeitsklima ist. Ein persönlicher Eindruck sagt mehr aus als tausend Worte und Beteuerungen. Dabei ist wichtig, Gespräche mit unterschiedlichen Mitarbeitern und Führungskräften zu führen.

2.3.5.4 Statusanalyse des Outsourcingnehmers

Unternehmensleitbild

In der Analyse des potenziellen Outsourcingnehmers gibt es grundsätzlich zwei kombinierte Ansätze: einerseits die harten Faktoren und andrerseits der zwischenmenschliche Bereich. Ein guter Ansatz und Orientierungsrahmen ist, das Leitbild des Outsourcingnehmers zu analysieren, um zu erfahren, welche Werte ihm wichtig sind. Hierbei treten folgende Fragen zur Beantwortung auf

- Nach welchen Leitgedanken, Normen und Wertvorstellungen arbeitet der Outsourcingnehmer

- Welche Erwartungen, Hoffnungen und Bedenken werden mit dem geplanten Vorhaben verbunden

- Welche Attribute hat der Outsourcingnehmer, die auf kultureller Ebene für eine Zusammenarbeit förderlich wären

Kooperationsleitbild

Später ist es hilfreich, ein gemeinsames Kooperationsleitbild zu entwickeln, um hier einen markanten Grundstein für die Zusammenarbeit zu legen.

2.3.6   Letter of Intent erstellen

Wendepunkt

Um zu zeigen, dass ein wahres Interesse an einer Geschäftsbeziehung besteht, wird ein Letter of Intent (Absichtserklärung) zwischen Outsourcinggeber und –nehmer in der Anbahnungsphase erstellt. Dieser Letter of Intent ist eine Art Wendepunkt in der Beziehung zwischen den beiden Parteien.

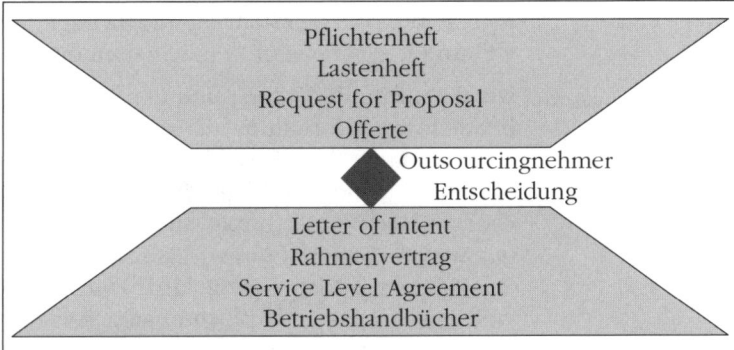

Abbildung 21: Übersicht Dokumente

Es handelt sich dabei um eine Absichtserklärung, in der beide Parteien erklären, in Zukunft miteinander zusammenarbeiten zu wollen. Sinn und Zweck ist es, bisher ausgehandelte Vertragspunkte niederzuschreiben, um sich später darauf berufen zu können. Darüber hinaus gilt es den erreichten Verhandlungsstand festzuhalten, den weiteren Gang der Verhandlungen zu strukturieren, offene Vertragspunkte zu benennen, Einigung über zu erbringende Vorleistungen und deren Vergütung zu dokumentieren sowie gegenseitige Rücksichtnahmepflichten (z.B. Exklusivitätsvereinbarungen oder Geheimhaltungspflichten) zu begründen.

> Da die Beteiligten nicht selten bereits im Vorfeld des Outsourcing-Vorhabens erhebliche Aufwendungen haben, sind sie in diesen Fällen daran interessiert, durch den **Letter of Intent** eine stärkere vorvertragliche Bindung zu erreichen, um das Risiko vergeblicher Aufwendungen zu minimieren.

Häufig enthält der Letter of Intent eine gegenseitige Verpflichtung, alle erhaltenen Informationen vertraulich zu behandeln und mit Dritten keine (parallelen) Vertragsverhandlungen aufzunehmen.

Ernsthafte Bereitschaft

Auch wenn zu diesem Zeitpunkt eine abschliessende vertragliche Bindung in den meisten Fällen nicht gewollt ist, soll dem potenziellen Vertragspartner ernsthafte Bereitschaft zum Vertragsabschluss signalisiert werden, was (zumindest) zu einer gewissen faktischen Bindung führen kann.

Falls es die Situation erfordert, einige Punkte rechtlich genau regeln zu wollen, besteht die Möglichkeit, dass ihm eine Rechtswirkung wie bei einem Vertrag zukommt.

Bindungswirkung

Die rechtliche Bedeutung und die Bindungswirkung des Letter of Intent sowie die Haftung der Parteien hängen dabei jeweils von der Gestaltung des Letter of Intent ab. In der Regel soll der Letter of Intent keine Bindungswirkung enthalten und dementsprechend keine Verpflichtung zum Abschluss des Rahmenvertrags begründen. Um (Haftungs-) Risiken zu vermeiden, sollte im Letter of Intent jedoch ausdrücklich klargestellt werden, ob und in welchem Umfang Verpflichtungen der Parteien (insbesondere zum Abschluss des Rahmenvertrags) begründet werden.

Darüber hinaus sollte gegebenenfalls ein Haftungsausschluss oder eine Haftungsbegrenzung insbesondere für den Fall vereinbart werden, dass der Rahmenvertrag nicht zu Stande kommt.

Komponenten eines LOI

Die wichtigsten Komponenten, eines LOI sind:

- Präambel
- Kurzbeschreibung der Absicht der Zusammenarbeit
- Gemeinsam zu erreichende Ziele
- Inkrafttreten und Laufzeit
- Vertragliche Zuständigkeiten, Verantwortlichkeiten und Verhandlungspartner
- Grober Terminplan (Projekt- und Betriebsphase)
- Zusammensetzung Projektteam
- Verhandlungsablauf
- Wahrung der Diskretion und Geheimhaltung
- Auswirkungen falls kein definitiver Rahmenvertrag erstellt wird (Kosten, Rückgabe bzw. Zerstörung der Dokumente, usw.)
- Keine Pflicht, den Rahmenvertrag zu unterzeichnen

- Sonstige Pflichten

- Exklusivität (sofern das Sinn macht!)

- Schlussbestimmungen

- Schlichtungsklausel

- Anwendbares Recht und Gerichtsstand

- Unterzeichnung

2.3.7 Verträge

2.3.7.1 Allgemeines

Wie an früherer Stelle erwähnt, ist Outsourcing eine noch junge Disziplin. Aus diesem Grunde gibt es wenig Standardverträge. Sie setzen sich vielmehr aus diversen Vertragselementen zusammen.[20]

Um die partnerschaftliche Beziehung auch formal auf ein solides Fundament zu stellen, empfiehlt sich eine Unterscheidung in Rahmen- und Detailverträge (Service Level Agreements).

Langfristige Ausrichtung

Der Rahmenvertrag ist strategischer Natur und somit langfristig ausgerichtet. Hier finden sich wenig ändernde Bestimmungen wie die Regelung der Geschäftspartnerschaft und allgemeine beschlossene Vertragspunkte, über die bereits Einigkeit herrscht. In den Detailverträgen werden vorwiegend die operativen Details wie Leistungen, Verantwortlichkeiten, Qualität, Preise, Termine und Kontrollinstanzen festgehalten.

Detailverträge

Der zentrale Punkt bei den Detailverträgen ist die akkurate Festschreibung der zu erbringenden Leistungen. Nur wenn beide Seiten exakt das Gleiche unter der Leistungserbringung verstehen, können die geforderten Leistungen gemäss den Vorstellungen des Outsourcinggebers erbracht werden.

Der Spruch: „...drum prüfe, wer sich ewig bindet..." kommt nicht von ungefähr. Bei den Vertragsverhandlungen ist unbedingt ein Jurist mit fundierten Vertragskenntnissen beizuziehen, sobald klar ist, was es zu erreichen gilt und welche Leistungen ausgelagert werden sollen.

---

[20] Vgl. Cunningham/Fröschl, 1995, S. 161.

> In der **Regel** werden die Rahmenverträge vom Outsourcinggeber vorbereitet und erstellt. Die Detailverträge werden partnerschaftlich, also gemeinsam erarbeitet, wobei der Outsourcingnehmer die Verantwortung übernimmt.

Überreglementierung

Es wird davor gewarnt, alles und jedes vertraglich festhalten zu wollen (Überreglementierung). Es besteht das Dilemma zwischen grösstmöglicher Absicherung und dem Risiko, etwas vertraglich nicht festgehalten zu haben. Da die Outsourcing-Beziehung langfristig auf eine Win / Win-Partnerschaft ausgerichtet ist, braucht es zuweilen auch mal Mut zur vertraglichen Lücke, da ansonsten das benötigte Vertrauen nur schwer aufkommt und man einen behindernden und teuren Kontrollapparat aufzubauen hätte. Mit den beidseitig gemachten Erfahrungen werden die Verträge in einem definierten Zyklus überprüft und gegebenenfalls überarbeitet.

Laufzeit der Verträge

Verbunden mit dem Umstand, dass die heutige Welt laufend an Dynamik zunimmt, sollten aus der Sicht des Outsourcinggebers Verträgen mit Laufzeiten grösser als drei Jahre gemieden werden. Bei Verträgen mit längerer Laufzeit ist sicherzustellen, dass die unternehmerische Flexibilität dadurch nicht eingeschränkt wird und Ausstiegsklauseln eingebaut werden.

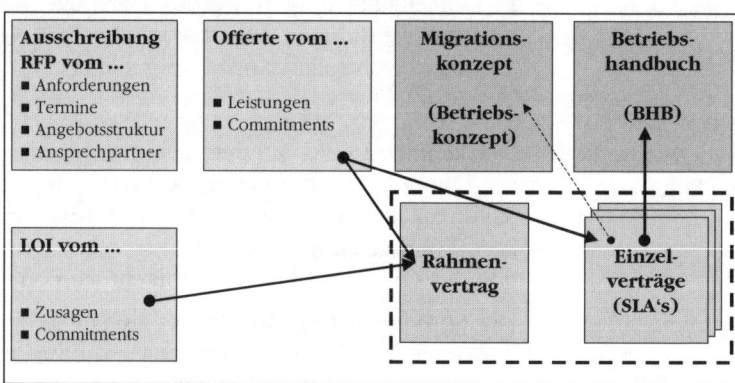

Abbildung 22: Zusammenhänge der Vertragsdokumente

2.3.7.2 **Der Ablauf des Vertragsprozesses**

Um die Verträge effizient und sinnvoll zu gestalten, sind folgende Schritte zu empfehlen:

Vor Vertragsbeginn

- Erstellen eines Templates „Rahmenvertrag"
- Prüfen des Templates „Rahmenvertrag" mit Rechtsabteilung
- Erstellen eines Templates „SLA's"
- Prüfen des Templates „SLA's" mit Rechtsabteilung

Erfahrene Berater bringen Vertragsgrundlagen als Diskussionsbasis mit. Dies reduziert den Aufwand und die Risiken erheblich.

Während Vertragsverhandlungen

- Einholen von bestmöglichen Offerten mittels Nachfassen bei den potenziellen Outsourcingnehmern (Short list)
- Erstellen und Unterzeichnen des Letter of Intent
- Eventuell Erstellen und Unterzeichnen einer Geheimhaltungserklärung
- Aushandeln und Erstellen des Rahmenvertrags
- Aushandeln und Erstellen des SLA's
- Definieren eines angemessenen Reportings
- Festhalten, was passiert, wenn definierte Leistungen oder Servicequalitäten durch den Outsourcingnehmer nicht erbracht werden

Gerade der letzte Punkt wird oft vergessen und ist dann nur schwer nachforderbar.

Nach Vertragsabschluss

- Laufende Anpassung der Verträge auf die aktuellen Bedürfnisse bzw. die notwendigen Veränderungen
- Periodische Kontrolle der Einhaltung vertraglicher Vereinbarungen
- Beachtung der rechtzeitigen Kündigungsfristen beim regulären Vertragsende oder bei einem vorzeitig notwendigen Ausstieg

Es ist stets darauf zu achten, dass zwischen strategischen und operativen Aufgaben sowohl bei der Vertragsaufsetzung als auch beim Controlling getrennt wird. Als Folge sind auch unterschiedliche Ansprechpartner verantwortlich.

Rahmenvertrag

Zeit für Rahmenvertrag

Nachdem GO für eine Outsourcing-Partnerschaft, wollen in der Regel beide involvierten Parteien möglichst rasch die Vertragsgrundlagen definieren. Es kommt jedoch nicht selten vor, dass nach ein bis zwei Jahren sowohl Outsourcinggeber als auch – nehmer darüber klagen, sich nicht mehr Zeit für eine bessere, umfassendere Planung und Ausarbeitung des Rahmenvertrags genommen zu haben. Dieses Phänomen tritt dann auf, wenn sich die Geschäftsziele ändern, die wirtschaftlichen Rahmenbedingungen schlechter oder neue Technologien eingeführt werden. Einerseits lassen zu viele Variablen, anderseits zu starre Vorgaben den Rahmenvertrag zum Scheitern bringen.

Flexibilität und Stabilität

Es geht also bei der Erstellung des Rahmenvertrags vor allem darum, ein ausgewogenes Verhältnis zwischen sich verändernden Variablen (Flexibilität) und den Konstanten (Stabilität) zu finden, damit beide Parteien sich verstehen, voneinander profitieren und miteinander wachsen können.

Die folgende **Goldene Regel** ist zu beachten:

*   Nur diejenigen Leistungen, die gemessen werden können, sind überprüfbar und werden in der Regel korrekt erbracht

*   Rahmenverträge bzw. Leistungsverträge sollen auch Konsequenzen (z.B. Sanktionen) für nicht korrekt oder nicht vereinbarte Leistungen enthalten, sonst sind sie für den Outsourcinggeber von geringem Wert

2.3.7.3   Vertragsdauer und -flexibilität

Wie bereits erwähnt, umfasst die Vertragsdauer eine Periode zwischen 3 und 10 Jahren. Sollte ein Vertrag nicht so lange dauern und vorzeitig beendet werden (müssen), sind die Kosten für einen Wechsel zu einem neuen Outsourcingnehmer oder aber für ein Backsourcing (ausgelagerte Leistungen werden wieder intern erbracht) so hoch, dass viele Outsourcinggeber für gewöhnlich ein lang andauerndes Engagement vorziehen.

> Aus diesem Grunde es ist ratsam, den Vertrag so zu gestalten, dass ***Anpassungen*** der Leistungen wie z.B. an neue Technologien, geänderte Geschäftsziele, Volumina und Konditionen jederzeit möglich sein müssen.

Die Outsourcingnehmer mögen diese Art der Vertragsgestaltung in der Regel nicht, aber für den Outsourcing-Manager und das Management ist es beruhigend zu wissen, dass man sich mit den Bedürfnissen und den Marktentwicklungen trotz des Outsourcing angemessen verändern und anpassen kann.

Flexibilität

Manchmal ist es schwierig die erwartete Flexibilität vom Outsourcingnehmer zu erhalten. Gut vorbereitete Verhandlungen – eventuell mit professioneller Unterstützung – können sich lohnen.

Damit möglichst beide Parteien von der Partnerschaft profitieren können, beinhalten immer mehr Verträge ein Bonus- / Malus-System.

2.3.7.4   Informationssicherheit

Durch Outsourcing ändern und verschieben sich Verantwortlichkeiten im Unternehmen. Zusätzlich kommt es teilweise zu neuen Schnittstellen. Um ein Unternehmen vor unliebsamen Auswirkungen zu schützen, ist der Sicherheit von Daten und Informationen hohe Aufmerksamkeit zu schenken.

Grosse Aufmerksamkeit

Die Rahmen- und Leistungsverträge sind so zu gestalten, dass die Aufgaben, Kompetenzen und Verantwortlichkeiten für:

- Zutritts- und Zugriffssicherheit
- Wartungsfenster
- Releasezyklen
- Disaster / Recovery Management
- gemeinsames Üben von Notfällen
- Informations-, Kommunikations- und Eskalationswege
- Change und Release Management
- Revisionsaufgaben

allgemein verständlich definiert sind, periodisch kontrolliert sowie gegebenenfalls angepasst werden können.

Der Prozess der Diskussion und der Verhandlungsführung verbunden mit dem Niederschreiben im Rahmenvertrag führen zum gemeinsamen Verständnis zwischen Betreiber und Benutzer und sichern so die Qualität auf beiden Seiten.

2.3.7.5 Empfehlungen

Einige Empfehlungen sowie Überlegungen, die vor dem Schreiben eines Outsourcing-Vertrags anzustellen sind:

- Bestimmen und Ausrichten von klaren Geschäftszielen in Verbindung bzw. Abstimmung mit den Möglichkeiten des Outsourcingnehmers

- Aus welchen Gründen muss der Prozess ausgelagert werden

- Welche Komponenten beinhaltet der auszulagernde Prozess

- Bestimmen der internen Preise und der externen Kosten, um eine vergleichbare Basis zu haben

- Durchführen eines Benchmarkings mit Unternehmen der gleichen Branche und falls möglich branchenübergreifend

- Festlegen der Performance sowie der Kostenziele

- Regelmässige (viertel-, halbjährliche oder jährliche) Überprüfung der Leistungen hinsichtlich Qualität, Umfang und Kosten.

- Festlegen, ob eine Partnerschaft mit Outsourcingnehmer beibehalten, ausgebaut oder eingeschränkt werden soll

Sind diese Grundsatzfragen geklärt, kann man sich an die Erstellung der Verträge machen.

2.3.8 Inhalt eines Rahmenvertrags

Folgende Komponenten sind Gegenstand eines Rahmenvertrags:

- Definition der übergebenen Hauptaufgaben (Details zu Leistungen, Objekte, Verantwortliche und Qualität gehören in die Leistungsverträge bzw. SLA's)

- Vorgehen bei Vertragsverletzungen (mit Unterscheidung leichter / schwerer Vorfälle)

- Management der Zusammenarbeit (Aufführen von Kontakt- und Eskalationsstellen)

- Change und Release Management (Aufzeigen wie das Vorgehen bei Änderungen bzw. Abweichung der definierten Standards, Methoden oder Prozesse ist)

- Projektplan für die Umsetzungsphase (Kosten, Termine, Verantwortlichkeiten, Abnahme, Steuerung, etc.) Dieser Teil kann aber auch in einem eigentlichen Transition-Vertrag als Zusatz geregelt werden

- Konkurrenzklausel / Auslagerung von Aufgaben

- Zusicherung des Rechts, geplante Reviews und Revisionen durchzuführen

- Zusicherung der Unterstützung durch den Outsourcingnehmer in Notfällen. Dies kann z.B. bei vorzeitiger Auflösung des Vertrages wichtig sein

2.3.9   Service Level Agreement

2.3.9.1   Einleitung

Über den Begriff Service Level herrscht ein unterschiedliches Verständnis. In der Praxis wird oftmals erst bei Vorliegen der ersten Vertragsentwürfe erkannt, dass die Parteien in ihren bisherigen Dispositionen unter dem Begriff Service Level Agreement durchaus unterschiedliche Inhalte verstanden haben.

> Ein **Service Level Agreement** umfasst die Leistungen, Verantwortlichkeiten, Qualitäten und spezifischen Rahmenbedingungen wie z.B. die Definition von Sanktionsinstrumentarien für den Fall der Unterschreitung der definierten Leistungsstandards.

Rechtskräftiges Dokument

Ein Service Level Agreement ist ein rechtskräftiges Dokument, das auf einem bereits vorhandenen Rahmenvertrag basiert und Kosten-, Leistungs- und Qualitätstransparenz zum Ziel hat. Es existiert in schriftlicher Form und ist für beide Parteien bindend. Darüber hinaus wird das Erbringen von definierten Leistungen zwischen Outsourcinggeber und –nehmer konkret beschrieben. Dabei sind die Konditionen (u.a. Kosten bzw. Preise, Servicegrad und Qualität) für die zu erbringenden Leistungen transparent und ausformuliert. Das SLA ist auf wiederkehrende und nicht einmalig zu erbringende Leistungen ausgelegt.

Basis für Leistungserfüllung

Das SLA definiert die Serviceleistungen des Outsourcingnehmers in Bezug auf die Anforderungen des Outsourcinggebers. Ferner legt es den Grad der Leistungserfüllung (was, wann) sowie die vom Outsourcinggeber erwarteten Resultate fest.

Der Outsourcingnehmer muss diese Anforderungen erfüllen oder sogar übertreffen. Die Ziele sind in einem regelmässigen Turnus zu überprüfen und zu bestätigen. Zielabweichungen sind zu diskutieren sowie Massnahmen abzuleiten.

Kernelemente

Service Level gehören zu den Kernelementen des Vertrages, mit dem ein Unternehmen ein anderes mit dem Erbringen von IT-Leistungen oder der Abwicklung IT-gestützter Geschäftsprozesse beauftragt.

> Sind ***Service Level Agreements qualitativ ungenügend***, unvollständig und lückenhaft abgefasst, bedeutet dies nicht nur irgendein Randproblem, sondern vielmehr das sich dauerhaft nachteilig auswirkende Fehlen wesentlicher Kernelemente eines solchen Vertrages.

Damit liegen auch die Nachteile klar auf der Hand, die für beide Seiten entstehen können, wenn Service Level Agreement entweder gar nicht oder nur lückenhaft abgefasst werden.

Fehlende SLA's

Umgekehrt sieht sich der Outsourcingnehmer bei fehlenden Service Level Agreement häufig mit vorhandenen Unzufriedenheitsgefühlen eines Auftraggebers konfrontiert. Mangels vertraglich vereinbarten Messgrössen für die zu erbringenden Leistungen kann diesem Missstand auch nicht konkret und überzeugend argumentativ entgegengetreten werden. Insbesondere aber ist der Auftragnehmer nicht in der Lage, seine eigenen Leistungsanstrengungen an einem klar definierten Leistungsziel auszurichten.

Zusammenfassung

Bei Service Level Agreements geht es nicht allein darum, bestimmte Leistungsstandards für reine IT-Leistungen oder von der IT gestützte sonstige Leistungen zu definieren. Mit SLA man gleichzeitig ein geeignetes Sanktionsinstrumentarium bereit, das eine reibungslose Abwicklung gewährleistet.

2.3.9.2   ## Grundsätze

Bevor mit dem Erarbeiten der SLA's begonnen wird, sind einige wichtige Grundsätze in der Zusammenarbeit von Outsourcinggeber und –nehmer zu erarbeiten sowie festzuhalten.

> Das Hauptmerkmal in einer Outsourcing-Beziehung ist das **Vertrauen**. Dieses lässt sich bekanntlich nicht mittels Vertrag definieren, sondern muss gemeinsam erarbeitet werden.

Gemeinsame Basis

Die folgenden Grundsätze dienen als Richtlinien im Vorfeld der Vertragsverhandlungen:

- Offenes, faires, vertrauenswürdiges und sich gegenseitig achtendes Handeln

- Fragen stellen, bis alle involvierten Parteien das gleiche Verständnis haben

- Durchlaufen des Lebenszyklus der Prozesse – erarbeiten, definieren, ergänzen und verantwortlich sowie haftbar sein mit allen Konsequenzen, z.B. Reduktion der Pauschalen, Haftung und Strafen

- Kein Fakturieren von Zusatzkosten ohne vorherige Abmachung und schriftliche Vereinbarung

- Die Qualitätsziele werden periodisch überprüft und gegebenenfalls angepasst

- Für spezielle und wichtige Kenngrössen kann ein Bonus- / Malus-System für die Qualität der erbrachten Leistungen definiert und eingeführt werden

- Diskussion führen, wie mit Verlusten und Folgeschäden umgegangen wird, falls eine Leistung in einer minderen Qualität, zu spät oder gar nicht erbracht worden ist

- Transparenz schaffen, wie sich die Kosten für die Leistungen zusammensetzen. In der Praxis als hilfreich erwiesen hat sich die offene Darlegung der Annahmen und Prämissen der Kalkulation durch den Outsourcingnehmer

Rechtzeitig angehen

Das Aufsetzen eines eindeutigen SLA's, ist eine erfolgskritische Aktivität. In der Praxis kommt es leider nur allzu häufig vor, dass der Outsourcinggeber unpräzise oder teilweise gar keine Vorstellungen über das "WAS", also Leistungsart und –umfang hat.

Wenig erfahrene Outsourcinggeber möchten darüber hinaus beim "WIE" der Leistungserbringung Einfluss nehmen, das ist jedoch der eigentliche Mehrwert des Outsourcingnehmers.

Diese Art von Prämissen erschweren die Partnerschaft und verhindern eine optimale Nutzung der möglichen Potenziale.

> Einem fähigen und professionell arbeitenden Dienstleister sollte man beim "WIE" so viel *Freiheit* wie möglich lassen, wenn das Ziel des Outsourcing trotzdem sichergestellt werden kann.

Transparenz

Die Spezifikationen im SLA spielen zwei Rollen: auf Seite Outsourcinggeber bestimmt er über die gewünschten Leistungen den Servicegrad - der Outsourcingnehmer erbringt diese Leistungen zu einem bestimmten Preis. Aus Sicht des Outsourcinggebers ist der einzige und sicherste Weg, um potenzielle Probleme präventiv zu umgehen, in den SLA's genau zu definieren, welche Leistungen benötigt werden und regelmässig zu messen, ob die Leistungsvorgaben erreicht worden sind. Sinnvollerweise lässt der Outsourcingnehmer für jede seiner fremdvergebenen Hauptkomponenten ein SLA erstellen. Somit ist auch die nötige Transparenz gewährleistet und sichergestellt, dass unterschiedliche Leistungsbündel nicht miteinander vermischt werden. Dabei muss sich der Outsourcinggeber bewusst sein, dass höhere Anforderungen durchaus überproportional (und nicht nur linear) kosten können. Wird ein Service 7x24 Stunden verlangt (z.B. in einem Call Center), so kann dies drastische Auswirkung hinsichtlich Ressourcen, Systemverfügbarkeit oder Hardware-Disposition auf Seite des Outsourcingnehmers haben.

2.3.9.3   Spezialfall interne SLA's

In grösseren Unternehmen dienen SLA's auch als interne Verträge zwischen einer leistungserbringenden und einer leistungsempfangenden Einheit mit intern festgelegten Dienstleistungspreisen.

Sie werden getroffen zwischen z.B. der IT-Abteilung und den Abteilungen, die den IT-Service nutzen. Da auf beiden Seiten derartiger Vereinbarungen dasselbe Unternehmen steht, handelt es sich nicht um einen Vertrag im eigentlichen juristischen Sinne.

Interne Verpflich-
tung

Es geht letztlich nur um eine unternehmensinterne Organisati-
onsnorm, in der sich die Beteiligten wechselseitig verpflichten -
einerseits zu Leistungen eines bestimmten Umfanges und einer
definierten Qualität und anderseits zu entsprechenden Mitwir-
kungs- und Beistellleistungen. Teilweise wird die Nichterfüllung
der definierten Leistungen auch mit unternehmensinternen Sanktionen belegt.

SLA und Mitar-
beiterbeurteilung

Einige Unternehmen gehen so weit, dass SLA's in die persönliche
Mitarbeiterbeurteilung einfliessen. In einigen Firmen ist die Einhaltung des SLA's sogar an den Bonus der Führungskräfte und
teilweise auch der Mitarbeiter gekoppelt und somit ein direktes
Führungsinstrument.

SLA als Führungs-
instrument

Einerseits dienen die SLA's zur Umsetzung strategischer Geschäftsziele und andererseits sind sie ein Werkzeug für das Management zur Messung sowie Verbesserung des internen Dienst-
leistungsangebots. Oft werden die SLA's als Führungsinstrument
verwendet, um Druck auf die internen Dienstleistungen und
Kosten bzw. Preise zu machen, damit diese marktkonformer
erbracht werden.

Es geht darum, die Unternehmensinteressen stringent zu wahren
sowie durchzusetzen, und um eine möglichst leistungsgerechte
Kostenbelastung sicherzustellen. Durch Bündeln können unternehmensweit Synergien erzeugt und genutzt werden.

Nur bereits durch den Umstand, ein SLA im Unternehmen zwischen unterschiedlichen Abteilungen einzusetzen, bringt diese
näher zueinander (gegenseitiges Verständnis) und bewirkt eine
engere Zusammenarbeit.

> Oft wird so den involvierten Einheiten erst klar, **welche**
> **Leistungen** überhaupt gewünscht bzw. erbracht werden
> müssen. Es zwingt alle Beteiligten zu mehr Kommunikation,
> Information und Transparenz. Somit ist dem internen Auf-
> traggeber klar, wofür er zahlt und welche Leistungen er in-
> tern bzw. extern bezieht.

Der Auftragnehmer ist hingegen bestrebt nur die gewünschten
Leistungen zu erbringen, da nur diese abgegolten werden. Dadurch wird dem Management die Differenz zwischen den nach-
gefragten bzw. erbrachten Leistungen sowie den Kostentreibern
bewusst und kann somit korrigierend eingreifen. Die erhaltene

Transparenz und Vergleichbarkeit der Leistungen führt zu einem permanenten Lerneffekt auf Auftraggeber- und –nehmerseite.

2.3.9.4   Vorgehen zur Definition von SLA's

Bevor der Outsourcinggeber die Anforderungen im SLA definieren kann, muss er sich vorab bewusst sein, was er konkret will und für welche Resultate er bereit ist, einen Preis zu bezahlen.

Schnittstellen klären

Eine wichtige Vorarbeit besteht darin, die Schnittstellen genau zu klären sowie festzuhalten, was im SLA enthalten (Definition des Scope) ist oder nicht mehr zum Leistungsumfang gehört (Abgrenzung). Danach geht es um das Bestimmen der Resultate, die objektiv mit definierten Grössen zu messen sind. Jede dieser Entscheidungen muss im SLA beschrieben werden und hat direkte Auswirkungen auf die Preisgestaltung des Outsourcingnehmers.

Messgrössen bestimmen

Grundsätzlich wird zwischen drei unterschiedlichen Ansätzen unterschieden, wie Messgrössen spezifiziert werden. Jeder Ansatz ist durch das erwünschte Resultat determiniert, mit dem der Outsourcinggeber beabsichtigt, seine Ziele zu erreichen. Probleme treten vor allem dann auf, wenn der gewählte SLA-Ansatz nicht den Zielsetzungen des Outsourcinggebers entspricht.

Infrastrukturorientierter Ansatz: Die Erwartungshaltung des Leistungsbeziehers ist vom Grundsatz her so, dass er nur für die wirklich bezogenen Leistungen bereit ist, zu bezahlen, und geht so weit, für zu spät erbrachte, qualitativ nicht einwandfrei oder gar nicht erbrachte Leistungen eine Gutschrift zu fordern. Dies ist beim IT-Infrastruktur-Outsourcing der Fall, wenn die Verfügbarkeit der Leistungen z.B. bei Netzwerken, Anlagen von Call Center oder Anwendungsinfrastrukturen betrieben werden.

Lösungsorientierter Ansatz: Der Ansatz verfolgt die Zielsetzung, dem Kunden eine Gesamtlösung zur Verfügung zu stellen.

Prozessorientierter Ansatz: Dieser Ansatz verfolgt das Ziel, Verbesserungen des gesamten Prozesses durch die Vergabe der Leistungen an den Outsourcingnehmer zu messen. Beim BPO ist dieser Ansatz häufig anzutreffen. Die hier eingesetzten Metriken basieren auf der Messung der Anzahl erfolgreich abgewickelter Prozesskenngrössen wie z.B. versandte Lohnabrechnungen.

Ergebnisnahe Leistungen

Aus dem definierten Leistungsspektrum und den Abgrenzungen ist ersichtlich, ob es sich um ein Infrastruktur-, Anwendungs-

oder Prozess-Outsourcing handelt. Die Leistungen sollen dabei so ergebnisnah wie möglich definiert werden.

- Beim IT-Infrastruktur-Outsourcing ist dies z.B. der Betrieb der Server oder des Netzwerkes

- Beim Anwendungs-Outsourcing ist es z.B. das Betreiben der ERP-Lösung mit der notwendigen Anwendungsbetreuung

- Beim Prozess-Outsourcing ist es das Betreiben eines definierten Prozesses bis hin zu den klar umrissenen Prozessergebnissen wie die monatlichen Lohnabrechnungen inkl. Versand

Auswählen und Bestimmen der zu messenden Attribute

Mit der Bestimmung der Messgrössen wird auch festgelegt, was unter Erfolg verstanden wird und wann das Messkriterium erfüllt ist.

Wenn die Ziele und erwarteten Ergebnisse klar definiert sind, ist es meistens nicht so schwer, die relevanten Messgrössen abzuleiten. Dies sei an einem einfachen Helpdesk-Beispiel erläutert:

Bestimmen der zu messenden Leistungen:

- Zeitdauer für die Entgegennahme des ersten Anrufes

- Anzahl bzw. Prozentsatz der Störungen, die direkt im Helpdesk ohne ein Weiterreichen an den 2nd Level Support gelöst werden (Selbstlöserate)

- Durchschnittliche Anzahl Anrufe / Monat / User

- Durchschnittliche Kosten pro Anruf

- Kundenzufriedenheit (sofern erhoben)

- Durch den Kunden bzw. den Anrufer abgebrochener Anruf in der Warteschlange

Beispiel: 90% der Anrufe werden innerhalb von 30 Sekunden entgegengenommen

Besonderheiten		
Infrastruktur	**Anwendung**	**Geschäfts-Prozess**
(Selektives) IT OS	**ASP**	**BPO**
		■ **Prozess-Leistungen und Funktionen** ■ **Prozess-Verantwortung bis zum Endergebnis**
	■ **Anwendungs-funktionen** ■ **Anwendungs-Betreuung/Unterst.** ■ **Anwendungswartung**	Anwendungs-Funktionen Anwendungs-Betreuung/Unterst. Anwendungs-Wartung
■ **IT-Infrastruktur Betrieb** ■ **IT-Infrastruktur Services** ■ **IT-Infrastruktur Projekte**	IT-Infrastruktur Betrieb IT-Infrastruktur Services IT-Infrastruktur Projekte	IT-Infrastruktur Betrieb IT-Infrastruktur Services IT-Infrastruktur Projekte
Messung: ■ Messung von IT **Infrastruktur Charakteristiken** (KPI's)	■ Messung von **Lösungs-Charakteristiken** (KPI's)	■ Messung von **Prozess-Charakteristiken** (KPI's)

Leistungen des Outsourcingnehmers

Abbildung 23: Outsourcing-Arten und SLA-Messung

Es ist nicht wirtschaftlich und wenig praktikabel zugleich, viele Ressourcen einzusetzen, nur um alles Erdenkliche messen zu können. Hier gilt der Grundsatz: „So viel wie nötig und sinnvoll" und nicht: „So viel wie möglich".

Bestimmen des SLA-Preises für das Unternehmen

Vorab ist zu eruieren, zu welchem internen Kostensatz die Leistungen erbracht worden sind und zu prüfen, ob es genau die gleichen Leistungen sind. Teilweise verlangt man vom Outsourcingnehmer mehr Leistungen zu einem günstigeren Preis. Falls die Leistungen als Standardleistungen bezeichnet werden können, ist allenfalls ein Benchmarking sinnvoll, da diese Art von Leistungen gut und vor allem einfach vergleichbar sind. Folglich ist ein Vergleich anzustellen und das Delta zu ermitteln, zwischen den Kosten der internen Leistungen und des „best in class" Outsourcingnehmers.

Interne Kosten

Die Ermittlung der internen Kosten ist oft ein grosser Stolperstein, da die benötigen Datenquellen dezentral sind, teilweise auf (veralteten) Annahmen basieren und des Weiteren die versteckten Kosten nicht berücksichtigt sind, die die Gesamtkosten massgeblich beeinflussen können.

Für diesen Schritt werden in der Regel externe Berater mit einem breiten Erfahrungsschatz in Kostenschätzungen verbunden mit Kenntnissen der Marktpreise beigezogen.

Zusätzliche Kosten Da jede Verbesserung einer Leistung zusätzliche Kosten verursacht, muss der Outsourcinggeber festlegen, was er bereit ist, zu bezahlen. In der Regel sind Unternehmen eher bereit mehr zu zahlen, wenn die Hauptzielsetzungen der Geschäftsprozesse (Risikominderung, Contingency, etc.) erfüllt werden.

2.3.9.5 Elemente eines umfassenden SLA's

Nachfolgend sind die wichtigsten Themen aufgeführt, die in einem SLA enthalten sein sollten:

- SLA-Bezeichnung: Name bzw. Titel und Nummer des SLA's

- Verantwortliche Stellen: Key Account bzw. Ansprechpartner seitens Outsourcinggeber und Business Manager seitens Outsourcingnehmer

- Gültigkeit: von / bis

- Rahmenbedingungen: Einschränkungen / Vorgaben / Restriktionen

- Beschreibung der Leistungen (übersichtliche Tabellen mit den klar zugewiesenen Verantwortlichkeiten)

- Qualitätsniveau: Antwortzeiten, Reaktionszeiten, Verfügbarkeit des Systems

- Messverfahren: z.B. Auswertung der Telefonanlage oder des Trouble Ticket Systems

- Flexibilität: Handhabung von Mehr- und Mindermengen

- Preisgestaltung: Basis, Zusammensetzung der Leistungen, Konditionen und Fälligkeit

- Konsequenzen bei Nichteinhaltung der Qualitätsniveaus: Bonus / Malus

- Haftbarkeit: im Schadenfall, bei Folgeschäden, Schadenersatz, Strafen oder Reduktion der Prämien im Schadenfall

- Berichtswesen: was in welcher Periodizität an Berichten erwartet wird

- Eskalationsstufen und Kriterien

- Spezielle Vereinbarungen

- Unterschrift der berechtigten Vertragsparteien

2.3.9.6   **Erläuterungen zu wichtigen Elementen**

Allgemeines

Ein SLA setzt sich stets aus einer Vielzahl von Einzelelementen zu Messgrössen, Erhebungszeiträumen, Messmethoden, Messverfahren und projektbezogenen Definitionen zusammen. Als Messgrössen kommen im Wesentlichen Zeiteinheiten in Betracht. Zu beachten sind insbesondere die Verfügbarkeitsquoten, die zwar nicht in Zeiteinheiten, sondern in Prozentsätzen dargestellt werden, die aber letztlich auch Angaben für Zeiteinheiten sind. Zeiteinheiten bilden aber auch die relevanten Messgrössen zur Definition von Antwortzeiten, Reaktionszeiten oder Bearbeitungszeiten. Als weitere Messgrössen kommt die Anzahl von Ausfällen pro festgelegtem Zeitraum oder auch - allerdings in selteneren Fällen - die Anzahl bereitgestellter Personenstunden, -tage, -wochen oder -monate zum Erbringen von Entwicklungs-, Test- und Pflege- oder Wartungsleistungen in Betracht. Je nach Art des konkreten Projektes sind verschiedene der genannten Messgrössen für Service Levels zu regeln, fast immer jedoch sind Vereinbarungen zur Verfügbarkeit und zu Antwortzeiten zu treffen.

Zeiteinheiten

Verfügbarkeit

Nirgendwo werden in der Vertragspraxis so häufig und so oft Fehler gemacht wie bei der Definition von Verfügbarkeitsquoten.

Dies beginnt bereits damit, dass häufig schon nicht exakt definiert ist, was die Parteien überhaupt unter Verfügbarkeit verstehen.

Der Begriff der Verfügbarkeit ist zu definieren.

Erklärung Verfügbarkeit

So mag ein bestimmtes System durchaus laufen; wenn es aber mit einer besonders umfangreichen Transaktion beschäftigt ist, sodass kein Nutzer andere Transaktionen starten und erfolgreich abschliessen kann, mag das betreffende System zwar in Betrieb, aber für den Nutzer noch lange nicht verfügbar sein. Es muss also im Vertrag exakt definiert werden, was die Parteien unter Verfügbarkeit verstehen, unter welchen Bedingungen die Parteien ein bestimmtes System als verfügbar ansehen wollen.

Dies hängt ganz entscheidend vom betreffenden System ab, dessen Verfügbarkeit die Parteien durch vertragliche Vereinbarungen absichern wollen. Hier gilt es nicht nur, die Systemplattform bestehend aus Hardware, Betriebssystem und systemnaher Software zu definieren, sondern auch die konkrete Anwendung, deren Verfügbarkeit für den Auftraggeber vertraglich sichergestellt werden muss.

> ***Verfügbarkeiten*** werden meist in Prozentsätzen ausgedrückt, die die Summe der Zeiten, zu denen das System im definierten Sinne tatsächlich verfügbar war, ins Verhältnis setzt zur Summe der Zeiten in denen das definierte System maximal hätte verfügbar sein müssen.

Genaues Definieren der Verfügbarkeit

Der Umstand, dass die im Vertrag zumeist nur genannten Prozentsätze tatsächlich nur ein Verhältnis zwischen zwei Summen von Zeiten darstellen, zeigt, dass nicht nur die Summe der Zeiten, zu denen das betreffende System tatsächlich im vertraglich definierten Sinne verfügbar war, festgelegt werden muss, sondern auch der Bezugszeitraum, zu dem die Summe der erreichten Zeiten der Verfügbarkeit des betreffenden Systems ins Verhältnis gesetzt werden soll, also 99% pro Woche, pro Monat, pro Quartal oder pro Kalenderjahr. In der Vertragspraxis ist oft festzustellen, dass die Angabe dieses Bezugszeitraums fehlt. Dies ist einleuchtend, wenn man sich vor Augen hält, wie unterschiedlich die Ergebnisse je nach Bezugszeitraum sein können:

Eine Verfügbarkeit von 99% bezogen auf eine Woche (bei 7x24h Betrieb) bedeutet, dass ein System während ca. 1.7 Stunden pro Woche ununterbrochen stillstehen und damit nicht verfügbar sein kann und der Auftragnehmer trotzdem seine Leistungspflichten erfüllt hat; der gleiche Prozentsatz bezogen auf ein Jahr, also auf 365 Tage, bedeutet, dass das betreffende System während 3,65 aufeinander folgenden Tagen dauernd stillstehen und damit nicht verfügbar sein kann und der Outsourcingnehmer dennoch seine Leistungspflichten voll erfüllt hat.

Gerade das letztgenannte Beispiel zeigt, dass die Definition eines Prozentsatzes bezogen auf einen bestimmten Zeitraum bei weitem nicht ausreichend ist, um die Verfügbarkeit eines Systems hinreichend exakt und vor allem tolerierbar zu definieren.

Beispiel ERP-System

Der Ausfall eines ERP-Systems in einem Produktionsunternehmen während rund 3,6 Tagen pro Kalenderjahr wäre völlig inakzeptabel, wenn es sich um 3,6 aufeinander folgende Kalendertage handelte; der in einem solchen Extremfall entstehende Schaden wäre sehr hoch und vor allem wesentlich höher, als wenn dieser Zeitraum von rund 3,6 Tagen lediglich die Summe einer Vielzahl kleinerer Ausfälle verteilt über das gesamte Jahr wäre.

Verfügbarkeits-quote

Je nach Anwendung ist eine Verfügbarkeitsquote nur dann vollständig und wirtschaftlich sinnvoll definiert, wenn neben der blossen Prozentsatzangabe noch die maximal zulässige Dauer eines einzelnen Systemausfalls und die maximal zulässige Anzahl von Systemausfällen pro Zeiteinheit definiert wird.

Antwortzeit

Antwortzeiten können für bestimmte im Vertrag zu definierende Referenztransaktionen definiert werden. Gegebenenfalls können aber auch Staffelungen - jeweils für den Durchschnitt aller oder wieder nur bestimmter Transaktionen vereinbart werden.

Beispiel:

- Antwortzeit < = 1 Sekunde für mindestens 80 % aller oder nur bestimmter, zu definierender Transaktionen

- Antwortzeit < = 2 Sekunden für weitere mindestens 10 % aller oder bestimmter Transaktionen.

- Sowie schliesslich Antwortzeiten < = 4 Sekunden für die verbleibende Anzahl von Transaktionen.

Reaktionszeit

> Als **Reaktionszeit** wird in der Regel diejenige Zeit verstanden, die vom Zugang einer Fehlermeldung beim Helpdesk bis zu einem bestimmten, zu definierenden Ereignis, mit dem auf diese Fehlermeldung reagiert wird, maximal vergehen dürfen.

Definition im SLA

Für eine vertraglich effektive Definition von Reaktionszeiten ist es zunächst erforderlich, im Service Level Agreement zu beschreiben, in welcher Form und auf welchem Übermittlungsweg Fehlermeldungen beim Outsourcingnehmer abgegeben werden müssen, um den Lauf einer Reaktionszeit in Gang zu setzen.

So ist zu definieren, welche Angaben im Rahmen einer Fehlermeldung mindestens zu machen sind, ob sie schriftlich, mündlich, per Email, per Telefax oder telefonisch gemacht werden können / müssen und welche sonstigen Regulatorien (z.B. Abgabe von Fehlermeldungen nur durch bestimmte, hierfür beim Outsourcinggeber besonders autorisierte Personen) einzuhalten sind. Mindestens ebenso wichtig ist die exakte Definition der Massnahmen, die der Auftragnehmer erbringen muss, damit dies als Reaktion, und somit als die Beendigung der Messung der Reaktionszeit auslösendes Ereignis gewertet wird.

Es genügt nicht, wenn der Outsourcingnehmer lediglich ein Trouble Ticket oder einen Eintrag in ein Logbuch oder in ein IT-gestütztes Fehlermelde- und Verwaltungssystem vornimmt.

Nachhaltigkeit der Massnahme

Er sollte darüber hinaus nachweisbar mit Massnahmen zur Erforschung der Fehlerursache begonnen haben, also durch Rückfragen zu den konkreten Nutzungsbedingungen, zu denen der gemeldete Fehler aufgetreten ist, oder durch Öffnen eines Remote-Zugangs zum System des Auftraggebers dessen Zustand festgestellt und mit weiteren Analysen begonnen haben. Nur derartige Massnahmen dokumentieren tatsächlich eine effektive Reaktion des Outsourcingnehmers.

Die Eröffnung eines Trouble Tickets oder die Vergabe einer laufenden Nummer eines Fehlerverwaltungssystems mag zwar schon eine Massnahme des Outsourcingnehmers sein; eine derartiges Vorgehen belegt noch lange nicht, dass dieser tatsächlich mit Massnahmen zur Feststellung der Fehlerursache und damit zu deren Beseitigung und Wiederherstellung der fehlerfreien Nutzbarkeit begonnen hat.

Reaktionszeit und Eingriffszeit

Aus diesem Grunde unterscheiden einige Unternehmen noch zwischen Eingriffszeit und Reaktionszeit.

Mit anderen Worten legen sie fest, wie lange es dauern darf, bis ein Operator des Outsourcingnehmers sich in das betreffende System eingeloggt hat. Dies bedeutet noch nicht, dass der Fehler auch behoben worden ist.

Ferner darf nicht vergessen werden, im Service Level Agreement zu regeln, zu welchen Zeiten „Reaktionen" im vertraglich definierten Sinne zu zeigen sind, ob also Reaktionszeiten nur während bestimmter Betriebszeiten des Outsourcingnehmers oder unabhängig vom Anfang oder Ende der Betriebszeiten einzuhalten sind.

Der Unterschied ist gross, dennoch wird in der vertraglichen Praxis eine exakte Definition im Service Level Agreement oft versäumt.

Beispiel

Gehen die Betriebszeiten des Auftragnehmers nur werktags, montags bis freitags von 8.00 bis 18.00 Uhr, bedeutete die Verpflichtung, dass sich Reaktionszeiten nur auf die vertraglich geschuldeten Betriebszeiten des Auftragnehmers beziehen, bei einer Reaktionszeit von drei Stunden und einer Fehlermeldung freitags nachmittags um 17.00 Uhr, dass der Auftragnehmer eine Reaktion im vertraglich definierten Sinne erst am darauf folgenden Montag bis spätestens 10.00 Uhr gezeigt haben muss.

Dieselbe Reaktionszeit, jedoch unabhängig von den Betriebszeiten des Auftragnehmers, erforderte dessen Reaktion noch am selben Freitag bis spätestens 20.00 Uhr.

Varianten

Unter diesen beiden Varianten gibt es keine absolut richtige oder falsche; vielmehr ist allein die Bedeutung des betreffenden Systems für die Geschäftsprozesse des Outsourcinggebers entscheidend, welche Variante gewählt wird.

Wichtig ist, dass eine der beiden Alternativen auch konkret im Service Level Agreement definiert wird und man sich bewusst ist, dass schnelle Reaktionszeiten auf den Preis der Dienstleistung einen wesentlichen Einfluss haben.

Messmethode / Messverfahren

Für die meisten Messgrössen, die im Rahmen von Service Level Agreement definiert werden, gibt es wiederum Protokolle oder Messtools, mit deren Hilfe die Einhaltung dieser Service Level gemessen werden kann.

> Da unterschiedliche **Messtools** oder Protokolle wiederum unterschiedliche Ergebnisse zeigen können, empfiehlt es sich, im Service Level Agreement nicht nur zu vereinbaren, welche Service Level wie einzuhalten sind, sondern zugleich die Messmethode für beide Parteien verbindlich festzulegen, die zur Messung der Einhaltung der vertraglich vereinbarten Service Level zu verwenden sind.

Methode und Frequenz

In einer späteren Auseinandersetzung um die Einhaltung vertraglich vereinbarter Service Levels bleibt den Beteiligten so ein Methodenstreit erspart. Wichtig ist aber nicht nur die für beide Parteien verbindliche Vereinbarung der Messmethode, sondern auch die Definition weiterer Parameter des Messverfahrens. So sollte im SLA geregelt werden, zu welchen Zeiten oder in welcher Frequenz bestimmte Service Level gemessen werden.

Rahmenbedingungen

Neben den Bestimmungen im SLA, welche Service Level konkret einzuhalten sind und wie deren Einhaltung mit Hilfe welcher Verfahren im Einzelfall zu messen ist, müssen bestimmte Rahmenbedingungen geregelt werden.

Im Rahmen der vom Outsourcinggeber zu erbringenden Mitwirkungsleistungen ist zum Beispiel zu regeln, welche der beiden Parteien für die Sicherstellung einer unterbrechungsfreien Stromversorgung und Klimatisierung in den Räumen, in denen die betreffenden Server installiert sind, zu sorgen hat.

Klare Verantwortungen

Liegen diese Verantwortungen nach wie vor beim Outsourcinggeber, so lägen Ausfälle oder Verzögerungen, die auf Störungen in derartigen Mitwirkungs- und Beistellleistungen des Auftraggebers begründet sind, nicht mehr im Verantwortungsbereich des Outsourcingnehmers. Selbst wenn dieser auf Grund derartiger Umstände vereinbarte Service Levels nicht einhalten könnte, träfe eine daraus resultierende Haftung nicht den Outsourcingnehmer, sondern den Outsourcinggeber, der letztlich für die Ursachen der Leistungsverzögerung verantwortlich ist.

Flexibilität

> Service Level Agreement sollten nicht „in Stein gemeisselt" sein. Vielmehr müssen in Service Level Agreement bereits Mechanismen definiert werden, wie auf **Änderungen in den Umgebungsbedingungen** reagiert werden kann, insbesondere auf Änderungen in den vom Outsourcingnehmer zu betreuenden Mengengerüsten.

Mehr- und Mindermengen

Wenn bei Übersteigen eines bestimmten vertraglich vereinbarten Mengengerüstes ein in Rechnerkapazität und Betreuung aufwandsintensiveres System betrieben werden muss, kann sich dies in bereits im Vorhinein definierten unterschiedlichen Vergütungssätzen bei ansonsten gleichen Vergütungsstrukturen niederschlagen.

Veränderungen

Im Falle einer Änderung der Mengengerüste auf Grund hinzu kommender neuer Arbeitsplätze, neuer Unternehmensbereiche oder auf Grund von Arbeitsplatzabbau beim Auftraggeber muss dann nur der bereits im Voraus vereinbarte geänderte Vergütungssatz angewandt werden, um die Mehr- oder Minderaufwendungen des Outsourcingnehmers abzufangen.

Damit ist ein häufig auftretender Anlass für Meinungsverschiedenheiten zwischen Outsourcinggeber und -nehmer bereits im Voraus ausgeräumt, und diese Situationen könnten ohne grössere Diskussionen oder ein Infragestellen des bisherigen Vertragstextes bewältigt werden.

Sanktionen

Gewährleistungs-regelungen

Ein Service Level Agreement wäre unvollständig, enthielte es nicht Bestimmungen zu Rechtsfolgen für den Fall, dass der Auftragnehmer die zuvor vereinbarten Leistungsstandards nicht einhielte. Entweder sind nämlich die Gewährleistungsregelungen, die das Gesetz bereithält, für Fallgestaltungen des IT-Outsourcings oder des Outsourcing von im wesentlichen IT-gestützten Geschäftsprozessen nicht geeignet oder das Gesetz hält gar keine Rechtsfolgeregelungen bereit. Dies hat zur Folge, dass jeweils gezielt auf den definierten SLA beziehungsweise die konkrete Situation beschrieben werden muss.

> Es empfiehlt sich, in einem Service Level Agreement nicht nur die jeweils einzuhaltenden Leistungsstandards zu definieren, sondern zugleich **Rechtsfolgen oder Sanktionen** zu beschreiben, die mehr oder weniger automatisch eintreten, sobald ein bestimmter vertraglich vereinbarter Service Level im konkreten Fall unterschritten wurde.

Vertragsstrafe und Schadenersatz-pauschalen

Die gängige Sanktion bei Service Level Agreement, zugleich aber auch das Mittel erster Wahl, ist die Geltendmachung von Vertragsstrafen oder Schadenersatzpauschalen.

Welche der beiden Instrumente in einem Service Level Agreement vereinbart werden, hängt stark von der Interessenlage ab, auf die sich die Parteien letztlich einigen können.

Die für den Outsourcinggeber freundlichere Variante ist die Vereinbarung von Vertragsstrafen, da diese die Möglichkeit offen lässt, über die Höhe der Vertragsstrafe hinausgehende konkrete Schäden einfordern zu können.

Die für den Outsourcingnehmer freundlichere Variante ist die Vereinbarung von pauschalen Schadenersatzbeträgen, da diese die Sicherheit bieten, dass der Leistungsschuldner nie mehr als den vereinbarten pauschalen Schadenersatz zu zahlen hat. In der Praxis kommt es selten vor, dass der Leistungsgläubiger in der Lage ist, einen über die Vertragsstrafe hinausgehenden konkreten Schaden darzulegen und zu beweisen, sodass der Vorteil der Vertragsstrafe für den Outsourcinggeber eher theoretischer, denn praktischer Natur ist.

Exakte Definition Viel wichtiger ist, eine exakte vertragliche Definition zu finden, die von beiden Parteien getragen wird. Für diejenigen Fälle, in denen die vereinbarten Service Levels nicht bzw. nicht vollständig erbracht werden, ist die jeweilige Sanktionshöhe in Abhängigkeit vom Grad der Unterschreitung des vereinbarten Service Levels zu bestimmen. Es kann sinnvoll sein, in gewissen Fällen eine entsprechende Staffelung der Sanktionen vorzunehmen.

Unterschreiten mehrerer Service Levels

Regelmässig werden im Rahmen eines Service Level Agreement verschiedene Service Levels und dementsprechend auch unterschiedliche Sanktionen für das Unterschreiten jedes einzelnen Service Levels vereinbart. Dabei kann es ohne weiteres zu Situationen kommen, in denen auf Grund ein und derselben Ursache mehrere Service Levels gleichzeitig unterschritten werden. Für diesen Fall ist das Konkurrenzverhältnis der einzelnen Service Levels zueinander beziehungsweise der hierauf belegten Sanktionen zu regeln.

Konkurrenzverhältnis mehrerer SLA's

> Denkbar wäre eine ***Kumulation sämtlicher Sanktionen***, aber auch die alleinige Berücksichtigung des Service Levels, dessen Unterschreitung zur höchsten, für den Leistungsschuldner einschneidensten Sanktion führt.

Da es hier keine gesetzlichen Vorgaben gibt, bleibt die Wahl, welche der beiden genannten Alternativen vereinbart wird, dem Verhandlungsgeschick der Parteien überlassen.

Massnahmen und Eskalationsprozes

Service Level un-
terschreiten

Im SLA müssen zwingend Beschreibungen vorliegen, welche Massnahmen unternommen werden, falls eine Leistung einen kritischen Wert des Service Levels unterschreitet. Zweifelsohne hat der Outsourcingnehmer alles zu unternehmen, die Performance und geforderte Qualität der Leistungserbringung wieder herzustellen und zugleich das Management stufengerecht über den Vorfall mittels Report (Problem, Ursachen, ergriffene Massnahmen, Lösung bzw. workaround und Kritikalität, Auswirkungen aufs Business) zu informieren. Ferner werden die Konsequenzen für den Outsourcingnehmer beschrieben.

Präventive Mass-
nahmen

Es muss definiert werden, welche präventiven Massnahmen zukünftig unternommen werden, um den Vorfall zu vermeiden, und zu analysieren, was der Hauptgrund für das Problem war.

Reporting

Das SLA ist nutz- und wertlos, wenn es nicht laufend auf Aktualität und die erzielten Ergebnisse überprüft wird. An dieser Stelle setzt das Reporting an. Es ist zu empfehlen, auf monatlicher Basis einen Report mit vorher festgesetzten Inhalten und Messpunkten zu erstellen. In der Regel werden zwei Reports erstellt: der Leistung- und der Exception-Report.

Monatliches Re-
porting

> Der **Leistungsreport** gibt einen Status aller durch den Outsourcingnehmer erbrachten Leistungen und dessen Erfüllungsgrad (Messpunkte erfüllt, teilweise erfüllt oder nicht erfüllt). Hierzu eignet sich das Ampelsystem sehr gut.
>
> Der **Exception-Report** wird in der Regel intern erstellt und zeigt die Ausfälle oder Abweichungen (z.B. System war am 29.10.2003 zwischen 09.47 und 10.12 nicht verfügbar) bzw. Ausnahmen auf.

Für Grossunternehmen ist es entscheidend, alle internen und externen SLA's zentral zu verwalten und zu bewirtschaften, da sie als Führungsinstrument eingesetzt werden.

Rollen

Im Folgenden werden die wichtigsten Rollen im SLA-Prozess aus der Sicht des Outsourcinggebers beschrieben:

Rolle	Verantwortlich für:
Contract Manager	Die Ausarbeitung, Erstellung und Inkraftsetzung des SLA's gegenüber internen Stellen und vis-à-vis Outsourcingnehmer. Koordiniert die internen Business Units. Ansprechpartner (single point of contact)
Business Manager	Bewirtschaftet und kontrolliert laufende SLA's auf Zielerreichung. Interne Koordination mit Business Controlling oder Vendor Management. Eskaliert im Falle von zu grossen Leistungsabweichungen
Business Controlling oder Vendor Management	Definiert den rechtlichen Rahmen von SLA's und erstellt Templates für Standard-SLA's. Kontrolliert SLA's hinsichtlich Terminen, Kosten, Doppelspurigkeiten, Aktualität und schreitet bei allfälligen Problemen ein. Ist Competence Center in Sachen SLA

Abbildung 24: Rollen im SLA-Prozess

2.3.9.7   Wichtigste Do's und Don'ts

Eine Definition von Erfahrung besagt, dass aus Fehlern von Dritten Schlüsse gezogen werden müssten und diese nicht nochmals zu machen sind. Aus diesem Grunde sind hier die wichtigsten Do's and Don'ts für das SLA Management aufgeführt:

Empfehlungen

- Rechtzeitiges Einbinden der Endanwender

- Das Planen, Erarbeiten, Implementieren und Controlling des SLA Management ist mit gemeinsamen Kräften (interner Endanwender und externer Outsourcingnehmer) voranzutreiben

- Im Projektverlauf und in der Betriebsphase sind institutionalisierte Reviews durchzuführen, um Optimierungspotenzial in den Prozessen, in der Kommunikation und den Strukturen aufzuzeigen

- Durch einen neutralen Dritten ist ein unabhängiges Audit durchzuführen

- Sicherstellen, dass die Leistungen den Benutzeranforderungen entsprechen
- Qualitätsplan erstellen, Qualitätsabweichungen dokumentieren sowie mit Massnahmen versehen
- Feststellungen durch Benutzer prinzipiell als Tatsache akzeptieren
- Alle am Prozess Beteiligten ins Projekt mit einbeziehen und zu Partnern machen
- Nur qualifizierbare, quantifizierte und messbare Anforderungen zulassen
- Ein periodisches Reporting etablieren

Unbedingt vermeiden

- Alles formal festhalten und im SLA dokumentieren wollen (Überreglementierung)
- Komplizierte und umständliche Formulierungen verwenden
- Das SLA niederschreiben, bevor die Zielsetzungen und Schwerpunkte der Leistungen und Prozesse definiert sind
- Zusagen zu Zielen machen, die nicht erreicht werden können
- Den Outsourcingnehmer als Gegner statt als Partner behandeln
- Prozess formalisieren, aber Bürokratie vermeiden
- Nicht gerade „NEIN" sagen, wenn der Endbenutzer eine Leistung verlangt, die zurzeit nicht im Leistungsangebot des Outsourcingnehmers steht, sondern auf Konsequenzen hinweisen. Somit liegt die endgültige Entscheidung beim Auftraggeber bzw. Endbenutzer und nicht beim Outsourcingnehmer

2.3.10   **Empirische Studie Service Level Agreements**

Unten aufgeführte Studienresultate entstammen der Diplomarbeit von Sebastian Kübler[21]. Diese beschreibt Problempunkte und Verbesserungsvorschläge zum Thema SLA.

Die empirische Untersuchung wurde durch einen Fragebogen und ein darauf folgendes Interview durchgeführt, Red und Antwort standen Experten aus verschiedenen Bereichen.

Zielsetzung von SLA
Die Frage der Zielsetzungen von SLA zeigt, dass grösste Priorität bei Transparenz und Objektivität liegt. Gefolgt durch Kostenübersicht, Management der Beziehung und der Qualität. Zusätzlich zeigt sich, dass aus früher technisch geprägten SLA ein Management Tool wird.

Bedeutung von SLA
Nach der Bedeutung von SLA gefragt, antworten die Experten, dass Outsourcing ohne SLA nicht möglich sei, auch wenn neue Tools teilweise Veränderungen herbeiführen könnten. Die Bedeutung von SLA widerspiegelt sich dann auch in der Verwendung. Mit wenigen Ausnahmen werden SLA im Outsourcing verwendet, wobei diese Ausnahmen weiter abnehmen bzw. durch Rahmenbedingungen begründet werden können.

Kernprobleme von SLA
Die Kernprobleme finden sich in untenstehender Tabelle

Top Priorität Probleme	• Kommunikation • Eskalation • Rollen und Verantwortlichkeiten
Probleme mit zweiter Priorität	• Aufgabenbeschreibung (scope of work) • Strategische Zielsetzungen • Rahmenbedingungen bzw. Richtlinien zur Erbringung der Dienstleistungen • Preise und zusätzliche Kosten • Geforderte Beistellung und Ergebnisse • Aktivitäten Planung und Umsetzung • Zielsetzung und Management von Verbesserungen

Abbildung 25: Rollen im SLA-Prozess

---

[21] Vgl. Kübler, 2005, S. 62ff

*Faktoren für er-
folgreiche SLA*

Zum Schluss der empirischen Untersuchung wurden die Inter-
viewpartner zu Erfolgsfaktoren befragt. Im Vordergrund stehen
hier die Kommunikation, die Messung der Ergebnisse nicht nur
über Harte Faktoren sondern über die subjektive Wahrnehmung
der Leistungserfüllung. Probleme entstehen oft durch mangelnde
Vorbereitung bzw. Beschreibungen und Abklärungen. Je mehr
Arbeit in die Vorbereitungen investiert wird, umso einfacher
erscheint dann die Umsetzung. Ein weiterer Erfolgsfaktor liegt in
einem definierten Verbesserungsprozess.

2.3.11 Der Aufbau einer Outsourcing-Beziehung

2.3.11.1 Einleitung

Der vorliegende Teil dient dazu, aus Sicht „best practices" aufzuzeigen, wie formelle und informelle Beziehungen zwischen Outsourcinggeber und –nehmer aufgebaut und gepflegt werden
können. Es ist zu beachten, dass nicht immer die grossen Konzepte bzw. Strategien gefragt sind, sondern die wiederkehrenden
sowie vertrauensbildenden Kleinigkeiten im Tagesgeschäft.

*Guter Start in eine
Partnerschaft*

Ein guter Start in eine Outsourcing-Partnerschaft basiert auf ge-
genseitigem Verständnis der Strategien, Zielsetzungen, SLA's,
Verantwortlichkeiten sowie einer fairen Preisgestaltung. Externe
Faktoren und Situationen können einen starken Einfluss auf die
Beziehung haben und dazu führen, dass die Ziele nicht mehr
vollumfänglich eingehalten werden. Dies löst Druck aus und
belastet in der Regel die Partnerschaft.

> Aus diesem Grund ist sinnvoll und empfehlenswert, eine
> separate Vereinbarung oder einen Abschnitt im Rahmenver-
> trag über **Governance** aufzusetzen bzw. aufzunehmen.

Diese Vereinbarung zeigt, wie die involvierten Parteien miteinander umgehen und kommunizieren, falls Anforderungen geändert werden, Ziele neu ausgerichtet werden oder der strategische
Plan für die Zukunft angepasst werden muss, mit dem Ziel, den
Wert der Partnerschaft kontinuierlich zu verbessern.

*Instabilität. Un-
gleichheit und
Misstrauen*

Treten in einer Partnerschaft Instabilität, Ungleichheit oder Misstrauen auf, wird dies mittelfristig die Beziehung belasten. Ohne
eine effektive Vereinbarung über das Verhalten in schwierigen
Situationen kann es leicht dazu kommen, dass die Partnerschaft

im Grundsatz gestört ist, obwohl nur einige Stakeholder ein Problem miteinander haben.

In der Vereinbarung ist der Umgang mit zwischenmenschlichen Herausforderungen beschrieben mit dem Ziel, Mechanismen aufzuzeigen, wie diese anzugehen sind. Somit wird einerseits erreicht, dass die Probleme angegangen werden, und andererseits wird sichergestellt, dass die Partnerschaft im Grundsatz nicht tangiert wird, sondern man sich auf Einzelprobleme beschränkt.

2.3.11.2   Best Practice Empfehlungen

Eine gute Beziehung zwischen Partnern aufzubauen und zu pflegen, verlangt von beiden Seiten viel. Einige Empfehlungen, die sich in der Praxis bewährt haben:

- Business Manager als Relationship Officer
- Lang andauernde Freundschaften
- Häufiger formeller und informeller Informationsaustausch
- Meetings mit Managern aus beiden Unternehmen
- Gemeinsame Liste mit offenen Punkten
- Zufriedenheitsindex
- Manager vor Ort

> *Information und Kommunikation* ist nicht alles, aber ohne Information und Kommunikation ist alles nichts. Am Beginn einer guten Partnerschaft steht die Information und Kommunikation.

Charakteristiken einer gute Outsourcing-Beziehung

In der Vergangenheit war im Allgemeinen die Toleranz gegenüber Fehlern nach dem Motto: „insert coin and try again" wesentlich grösser als heute. Fehler und negative Situationen können eine Beziehung belasten, Vertrauen senken sowie schliesslich zum Bruch einer Partnerschaft führen. Man verliert sich in Details, die eskalieren und rasch ausser Kontrolle geraten.

Der Erfolg einer Beziehung stellt sich genau dann ein, wenn die vereinbarten Ziele kongruent mit den erreichten Ergebnissen sind. Wie die Erfahrung und auch verschiedene Studien zeigen, basiert eine tragfähige Outsourcing-Beziehung auf gut funktionierenden, einfach messbaren Interaktionen im Tagesgeschäft.

Die beiden sich ergänzenden Faktoren „strategischer Wert" und „Beziehungs-Governance" kreieren zusammen eine Kraft, die viele Hindernisse aus dem gemeinsamen Weg räumt. Mit anderen Worten: Die Bewältigung von erwarteten und unerwarteten Herausforderungen wird eine Outsourcing-Beziehung für beide Parteien grösser, tragfähiger und somit stärker machen.

2.4 Umsetzungsphase

Wenn der Wind des Wandels weht,
bauen die einen Mauern und die
anderen Windmühlen.

chinesisches Sprichwort

2.4.1 Einleitung

In diesem Kapitel geht es um die erfolgreiche Umsetzung des Outsourcing-Vorhabens bzw. die Überführungsphase vom heutigen Zustand zum funktionierenden Betrieb beim Outsourcingnehmer.

Outsourcing Navigator	Spezifische Aktivitäten		
	Infrastruktur	Anwendung	Geschäfts-Prozess
Allg. Aktivitäten	**(Selektives) IT OS**	**ASP**	**BPO**
Vorbereitung ■ Situationsanalyse ■ Outsourcing-Ziele ■ Chancen/Risiken ■ Vorgehensplan und Ressourcen	■ Stärken & Schwächen im Infrastruktur-bereich ermitteln ■ Potenziale im Infrastrukturbereich ermitteln	■ Analyse der Anwendungs-Anforderungen ■ Integration mit Rest der IT-Infrastruktur	■ Analyse der Prozess-Bereiche ■ Prozess-Ziele festlegen ■ Integration übriger Prozessen
Anbahnung ■ Pflichtenheft erstellen ■ Outsourcingnehmer selektieren ■ SLA's definieren ■ Vertragsgrundlagen LOI und Verträge	■ Definition Infra-struktur-Leistungen ■ IT-Outsourcing Referenzen prüfen ■ Infrastrukur SLA's definieren	■ Definition Lösungs-anforderungen ■ Lösungs-Fit prüfen ■ ASP-Referenzen prüfen ■ Lösungs-SLA's	■ Definition Prozess-anforderungen ■ Prozess-Fit prüfen ■ BPO-Referenzen prüfen ■ Prozess-SLA's
Umsetzung ■ Projektteam bilden ■ Umsetzungskonzept ■ Risiken ermitteln ■ Überführung ■ Gremien etablieren ■ Notfallplan	■ Übernahme IT-Infra-struktur und Personal (falls relevant) ■ Infrastruktur Know-how übernehmen ■ IT-Services etablieren	■ Datenmigration planen und umsetzen ■ Lösung testen ■ Anwender schulen	■ Datenübergabe planen ■ Testlauf machen ■ Prozessanpassung (falls notwendig)
Betrieb ■ Betrieb etablieren ■ Reporting und Controlling (Qualität, Inhalt und Kosten) ■ Change Management	■ Controlling und Monitoring von IT-Infrastruktur-Charakteristiken (KPI's)	■ Controlling und Monitoring von Lösungs-Charakteristiken (KPI's)	■ Controlling und Monitoring von Prozess-Charakteristiken (KPI's)

Abbildung 26: Übersicht Umsetzungsphase

Das Ziel der Überführung ist die Übernahme der Leistungs-erbringung durch den Outsourcingnehmer mit all den notwendigen Aktivitäten und Massnahmen.

Wenn sich das Unternehmen entschieden hat, einen bestimmten Aufgabenbereich oder Geschäftsteil auszulagern, ist es erfolgskritisch, eine funktionierende und auf Kontinuität ausgerichtete Partnerschaft zu etablieren.

Mit der Umsetzung als erster wichtiger Prüfstein zeigen sich die Qualitäten des gewählten Outsourcingnehmers.

2.4.2   Die Überführung und das kritische erste Jahr

Start als kritische Phase

Vergleichbar wie bei einem Flug, wo die Starts und die Landungen am schwierigsten sind, ist es auch beim Outsourcing. Der Start oder im übertragenen Sinn beim Outsourcing-Projekt die Überführung gehört sicher zu den anspruchsvollsten und kritischsten Phasen des Outsourcing-Projekts.

Die Herausforderungen für das erste Jahr bestehen vor allem im Stabilisieren der SLA's und im Bewältigen der nicht erwarteten Probleme. Letztere können bei einer schlechten Überführung die Partnerschaft schon beim Start des Outsourcing ernsthaft gefährden oder sogar zerstören.

Systematisches Vorgehen

Die Umsetzung eines Outsourcing-Vorhabens als Kunst zu bezeichnen, wäre dennoch übertrieben, braucht es doch für eine erfolgreiche Umsetzung ein systematisches Vorgehen und vor allem ein erfahrenes Projektteam, das die wichtigen Aufgaben und Herausforderungen erfolgreich meistert.

2.4.3   Bildung von Gremien

Um sicherzustellen, dass gleiche Ebenen miteinander sprechen, ist es sinnvoll, zu Projektbeginn die Ansprechpartner der Organisationsebenen des Outsourcinggebers und –nehmers formal festzuhalten. Somit wird sichergestellt, dass stufengerecht kommuniziert und effizient zusammengearbeitet werden kann.

In der folgenden Abbildung ist ein Beispiel aufgeführt:

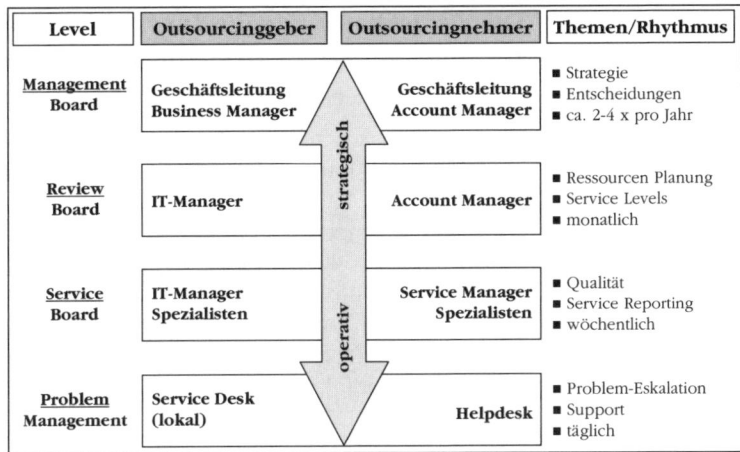

Level	Outsourcinggeber	Outsourcingnehmer	Themen/Rhythmus
Management Board	Geschäftsleitung Business Manager	Geschäftsleitung Account Manager	▪ Strategie ▪ Entscheidungen ▪ ca. 2-4 x pro Jahr
Review Board	IT-Manager	Account Manager	▪ Ressourcen Planung ▪ Service Levels ▪ monatlich
Service Board	IT-Manager Spezialisten	Service Manager Spezialisten	▪ Qualität ▪ Service Reporting ▪ wöchentlich
Problem Management	Service Desk (lokal)	Helpdesk	▪ Problem-Eskalation ▪ Support ▪ täglich

Abbildung 27: Gremien (Beispiel)

Es ist ratsam, die gebildeten Gremien spätestens ab der Überführungsphase zu bilden und über die gesamte Vertragslaufzeit beizubehalten. Was sich ändert ist lediglich die Periodizität, in der sich die verschiedenen Ebenen treffen.

2.4.4 Wichtige Aspekte bei der Überführung

Bei der Überführung bzw. Umsetzung des Outsourcing-Vorhabens sind viele Themen und Aspekte von Bedeutung. Erfolgskritische Aspekte werden deshalb kurz erläutert.

* Projektteam und die Zusammenarbeit

* Klarheit der Aufgaben, Rollen, und Verantwortlichkeiten

* Personalübernahme

* Assetübernahme

* Dienstleistungsübernahme mit den benötigten Hintergrundinformationen und Kenntnissen

* Kommunikation

* Risiken und mögliche Massnahmen

* Umsetzungskonzept

123

Das Projektteam und die Zusammenarbeit

In der Regel wird ein spezielles Projektteam für die Übernahme gebildet, das den Erfolg der Übernahmephase sicherstellen muss.

Es setzt sich sowohl aus Mitgliedern des Outsourcinggebers als auch dem zukünftigen Dienstleister zusammen.

> Bei den definierten Projektleitern und –mitgliedern ist darauf zu achten, dass diese für die **notwendige Zeit** tatsächlich dem Projekt zur Verfügung stehen. Schlüsselpositionen sind in das Projektteam zu delegieren und von anderen Aufgaben für die Übernahmephase frei zu stellen.

Aufgabe Projektleiter

Die Aufgabe des Projektleiters ist unter anderem, zusammen mit den Schlüsselpersonen des Projektteams die Ausarbeitung und Umsetzung des Überführungskonzepts sicherzustellen.

Klarheit der Aufgaben, Rollen und Verantwortlichkeiten

Es ist von entscheidender Bedeutung, dass die Teilprojektleiter und Projektmitarbeiter Klarheit über die zu erfüllenden Aufgaben, Rollen und Verantwortlichkeiten haben.

Termineinhaltung

Da Überführungsprojekte sehr oft zeitkritisch ablaufen, ist die Einhaltung der Termine und Meilensteine von grosser Bedeutung. Meistens werden keine oder nur wenige zeitliche Reserven in die Projektplanung eingebaut, sodass nicht zeitgerecht erledigte Aufgaben oder nicht wahrgenommene Verantwortlichkeiten einzelner Teilprojektleiter oder Projektmitglieder das gesamte Projekt ins Wanken bringen können.

Klare Vereinbarung

Es ist deshalb unumgänglich, klare Vereinbarungen für die wichtigsten Arbeitspakete mit Zeitvorgaben zu definieren und mit den verantwortlichen Projektmitarbeitern deren Ausführung und Fortschritt zu überwachen.

Die Personalübernahme

Die Personalübernahme (sofern ein Personalübertritt geplant und notwendig ist) zählt in den meisten Fällen zu den grössten Herausforderungen in der Umsetzung eines Outsourcing-Vorhabens.

Spezialkenntnisse

Dies gilt insbesondere dann, wenn für den Betrieb der Systeme und Lösungen Spezialkenntnisse erforderlich sind, die normalerweise bei einem Outsourcingnehmer nicht vorhanden sind. Für den erfolgreichen Betrieb braucht der Outsourcingnehmer das notwendige und kundenspezifische Wissen.

Bei Kenntnissen, die für den erfolgreichen Betrieb absolut erforderlich, kundenspezifisch und komplex sind, so dass diese ausschliesslich durch die heutigen Betreiber sichergestellt werden können (erfolgskritische Skills, die meistens auch schlecht dokumentiert sind), müssen bei der Personalübernahme speziell beachtet werden. Bei dieser Art von Skills müssen die Schüsselmitarbeiter identifiziert sein und tatsächlich zum neuen Betreiber wechseln.

Verlust kritischer Kenntnisse

Bei einem allfälligen Verlust kritischer Kenntnisse (z.B. Kündigung) kann dies erhebliche Zusatzrisiken für das Projekt haben. In der Praxis haben misslungene Personalübernahmen und der Verlust von kritischen Skills schon mehrfach das gesamte Outsourcing-Vorhaben zum Scheitern gebracht.

> Der ***Grundstein für eine erfolgreiche Personalübernahme*** muss schon sehr früh gelegt werden. Es gilt mit den Mitarbeitern, die zum Outsourcingnehmer übertreten, Lösungen zu finden, die beidseitig akzeptabel sind.

Einbeziehen von Mitarbeitern

Dies ist davon abhängig, dass in einer frühen Phase das Gespräch mit den betroffenen Mitarbeiterinnen und Mitarbeitern gesucht wird, um die zukünftig möglichen Szenarien zu erarbeiten und die Fragen der betroffenen Mitarbeiter zu klären.

Wenn den betroffenen Mitarbeitern erst mal klar dargelegt wird, welche Möglichkeiten sie in Zukunft beim neuen Arbeitgeber haben, so verschwindet oft die anfängliche und natürliche Skepsis.

Chance

Gerade die guten Mitarbeiter realisieren dies schnell und betrachten es als eine wirkliche Chance für eine Karriere, die in ihrem heutigen Umfeld so nicht möglich wäre.

Schwierig sind Personalübertritte, wenn die Mitarbeiter gravierende Nachteile in Kauf nehmen müssen, z.B. Arbeitsort, Lohn und Funktion.

Kritisch sind eindeutig jene Mitarbeiter, die zu schwach sind, um sich in einer professionellen Betreiberorganisation zu behaupten. Es braucht sehr viel Fingerspitzengefühl, um gemeinsam zu Lösungen zu kommen.

Bei einer geplanten Personalübernahme mit einer grösseren Anzahl von Mitarbeitern ist es ratsam, die Personalkommission bzw. Personalverbände (in Deutschland den Betriebsrat) rechtzeitig zu informieren und gegebenenfalls aktiv einzubinden.

Die Assetübernahme

Stichtag

Die Assetübernahme erfolgt zu einem bestimmten Stichtag, der vertraglich geregelt wird. Die Vorbereitungen beginnen allerdings weit früher. Je nach Vertragsvereinbarung sind z.B. folgende Assetübernahmen geplant:

* Hardwareübernahme (z.B. Server)

* Infrastrukturübernahme (z.B. Rechenzentren)

* Softwareübernahme (z.B. Betriebssoftware und selektive Anwendungssoftware)

> Aktuelle *Inventarlisten* der gesamten Hardware und präzise Beschreibungen der zu übertragenden Infrastruktur (z.B. Rechenzentrum) erleichtern die gesamte Assetübernahme erheblich.

Wenn überdies im Vertrag die Rahmenbedingungen und Vergütungen klar geregelt sind, dann ist die Assetübernahme von Hardware und Infrastrukturteilen in der Regel problemlos.

Problem Lizenzen

Bei der Softwareübernahme geht das nicht immer so reibungslos. Lizenzrechte zu beachten, die möglicherweise eine Übertragung der Lizenzen an den Outsourcingnehmer unmöglich machen. Dies kann bei der Übertragung Zusatzkosten bis hin zur Neulizensierung zur Folge haben.

Idealerweise werden diese Abklärungen bereits in der Phase vor der Vertragsunterzeichnung gemacht. Bei ungelösten Problemen mit der Lizenzübertragung bzw. zu hohen Folgekosten macht es Sinn, auf eine Lizenzübertragung zu verzichten.

Dienstleistungsübernahme und Hintergrundwissen

Die Dienstleistungsübernahme mit dem benötigten Know-how ist der eigentliche Kernpunkt der Umsetzung. Hier werden die Grundvoraussetzungen gelegt, damit der zukünftige Dienstleister seinen Auftrag erfolgreich ausführen kann.

> Der ***Know-how-Transfer*** vom Outsourcinggeber auf die Mitarbeiter des Outsourcingnehmers ist so kundenorientiert zu gestalten, dass die Mitarbeiter des Outsourcinggebers das Gefühl haben, ausser dem neuen Ansprechpartner habe sich überhaupt nichts geändert.

Holschuld Know-how Transfer

Ein Hauptgrund, Aufgaben einem Outsourcingnehmer zu übergeben, ist optimierte Prozesse sowie qualitativ bessere Leistungen zu erhalten. Um dies zu erreichen, braucht der Outsourcingnehmer neben dem Fach-, Methoden- und Applikations-Know-how auch das Wissen, wie das Geschäft des Outsourcinggebers sowie dessen Prozesse funktionieren. Das notwendige Wissen für den erfolgreichen Betrieb ist eine klare Holschuld des Outsourcingnehmers!

Ein Grossteil beim Know-how-Transfer ist fokussiert auf die Ausführung der im SLA aufgeführten Leistungen.

Der Outsourcingnehmer muss die Aufgaben und Prozesse dokumentieren. Mit diesem Schritt lernt er die Mitarbeiter auf der Seite des Outsourcinggebers besser kennen sowie deren formelle und informelle Gepflogenheiten.

Bestehende Dokumentationen

Als wichtige Basis bei der Übernahme dienen die bestehenden Dokumentationen z.B. Betriebskonzepte und -handbücher. Wenn diese bereits gut dokumentiert vorhanden und aktuell sind, kann eine Übernahme wesentlich schneller abgewickelt werden.

Die Kommunikation

Die Ankündigung eines Outsourcing-Vorhabens verursacht bei den direkt betroffenen Mitarbeitern zunächst eine Verunsicherung. Dies ist soweit verständlich, geht es doch um deren Zukunft mit einer Veränderung der beruflichen Rahmenbedingungen. Es ist dabei klar, dass im Rahmen der gesamten Personalübernahme offen und professionell mit den betroffenen Mitarbeitern kommuniziert werden muss. Dies ist eine notwendige Voraussetzung, damit eine Personalübernahme erfolgreich verlaufen kann.

Professionelle Kommunikation

Verunsicherung

Die Ankündigung und Umsetzung eines Outsourcing-Vorhabens verursacht noch in ganz anderen Bereichen (neben den direkt Betroffenen) eine Verunsicherung. Es sind dies die Stellen, die eng mit den Betroffenen zusammengearbeitet haben und in der Regel auch bei den Leistungsempfängern.

Letztere sind oft verunsichert, ob die Leistungserbringung für die kritische Übergangsphase und in Zukunft generell gesichert und genügend flexibel ist. Dieser Verunsicherung muss mit einer offenen und professionellen Kommunikation gezielt begegnet werden.

Proaktiv informie-ren

Konkret bedeutet dies, dass die erwähnten Zielgruppen proaktiv und angemessen über die neue Lösung und eventuelle Veränderungen informiert werden.

Fehlende Details

Es liegt in der Natur der Sache, dass bei der Ankündigung des Outsourcing-Vorhabens eben gerade diese konkreten Lösungen noch nicht im Detail klar sind. Diese müssen im Lauf des gesamten Entscheidungs- und Umsetzungsprozesses oft noch erarbeitet werden. Deshalb wird in den meisten Fällen ausser der Ankündigung des Outsourcing nur wenig kommuniziert. Die detaillierten Lösungen und konkreten Veränderungen seien noch nicht klar, heisst es oft in den Mitteilungen. Tür und Tor stehen somit offen für Spekulationen, und die Verunsicherung dauert Wochen oder gar Monate an.

Wenn die Lösungen und die konkreten Veränderungen noch nicht klar kommuniziert werden können, sollte zumindest über den Prozess und den geplanten Ablauf Klarheit herrschen.

Konkret bedeutet dies, dass zuerst die Fakten kommuniziert werden (soweit diese bereits klar sind) und dann der Prozess, wie es weitergeht. Dies beinhaltet z.B.

- Was bereits entschieden und klar ist
- Woran momentan noch gearbeitet wird
- Was bis wann entschieden / umgesetzt wird
- Wann über welche Entscheidungen informiert wird
- Wo Zusatzinformationen verfügbar sind

Mit diesen kommunikativen Massnahmen kann die Verunsicherung zwar nicht eliminiert, aber reduziert werden.

Ansprechstellen definieren

Es lohnt sich auch, klare Ansprechstellen zu definieren und für die häufigsten Fragen so genannte FAQ's (häufig gestellte Fragen mit den Antworten) im Intranet zu veröffentlichen.

Darüber hinaus müssen die wichtigsten Stakeholder sensibilisiert sein, dass die neuen Herausforderungen speziell in den ersten Monaten nicht vollumfänglich reibungslos ablaufen werden.

Idealerweise wird ein paritätisches Steuerungsgremium etabliert, das periodisch tagt und operative Probleme behandelt sowie die Erfüllung der strategischen Zielsetzungen sicherstellt.

Risiken und mögliche Gegenmassnahmen

Während die Anbieter von Outsourcing-Dienstleistungen in der Verkaufsphase primär von denjenigen Risiken sprechen, die durch das Outsourcing reduziert werden, gilt es auch darüber nachzudenken, welche Risiken durch das Outsourcing neu hinzukommen.

> Wichtig ist, die Risiken zu **kennen**, mögliche ***Gegenmassnahmen*** zu definieren und umzusetzen sowie die Entwicklung der Risiken kontinuierlich zu ***überwachen***.

Dazu zählen:

- Das Risiko, dass der gewählte Partner die Anforderungen und Erwartungen nicht voll erfüllen kann
- Das Risiko, dass die geplante Personalübernahme daran scheitert, dass die betroffenen Mitarbeiter nicht wechseln wollen
- Das Risiko der Abhängigkeit vom Dienstleister, der die Outsourcing-Leistungen erbringt
- Das Risiko des Know-how-Verlustes und damit auch des Kontrollverlustes

Das Umsetzungskonzept

Das Umsetzungskonzept beschreibt die wesentlichen Themen, die im Rahmen der Umsetzung realisiert werden müssen und erfolgsrelevant sind.

- Projektorganisation, Projektteam und die Zusammenarbeit
- Klarheit der Aufgaben, Rollen, und Verantwortlichkeiten
- Personalübernahme
- Assetübernahme
- Dienstleistungsübernahme mit den benötigten Kenntnissen und Abnahmekriterien

- Kommunikation

- Risiken und mögliche Massnahmen

Sicht des Outsour-
cingnehmers

Natürlich kommuniziert der Outsourcingnehmer die Umsetzung vielfach verharmlosend. Die Umsetzung beruhe auf viel Erfahrung und laufe deshalb unmerklich für den Outsourcinggeber ab. So tönt das nicht selten in der Verkaufsphase. Gerade diese Zusicherungen und Beteuerungen müssen hellhörig machen!

> Es wird nicht gehen ohne das ***Engagement und die Mitarbeit des Outsourcinggebers***. Er muss die Aufgaben und die Verantwortung für die Leistungserbringung mit den notwendigen Zusatzinformationen an den zukünftigen Dienstleister übergeben.

Das Engagement und die Mitwirkungspflicht des Outsourcinggebers werden oft auch als Beistellpflicht bezeichnet. Diese Beistellpflicht ist sehr wichtig für den Erfolg.

Der Projektleiter des Outsourcingnehmers übernimmt dabei normalerweise die Führung, und das gemischte Projektteam erfüllt gemeinsam die Aufgaben.

Vorstellung Um-
setzungskonzept

Als Outsourcinggeber ist es ratsam, sich vom Outsourcingnehmer vor Beginn der Übernahme das Umsetzungskonzept vorstellen zu lassen und dieses kritisch zu hinterfragen. Zu diesem Zeitpunkt lassen sich Fehler noch einfach korrigieren oder notwendige Ergänzungen anbringen. Dies ist im übertragenen Sinn der letzte Check am Pistenende vor dem Start!

Abnahmekriterien

Im Umsetzungskonzept sind konkrete Abnahme- und Freigabekriterien zu definieren.

„Point of no re-
turn"

Um bei der Analogie mit dem Flugzeug zu bleiben, kommt es bei einem Start zu einer kritischen Phase, wenn die Piloten eine letzte Gelegenheit haben, bei allfälligen Problemen einen Startabbruch zu machen.

> Beim Projekt gelten bestimmte ***Kriterien, die erfüllt sein müssen***, damit der Outsourcingnehmer die Leistungserbringung sicherstellen kann.

Beispiele

Abnahmekriterien sind in der Planungsphase festzulegen und können zum Beispiel sein:

- Die erfolgreich übernommene Systemlandschaft mit den notwendigen Betriebshandbüchern

- Die Zusage, dass die Betriebsleute mit den kritischen Skills zum Outsourcingnehmer wechseln oder mindestens für die Phase des Know-how-Transfer ausreichend zur Verfügung stehen werden

- Das einwandfreie Funktionieren der Kommunikationsverbindungen zum Outsourcingnehmer mit den benötigten Bandbreiten für den produktiven Betrieb

2.5 Betriebs- und Controllingphase

*Verbessern heisst verändern. Perfekt sein
heisst demnach, sich oft verändert zu haben.*

Winston Churchill

2.5.1 Einleitung

Die Phase Betrieb und Controlling hat zum Ziel, die während des Outsourcing-Projekts erzielten Ergebnisse zu konsolidieren und laufend zu optimieren. Sie beschreibt den Übergang in den operativen Betrieb und hoffentlich auch wieder zurück in den Alltag. Sie wird zeigen, wie zielgerichtet die Vorphasen bearbeitet wurden.

Outsourcing Navigator	Spezifische Aktivitäten		
	Infrastruktur	**Anwendung**	**Geschäfts-Prozess**
Allg. Aktivitäten	**(Selektives) IT OS**	**ASP**	**BPO**
Vorbereitung ▪ Situationsanalyse ▪ Outsourcing-Ziele ▪ Chancen/Risiken ▪ Vorgehensplan und Ressourcen	▪ Stärken & Schwächen im Infrastruktur-bereich ermitteln ▪ Potenziale im Infrastrukturbereich ermitteln	▪ Analyse der Anwendungs-Anforderungen ▪ Integration mit Rest der IT-Infrastruktur	▪ Analyse der Prozess-Bereiche ▪ Prozess-Ziele festlegen ▪ Integration übriger Prozessen
Anbahnung ▪ Pflichtenheft erstellen ▪ Outsourcingnehmer selektieren ▪ SLA's definieren ▪ Vertragsgrundlagen LOI und Verträge	▪ Definition Infra-struktur-Leistungen ▪ IT-Outsourcing Referenzen prüfen ▪ Infrastrukur SLA's definieren	▪ Definition Lösungs-anforderungen ▪ Lösungs-Fit prüfen ▪ ASP-Referenzen prüfen ▪ Lösungs-SLA's	▪ Definition Prozess-anforderungen ▪ Prozess-Fit prüfen ▪ BPO-Referenzen prüfen ▪ Prozess-SLA's
Umsetzung ▪ Projektteam bilden ▪ Umsetzungskonzept ▪ Risiken ermitteln ▪ Überführung ▪ Gremien etablieren ▪ Notfallplan	▪ Übernahme IT-Infra-struktur und Personal (falls relevant) ▪ Infrastruktur Know-how übernehmen ▪ IT-Services etablieren	▪ Datenmigration planen und umsetzen ▪ Lösung testen ▪ Anwender schulen	▪ Datenübergabe planen ▪ Testlauf machen ▪ Prozessanpassung (falls notwendig)
Betrieb ▪ Betrieb etablieren ▪ Reporting und Controlling (Qualität, Inhalt und Kosten) ▪ Change Management	▪ Controlling und Monitoring von IT-Infrastruktur-Charakteristiken (KPI's)	▪ Controlling und Monitoring von Lösungs-Charakteristiken (KPI's)	▪ Controlling und Monitoring von Prozess-Charakteristiken (KPI's)

Abbildung 28: Übersicht Betrieb und Controlling

Hauptpunkte dieser Phase sind der operative Betrieb mit Monitoring und Controlling sowie laufender Anpassung (Change Management an die Anforderungen.

2.5.2   Vertrags-Controlling

Warum ist ein Vertrags-Controlling sinnvoll?

Vertrauen ist gut, Kontrolle ist besser...

In vielen Fällen ist das Vertragsmanagement und Controlling erst rudimentär oder teilweise gar nicht etabliert. In der Regel müssen Verträge mit mehreren Outsourcingnehmern koordiniert und kontrolliert werden.

Das Vertrags-Controlling ist sinnvoll. Es ist eine Überprüfung hinsichtlich Vollständigkeit, Machbarkeit und Praxistauglichkeit der materiell definierten Vertragsbestandteile.

Eventualitäten

Der wichtigste Teil ist der Prozess des Nachdenkens (zusammen mit dem Outsourcingnehmer) über alle Eventualitäten. In dieser Phase ist es sinnvoll und empfehlenswert, die Mitarbeiter des Controllings und der Rechtsabteilung bei den Verhandlungen zu involvieren.

Hauptzielsetzungen des Vertrags-Controlling?

* Leistungen sind lückenlos, vollständig diskutiert, definiert und dokumentiert
* Rechtlich, formal korrekt und durch Rechtsabteilung abgesichert
* Unterscheidung zwischen Rahmenvertrag und SLA's
* Garantien, Nachverhandlungen und Ausstiegsklauseln sind besprochen und definiert
* Wiederkehrende Überprüfung des gesamten Vertragswerks
* Einbindung in einen (Vendor-) Gesamtprozess
* Betreuung durch eine zentralen Einheit (alles aus einer Hand)

> Der **Vertrag** per se wird bei gut funktionierenden Partnerschaften **selten gebraucht** – ausser wenn ein Schadensfall eintritt und sich daraus Schadenersatzansprüche ergeben.

Beispiel „höhere Gewalt"

Als Beispiel sei erwähnt, dass auch "höhere Gewalt" auftreten kann – ein Bagger hatte bei Tiefbauarbeiten Kabel zerrissen, so dass der Outsourcingnehmer für mehr als fünf Stunden keinen Zugriff auf einen Grossteil seiner ausgelagerten Applikationen mehr hatte. Zeitkritische Aufträge konnten nicht erledigt werden, was zu Reklamationen, teilweise Kunden- und Debitorenverlusten geführt hatte.

Technische Fehler und menschliches Versagen können auftreten. Dabei ist wichtig zu erkennen, wo die Prozesse eventuell zu wenig detailliert bzw. zu unklar beschrieben sind. Es geht also darum, zu definieren und laufend zu überprüfen, wie die Haftungsbestimmungen sind und welche Auswirkungen dabei für die Finanzen, für das Image und gegenüber dem (End-) Kunden entstehen könnten.

In einigen Fällen wird so verfahren, dass gegenüber dem Endkunden die zentralen Punkte der SLA's (u.a. normale Betriebs-, Servicezeiten, Backup-Verfahren, Contingency- und Disaster Management) offen gelegt und somit transparent gemacht wurden, um Vertrauen zu schaffen.

Prozess von der Vertragserstellung bis zum -controlling

Grundsätzlich wird zwischen Aktivitäten in den Projekt- und der Betriebsphase unterschieden, wobei in den Projektphasen vorwiegend Aktivitäten hinsichtlich Diskussion- und Definition des Rahmenvertrags sowie der SLA's, in der Betriebsphase mehr bezüglich Controlling, Reporting und Anpassung anfallen.

Unterschiedliche Vorgebensweisen

Je nach Firmengrösse wird der Controllingprozess unterschiedlich gehandhabt. In der Regel wird er bei KMU separat geführt; bei Grossfirmen wird dieser in den Gesamtprozess des Vendor Management integriert.

> Der **Leistungscheck** beinhaltet die Überprüfung der Leistungen (**Gap-Analyse**) auf interne und externe Anforderungen.

Gegebenenfalls muss der Servicegrad angepasst werden, kommen neue Leistungen hinzu oder werden nicht mehr benötigt.

Schleichende Veränderungen

Es zeigt sich immer wieder, dass sich gewisse Leistungen schleichend sowie unmerklich wieder „insourcen", indem diese durch interne Stellen – unaufgefordert - wahrgenommen werden, aber gleichwohl beim Outsourcingnehmer auf der Rechnung stehen. Es geht also in der Summe darum, zu prüfen, ob ein Up- oder Downgrade der Leistungen möglich ist.

Bei der Durchführung des Technologiechecks geht es darum, die zukünftige technologische Entwicklung zu beachten (z.B. ist die Leistungserbringung mit der eingesetzten Hardware noch zeitgemäss oder ist der Einsatz neuer Technologien sinnvoll und zu antizipieren).

Der Hauptunterschied zwischen dem Walk Through und dem internen Audit liegt beim ersten auf dem Fokus des operativen Betriebs, also dem Prozess der Leistungserbringung hinsichtlich Servicegrad und beim zweit genannten auf der Einhaltung der formalen und rechtlichen Vereinbarungen.

Harte und weiche Kennzahlen

In der Praxis gibt die Definition und Anzahl von Kennzahlen oft zu Diskussionen Anlass, da einerseits das Controlling in der Regel möglichst viele und genaue Kennzahlen wünscht und andererseits die Erbringer der Dienstleistungen aus praktischen Gründen sich auf das Nötigste beschränken wollen. Oft ist es auch schwierig, adäquate und gerechte Formeln aufzustellen, ohne gleich exorbitante Kosten zu verursachen. Eine Faustregel sagt, dass ungefähr fünf Kennzahlen ausreichend sein sollten. Das Besagte bezieht sich ausschliesslich auf die "harten" Kennzahlen. Zweifelsfrei sind die „weichen" Kennzahlen wie z.B. Freundlichkeit, Zuvorkommendheit oder Fachkompetenz wichtig. Die Schwierigkeit besteht in der eindeutigen Messbarkeit und Nachvollziehbarkeit der Leistungen. Mit detailliert ausgearbeiteten Kundenumfragen und in persönlichen Gesprächen kann in vielen Fällen bereits einiges über Servicekultur und –grad ausgesagt werden.

> Aus Sicht des Managements ist von zentraler Bedeutung, sowohl Kennzahlen mit aus **operativer Ausrichtung** als auch **strategische Relevanz** in die Verträge zu integrieren.

Die Outsourcing-Beziehung entwickelt sich im Lauf der Zeit und geht von einem reinen Geben und Nehmen idealerweise in eine Partnerschaft mit einer win / win-Beziehung über. Dennoch sollte sich aus Sicht des Outsourcinggebers keine Betriebsblindheit einschleichen, indem der Blick für weitere Outsourcing-Potenziale verloren geht. Es ist daher ratsam, auf jährlicher Basis die verrechneten Leistungen des Outsourcingnehmers hinsichtlich marktgerechter Preise zu überprüfen. Ferner ist im Rahmenvertrag eine Klausel über den Ausstieg, falls die Preise zum Beispiel mehr als 15% vom Markt abweichen, vorzusehen. Ebenso sollte die Möglichkeit bestehen, bei drastischen Änderungen (z.B. Einführung eines neuen Gesetzes, das gewisse Leistungen obsolet machen) Nachverhandlungen durchführen zu können.

Konzentration Outsourcingnehmer

Ein Grund, sich für BPO zu entscheiden, ist u.a. die zu hohe Anzahl von unterschiedlichen Outsourcingnehmern in der gleichen Unternehmung. Die verschiedenen Provider nehmen im Gesamtprozess unterschiedliche Teilfunktionen wahr. Es kommt daher bei den Schnittstellen, für die sich keiner verantwortlich zeigen will, immer wieder zu Abgrenzungsschwierigkeiten, wodurch die Gesamtqualität des Prozesses in Mitleidenschaft gezogen wird. Der Gesamtprozess steht und fällt mit dem reibungslosen Funktionieren der Schnittstellen. Ähnlich wie in der IT ist in der Regel auch die Vergabe von Outsourcing-Leistungen historisch gewachsen und muss an einem bestimmten Punkt ganzheitlich betrachtet werden. Eher selten stimmen sich die Outsourcingnehmer untereinander ab.

> Es empfiehlt sich sowohl beim Outsourcinggeber wie – nehmer ein ***Key Account Management*** verbunden mit einem Qualitätsmanagement zu etablieren und dafür zu sorgen, dass Änderungen (neue Prozesse, geänderte Volumina, etc.) festgehalten sowie vertraglich niedergeschrieben werden.

Die Maxime lautet: Qualität vor Zeit- und Kostendruck. Die (Mehr-) Zeit, die in die Vertragsverhandlungen investiert wird, lohnt sich allemal, da sich später festgestellte Fehler bzw. Versäumnisse sehr kostenintensiv auswirken können und in einigen Fällen sogar vor dem Richter landen.

Der Outsourcingnehmer kennt im Allgemeinen die Prozesse des Outsourcinggebers recht gut. Andererseits hat der Outsourcinggeber das Recht, ja sogar die Pflicht, sich um die internen Prozesse des Outsourcingnehmers (Mitarbeiter, Skills, Qualitätsmanagement, etc.) zu kümmern und diese zu kennen.

Abhängigkeit vom Outsourcingnehmer

Zu guter letzt ist zu prüfen, ob die Abhängigkeit vom Outsourcingnehmer nicht als (Klumpen-) Risiko eingestuft werden muss. Hier sind die "switching cost" in die Überlegungen miteinzubeziehen, da der Wechsel zu einem anderen Outsourcingnehmer mit Kosten verbunden ist. Ein Backsourcing der vergebenen

Leistungen ist oft mit erheblichen Kosten und Qualitätseinbussen verbunden. Von Zeit zu Zeit ist es ratsam, sich auf dem Markt umzusehen und vergleichbare Offerten von Mitbewerbern einzuholen.

Der Gesamtprozess des Vertrags-Controlling, die Koordination der internen und externen Partner sowie die Einbindung in das Vendor Management ist ein kritischer Erfolgsfaktor.

2.5.3 Optimierungen im Betrieb

Eine zentrale Stellung nimmt dabei die Unternehmenskultur (i.e.S. Arbeitsklima) ein, d.h. nicht nur die harten Faktoren (Leistungen, Prozesse, Strukturen), sondern auch die weichen Faktoren sind mit Massnahmen umsichtig zu gestalten. Mit anderen Worten: es sind Antworten zu finden, wie die Mitarbeiter mit den neuen Begebenheiten, Vorgesetzten und Prozessen umgehen sollen. Der Betrieb darf nicht einseitig, sondern muss bilateral auf- und ausgebaut werden. Dies bedeutet, dass die Kontrollprozesse wechselseitig (also in beiden Unternehmen) aufzubauen sind.

> Eine **Outsourcing-Partnerschaft** ist vor allem auf Vertrauen aufgebaut. Aus diesem Grunde ist ein kritisches Hinterfragen und Reflektieren der inner- und zwischenbetrieblichen Kommunikations-, Informations- und Controlling-Prozesse wünschenswert und fruchtbar.

Dabei ist den Stelleninhabern der Schnittstellen besondere Aufmerksamkeit zu schenken, damit das erworbene spezifische Know-how nicht personenabhängig aufgebaut wird, sondern weiteren Stellen im Unternehmen generisch weitergegeben werden kann.

Überprüfung der gemeinsam vereinbarten Kriterien

Da es im Betrieb um Unternehmensdaten geht, ist diesem Instrument hohe Aufmerksamkeit zu schenken. Bei Überführung in den laufenden Betrieb dient das Controlling als Instrument zur Überprüfung der gemeinsam vereinbarten Kriterien (Zielvereinbarung), z.B. Termintreue, SLA, Qualität, Kundenservice, Kosten, Koordinations- und Kommunikationsaufgaben auf strategischer und operativer Ebene. Der Fokus liegt im permanenten Optimieren der inner- und zwischenbetrieblichen Prozesse, Schnittstellen, Know-how-Transfer und Strukturen. Im Controlling werden folgende zwei Hauptaktivitäten durchgeführt:

Aktivität	Ergebnis
Überprüfen der erzielten Resultate auf *strategischer* Ebene	Validierte Strategien, Prozesse, Strukturen, Zielerreichung, Koordination, Meilensteine, Kulturintegration und –abgleich, IT-Plattform, Managementsysteme, Know-how-Transfer, Kundenorientierung, Ressourcen, Kosten, SOLL-/IST-Vergleich, Win/Win-Konstellation
Überprüfen der erzielten Resultate auf *operativer* Ebene	Schnittstellen Management, SLA's, Qualität, Trouble Shooting, Weiterbildung, Budget, Qualitätsaudits, Know-how-Transfer, Frühwarnsysteme, Prozesskosten, Eskalationsverfahren, Zielvereinbarung pro Mitarbeiter, Kommunikation

Abbildung 29: Hauptaktivitäten Controlling

Die Verantwortung für das Controlling auf strategischer Ebene hat meistens ein Controller. Auf operativer Ebene hat während des Projektes der Projektleiter die Verantwortung. Nach Projektabschluss übernimmt in der Regel der Vertragsmanager oder Business Manager die Verantwortung.

2.5.4 Zufriedenheit mit dem Outsourcingnehmer

Zwecks Sicherung und Steigerung der Qualität ist die interne Kundenzufriedenheit regelmässig zu analysieren und zu bewerten. Die Kundenzufriedenheit richtet sich an den Stellen, Mitarbeitern und Führungsverantwortlichen auf der Seite des Outsourcinggebers aus, die den Service empfangen.

> Die Praxis hat gezeigt, dass die Verfahren einfach anzuwenden und sowohl für den Outsourcinggeber als auch – nehmer bis auf Mitarbeiterebene *transparent sowie nachvollziehbar* sein müssen.

Projektcontrolling

Das erste Controlling in der Projektphase wird mit der Due Dilligence (Phase Anbahnung) durchgeführt und das zweite während der Phase der Umsetzung. Je nach Projektdauer wird das Controlling in der Regel quartalsweise durchgeführt. Es dient einerseits als Frühwarnfunktion und andrerseits als Stimmungsbarometer auf Projektebene.

Auf Stufe Mitarbeiter des Outsourcinggebers ist zuweilen zu beobachten, dass diese nicht allzu motiviert sind, da sie zu einem gewissen Zeitpunkt (noch) nicht wissen, ob sie beim Outsourcinggeber weiter beschäftigt werden oder das Outsourcing mit Personalüberlassung durchgeführt wird, und somit zum Outsourcingnehmer wechseln müssen.

Gründe für die Bewertung der Zufriedenheit

Das Angebot des Outsourcingnehmers und die erbrachten Leistungen sollen den Bedürfnissen des Outsourcinggebers entsprechen. Um diesem Anspruch gerecht zu werden, müssen die Erwartungen konkret und bekannt sein. Es geht darum, gemeinsam eine persönliche, loyale und professionelle Beziehung, langfristig ausgerichtet, aufzubauen. Eine wichtige Grundlage hierzu bietet die regelmässige Bewertung der Kundenzufriedenheit. So ist der Outsourcinggeber in der Lage, möglichen Abweichungen mit Korrekturmassnahmen frühzeitig entgegenzuwirken.

2.5.4.1 Kriterien zur Bewertung der Leistungen

Kundenumfragen

Ziel ist, die Erwartungen und die tatsächlich erbrachten Leistungen gegenüberzustellen und sicherzustellen, dass die betriebswirtschaftlichen Zielsetzungen erreicht worden sind. Dies geschieht im Rahmen von Kundenzufriedenheitsumfragen. In diesen hat der Outsourcinggeber die Möglichkeit die Services des Outsourcingnehmers anhand folgender Kriterien zu beurteilen.

Termingetreue Leistungserbringung: Alle zugesagten Termine und Leistungen werden punktgenau bzw. "on time" und einwandfrei erbracht.

Qualität der Leistungen: Die erhaltenen Ergebnisse entsprechen zu 100% den vereinbarten Anforderungen und Abmachungen.

Kostentransparenz: Das monatliche Reporting bzw. Berichtswesen weist alle erbrachten Leistungen mit den dazugehörenden Kosten auf. Abweichungen (gegen oben und unten) werden offen dem verantwortlichen Business Manager kommuniziert.

Flexibilität: Teams oder auch einzelne Mitarbeiter verhalten sich bei auftretenden Änderungen und Problemen oder veränderten Rahmenbedingungen professionell und im Interesse des Outsourcinggebers.

Fachkompetenz: Das Know-how der Mitarbeiter ist jeweils auf dem neuesten Stand.

Sozialkompetenz: Die Mitarbeiter des Outsourcingnehmers bringen den Mitarbeitern und Führungskräften des Outsourcinggebers den notwendigen Respekt entgegen. Sie sind ehrlich, kommunikativ, offen, hilfsbereit, freundlich, teamfähig und haben eine positive Grundeinstellung.

Innovation: Die Mitarbeiter bringen neue Ideen ein, seien dies Erkenntnisse von anderen Kundenbeziehungen oder vom Markt.

Einbezug des Outsourcinggebers: Der Outsourcinggeber und die verantwortlichen Business Manager werden (wo sinnvoll) möglichst frühzeitig und aktiv bei wichtigen Entscheidungs-, Entwicklungs- oder Problemlösungsprozessen eingebunden.

Rasche Informationsvermittlung: Die Mitarbeiter des Outsourcingnehmers vermitteln relevante Informationen in effizienter Art und Weise zum Outsourcinggeber.

Kundenorientierung: Die Mitarbeiter des Outsourcingnehmers sollen als kundenorientiert, verlässlich, flexibel, kompetent und professionell wahrgenommen werden.

2.5.4.2   Der Kundenzufriedenheitsprozess

Der Kundenzufriedenheitsprozess ist ein permanenter und iterativer Verbesserungsprozess und umfasst die Wahrnehmung der Leistungen des Outsourcingnehmers als Ganzes.

> Die ***regelmässige Überprüfung*** der Zufriedenheit ermöglicht dem Outsourcingnehmer, die angebotenen Dienstleistungen periodisch zu überprüfen und zu verbessern.

Das zentrale Anliegen des Kundenzufriedenheitsprozesses ist, dass die Zielsetzungen und Messkriterien gemeinsam erarbeitet und objektiv gemessen werden.

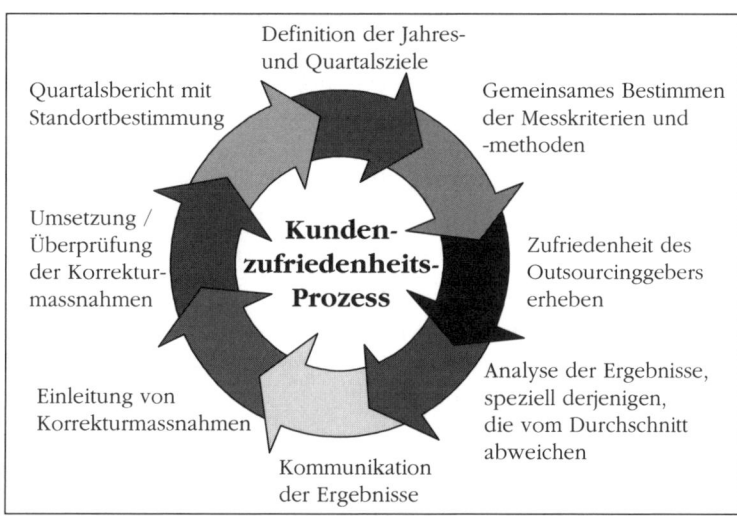

Abbildung 30: Kundenzufriedenheitsprozess

Basis für eine erfolgreiche, tragfähige und funktionierende Partnerschaft ist, dass beide Parteien zusammenarbeiten wollen und die Beziehung sowohl auf Führungs- als auch Mitarbeiterstufe im Tagesgeschäft pflegen.

Zusammenarbeit Effiziente und effektive Zusammenarbeit ist sehr wichtig. Störungen in der Partnerschaft sollen sofort transparent gemacht und einer Lösung zugeführt werden.

Beidseitig müssen die Bedürfnisse, die formellen und informellen Erwartungen bekannt sein. Hierzu braucht es eine offene sowie konstruktive Feed-back-Kultur. Qualität und Spitzenleistungen *Feed-back-Kultur* können nur durch die richtige Priorisierung und eine auf allen Ebenen konstruktive Zusammenarbeit erreicht werden.

Voraussetzung auf Seite Outsourcingnehmer ist allerdings, dass das Management die nötigen Voraussetzungen schafft und der Wille der Mitarbeiter zur Verbesserung der Kundenorientierung und auch tatsächlich in der Alltagsarbeit gelebt wird.

2.5.4.3 Der Feed-back-Prozess auf Stufe Mitarbeiter

Alle Bemühungen, Vorsätze und Checklisten taugen wenig, wenn die Mitarbeiter diese nicht akzeptieren und in ihre tägliche *Feed-back-Prozess* Arbeit einfliessen lassen. Aus diesem Grund ist auch beim Outsourcinggeber ein Feed-back-Prozess auf Stufe Mitarbeiter zu etablieren, um die Zielerreichung zu überprüfen. Die Ausgestaltung dieses Prozesses sollte einfach gehalten werden. Grundsätzlich hat jeder Mitarbeiter das Recht und die Pflicht, dem Business Manager Feed-back zu geben. Damit dies gemacht wird, soll eine Kopie des Feed-backs in das Management by Objectives-Gespräch einfliessen. Nachfolgend sind die wichtigsten Spielregeln aufgeführt, die der Feed-back-Prozess beinhalten sollte:

- Meinungsverschiedenheiten bezüglich Feed-back sind transparent zu machen und dem Vorgesetzten zu melden. Dieses Vorgehen gilt auch, falls Feed-back verweigert wird

- Die Aufträge müssen mit dem Mitarbeiter klar festgelegt werden und umfassen sowohl die messbaren als auch „weichen" Ziele

- Feed-back wird quartalsweise bei einem Auftrags-Review mit dem Outsourcingnehmer ausgetauscht. Dabei wird das Erreichen der vereinbarten Ziele überprüft

- Ein Zwischengespräch kann von allen Beteiligten jederzeit verlangt werden. Die Beteiligten entscheiden situativ, ob das Gespräch schriftlich festgehalten werden soll und ob der Business Manager in Kenntnis gesetzt werden muss

2.5.4.4   Controlling der Kundenzufriedenheit

An erster Stelle steht die Unterstützung der Mitarbeiter bei der Erreichung der Unternehmensziele und damit in letzter Konsequenz die Erfüllung der Bedürfnisse der Endkunden des Outsourcinggebers. Vor diesem Hintergrund werden die Anforderungen der internen Stakeholder erhoben und davon die Zielsetzungen für den Outsourcingnehmer abgeleitet und priorisiert. Zu diesen Anspruchsgruppen zählen die Anwender, interne Partner für die Leistungserbringung und das höhere Management mit spezifischen Erwartungen bezüglich „Return on Investment" und Reporting.

Anforderungen der Stakeholder

> **Als Basis für die Beurteilung** der Leistungen des Outsourcingnehmers **dienen die SLA's**. Darin werden insbesondere die eingeschlossenen Dienstleistungen und Produkte, die vereinbarten Ziele und geografischen Gültigkeiten, Antwortzeit-Kategorien und Verrechnungsmodalitäten festgehalten.

Ziele

Unabhängig davon lassen sich verschiedene, teilweise übergeordnete Ziele definieren und überwachen, z.B.

- Anwenderzufriedenheit

- Eingehaltene Reaktionszeit

- Prozentualer Anteil der Anrufer, deren Anliegen mit dem ersten Anruf erledigt wurde

- Systemverfügbarkeit und –stabilität

- Durchschnittliche Supportaufwendungen pro Arbeitsplatz

- Verlässlichkeit

- Erreichbarkeit

- Flexibilität und Geschäftsverständnis allgemein

- Freundlichkeit

2.5.4.5   Das Service Audit

Zielsetzung

Ein anderer Ansatz ist die Durchführung eines Service Audits. Ziel dieses Service Audit ist, die Qualität der erbrachten Leistungen des Outsourcingnehmers umfassend zu analysieren.

Service Audits werden in der Praxis oft in Bereichen gemacht, in denen das Erbringen der Services nicht optimal funktioniert oder die Kundenzufriedenheit ungenügend ist.

Hier ist in der Regel Handlungsbedarf angesagt. Der nächste Schritt besteht darin, die betroffenen Einheiten zu einem klärenden Gespräch einzuladen und, falls die Ergebnisse bestätigt werden, den Outsourcingnehmer zur Stellungnahme einzuladen.

Befragung

Der Service Audit kann mittels Fragebogen, Interviews oder spezifischen Workshops durchgeführt werden. Der Fragebogen wird den Stellen zugestellt, die direkt oder indirekt mit dem Outsourcingnehmer zusammenarbeiten. Eine alternative Lösung ist, eine Befragung mittels standardisierten Interviews durch ein neutrales Institut durchführen zu lassen, damit die Resultate objektiver ausfallen. In speziellen Situationen kann es ratsam sein, das Service Audit in der Form eines gemeinsamen Workshops zu machen, der durch einen neutralen Berater moderiert wird.

Auditpflicht

Es gibt aber einen weiteren Grund für Audits. Das Management des Outsourcinggebers hat in sensiblen Bereichen die Pflicht, die Einhaltung der geforderten Betriebs- und Sicherheitsrichtlinien periodisch zu prüfen. In solchen Fällen werden meistens neutrale Spezialisten zur Durchführung beziehungsweise Unterstützung beigezogen.

2.5.5   Information und Kommunikation

Bereits in der Phase der Anbahnung und Umsetzung wurde auf die Bedeutung einer geeigneten Kommunikation hingewiesen.

> Auch im laufenden **Betrieb** wird eine angemessene und gute **Informationspolitik** aufrechterhalten, weil dadurch die operativen Einheiten aktiv unterstützt werden.

Die Informationsstruktur sollte den Bedürfnissen angepasst und je nach Situation folgende Inhalte aufweisen:

- Wichtige strategische Veränderungen beim Outsourcing
- Zukünftige Entwicklung des Outsourcing im Unternehmen
- Stand der Kundenzufriedenheit
- Information über erreichte Verbesserungen
- Informationen über getroffene Massnahmen (z.B. wenn Problembereiche identifiziert wurden)
- Veränderungen in den Zuständigkeiten

*Informations-
und Kommunika-
tionskanäle*

In der Praxis haben sich diese Kanäle als geeignet erwiesen:

- Führungsinformation über die Linie
- Mitarbeiterbrief, unternehmensinterne Magazine, Flyer und Email
- Forum: "Die Geschäftsleitung lädt ein" (Info- und Feed-back-Plattform)
- Intranet

Externe Stellen

Was ist in Bezug auf externe Stellen zu beachten

- „Tue Gutes und rede darüber"
- Strategisches Instrument, um eigene Ziele zu erreichen
- Wichtige Chance, um Outsourcing-Projekte zu unterstützen
- Meinungen zu beeinflussen und ins Positive zu bewegen

- Sympathie zu erwerben und Motivation zu wecken

- Öffentlichkeitsarbeit = Kommunikation

- Konflikte vermeiden helfen und Kommunikation als "Schmierstoff" sehen

Folgende Ziele können damit erreicht werden:

Ziele
- Verbesserungen der Projektprozesse ("Wir-Gefühl")

- Verständnis und Vertrauen schaffen

- Frühzeitig auf Veränderungen aufmerksam machen

Folgende Zielgruppen werden dabei anvisiert

Zielgruppen
- Mitarbeiter

- Kunden, Lieferanten, Partnerunternehmen

- Öffentlichkeit, Medien

- Vorstände, (Personal-) Verbände, Gewerkschaften

- Politik, Gemeinden

2.5.6   Steuerung des operativen Betriebs

Die Steuerung des Outsourcing verlangt ebenso viel Aufmerksamkeit wie der Inhouse-Betrieb.

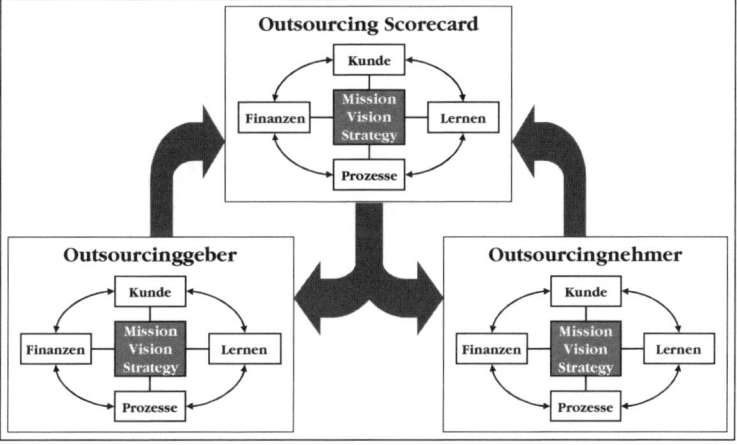

Abbildung 31: Organisatorischer Aufbau einer OSC

Die besondere Herausforderung liegt darin, dass nun auch der Outsourcingnehmer an der Steuerung beteiligt ist. Damit verbunden sind gemeinsame und unterschiedliche Zielsetzungen, die sich widersprechen können.

BSC und OSC Dieser Abschnitt beschreibt im ersten Teil die Balanced Scorecard (BSC). Der zweite Teil widmet sich der Erstellung einer Outsourcing Scorecard (OSC), die die Ziele und Messgrössen sowohl von Outsourcingnehmer als auch –geber integriert.

2.5.6.1   Balanced Scorecard

Das Konzept der BSC entstand anfangs der Neunzigerjahre im Rahmen einer Studie über Performance Measurement. Die Ergebnisse fassten Kaplan und Norton im Artikel „The Balanced Scorecard – Measures that Drive Performance" in der Harvard Business Review zusammen. Hintergrund der vorangehenden Studie war der Gedanke, dass rein finanzwirtschaftlich orientierte Messgrössen für zukünftige wertschöpfende Tätigkeiten hinderlich sind. Nur wenn die Perspektiven erweitert und zusätzliche Kriterien bei der Messung berücksichtigt werden, gibt es eine Chance, auch andere Ziele als rein finanzielle zu erreichen.[22]

Kaplan und Norton schlugen folgende Perspektiven vor:

Kunden Perspektive: Wie wollen wir gegenüber unseren Kunden auftreten und unsere Vision und Zielsetzungen realisieren?

Prozess Perspektive: Welche internen Prozesse muss das Unternehmen verbessern, um seine Ziele bei Kunden, Aktionären und anderen Stakeholdern zu erreichen?

Lernen und Wachstum Perspektive: Welche Potenziale müssen wir weiter entwickeln und fördern, damit unsere Visionen verwirklicht werden können?

Finanzielle Perspektive: Welche Massnahmen müssen wir ergreifen, um finanziellen Erfolg ausweisen zu können?

Zwischenzeitlich wurde das Spektrum je nach Einsatz der BSC modifiziert oder erweitert.

Stärken Die Stärken des Konzeptes sind vielseitig:

- Die BSC fördert eine integrierte Sichtweise, die der traditionellen Vorstellung von Unternehmen als einer Ansammlung

---

[22] Vgl. Kaplan/Norton, 1996, S. 7ff.

isolierter und unabhängiger Funktionen und Abteilungen widerspricht

- Die BSC ermöglicht es, Strategievorgaben in konkrete Zielsetzungen und Leistungsgrössen zu übersetzen

- Unternehmensweite Messgrössen werden untergliedert, sodass lokale Manager und Beschäftigte erkennen können, mit welchen Massnahmen sie zu einer Verbesserung der Effektivität und Effizienz des Unternehmens beitragen

Diese Vorteile sollen auch dazu genutzt werden, die Umsetzung und Führung des Outsourcing optimal zu unterstützen.

2.5.6.2   Outsourcing Scorecard

Das Erstellen einer OSC erfolgt in gleicher Art und Weise wie bei einer BSC:

Schritt 1: Gemeinsame Zielsetzungen erarbeiten

Schritt 2: Festlegen gemeinsamer Messgrössen

Schritt 3: Integration der OSC

Die folgenden Lösungsansätze dienen dazu, konzeptionelle Hilfestellung für die Praxis zu liefern. Je nach Ausprägung der Aufgabenstellungen müssen diese angepasst werden.

2.5.6.3   Gemeinsame Zielsetzungen erarbeiten

Die gemeinsamen Zielsetzungen werden durch beide Parteien beeinflusst.

> Die *Zielsetzungen* des Outsourcinggebers werden geleitet durch übergeordnete strategische Ziele und die Motive des angestrebten Outsourcing.

Auf der Seite des Outsourcingnehmers sind ebenfalls zwei Ebenen zu finden, einerseits aus dem Geschäftszweck, andererseits aus dem Auftragsinteresse.

Finanzielle Ziele Outsourcinggeber   Die finanziellen Ziele der Outsourcinggeber werden durch die unterschiedlichen Outsourcing-Motive gesteuert. Der Kosten-Auslagerer ist daran interessiert, Kosten zu reduzieren. Dies wird vor allem über die Reduktion der fixen Kosten in Abhängigkeit des Leistungsbezuges angestrebt.

Ein Engpass-Auslagerer ist daran interessiert, vorübergehend benötigte Kapazitäten auszugleichen. Dies soll nicht über lang bindende Investitionen erfolgen. Neben finanziellen Überlegungen der Kapitalbindung spielt auch der Faktor Zeit für den Engpass-Auslagerer eine Rolle. Oftmals werden die ausgelagerten Leistungen in kürzerer Zeit benötigt, als dass diese aufgebaut und bereitgestellt werden können.

Die finanziellen Ziele des strategischen Auslagerers liegen in der langfristigen Ausrichtung des Unternehmens auf die eigenen Kunden. So tendieren Zielsetzungen stärker in die Schaffung von Umsatzpotenzialen. Outsourcing bedeutet in diesem Fall Wertgenerierung an Stelle von Kostenreduktion.

Finanzielle Ziele Outsourcingnehmer

Auf der Seite der Outsourcingnehmer werden die finanziellen Ziele ebenfalls durch unterschiedliche Motive gesteuert[23]. Die Zielsetzungen sind einerseits abhängig von den strategischen Themen Ertragswachstum / -mix, Kostensenkung / Produktivitätsverbesserung und Nutzung von Vermögenswerten und anderseits vom Reifegrad der betrachteten Geschäftseinheit. Rentabilität und Produktivität prägen die finanziellen Zielsetzungen des Outsourcingnehmers.

Wo liegen nun die Gemeinsamkeiten der finanziellen Ziele?

Auf den ersten Blick widersprechen sich die Zielsetzungen von Outsourcingnehmer und –geber. Trotzdem gibt es Gemeinsamkeiten. Was für die eine Seite Kosten darstellt, ist für die andere Seite Umsatz. Die Gemeinsamkeit liegt im Gleichgewicht dieser beiden Grössen. Planbarkeit wird zum verbindenden Ziel beider Parteien. Die Planbarkeit von Produktivität ermöglicht eine höhere Sicherheit in der Ressourcenplanung.

Kunden- bzw. Partnerperspektiven

Die Ziele der Kunden Perspektive werden durch eine Partner Perspektive ergänzt, sodass die Beteiligung beider Parteien explizit ausgedrückt wird.

Ziele

Der Fokus der Kostenreduktion liegt in der Partner Perspektive beim Erhalten der definierten Leistungen zu den abgesprochenen Konditionen. Für den Engpass-Auslagerer entspricht Partnerzufriedenheit primär der Kapazitätsvariabilität des Outsourcingnehmers.

---

[23] Vgl. Kaplan/Norton, 1996, S. 52ff.

Der strategische Auslagerer hingegen ist an einer langfristigen strategisch ausgerichteten Partnerschaft interessiert. Die Zufriedenheit in dieser Partnerschaft entsteht durch den Wert, den der Outsourcingnehmer für den Outsourcinggeber schaffen kann.

Auf den ersten Blick zielt der Outsourcingnehmer im operativen Betrieb des Outsourcing auf Kundenprofitabilität mittels Kundenbindung und Kundenzufriedenheit ab.

Gemeinsame Ziele der Partner   Die gemeinsame Zielsetzung dieser Perspektive liegt in der Partnerschaft. Die Partnerschaft ist dann erfolgreich, wenn die Erwartungen der Outsourcinggeber erfüllt werden. Auf der Seite der Outsourcingnehmer ist die Partnerschaft erfolgreich durch Partnerzufriedenheit, Erhöhung der Partnerbindung und das Abwickeln von weiteren gemeinsamen Aufträgen oder die Ausweitung des bestehenden Vertrages.

Prozessperspektive   Die Zielsetzungen der Geschäftsprozesse werden durch Zeit, Kosten, Qualität und Flexibilität bestimmt.

Unabhängig von Motiven des Outsourcing ist die Integration der ausgelagerten Prozesse mit dem Outsourcingnehmer von grosser Bedeutung. Das nahtlose Einbinden verhindert aufwändige Schnittstellen und damit verbundene Kosten.

Der Fokus für den Kostenreduzierer liegt in der Optimierung der Prozesskosten oder der Kosten pro Leistungseinheit.

Der Outsourcinggeber mit Engpass-Motiven ist an der Verbesserung von Durchlaufzeiten und Flexibilisierung seiner Prozesse interessiert. Dabei kann die Auslagerung für beinahe sämtliche Prozesse angewendet werden, sofern die Kosten der Transformation zum Outsourcing sich in betriebswirtschaftlich sinnvollen Grössen bewegen.

Die Zielsetzungen der strategischen Auslagerer richten sich an der Nachhaltigkeit der Partnerschaft aus. Die vier Merkmale Zeit, Kosten, Qualität und Flexibilität finden oftmals im Gleichmass Anwendung. Je nach Bereich der strategischen Partnerschaft werden sich die Ausprägungen unterscheiden. Mit der Zielsetzung, den Gesamtnutzen für die Kunden der Outsourcingnehmer zu optimieren, werden auch die Zielsetzungen für die Prozess-Perspektive variieren.

Outsourcingnehmer   Für den Outsourcingnehmer drehen sich die Zielsetzungen der internen Geschäftsprozesse ebenfalls um die Merkmale Zeit, Kosten, Qualität und Flexibilität. Von grossem Interesse ist eine nahtlose Prozess-Integration. Der Outsourcingnehmer wird sich seinerseits an den eigenen strategischen Rahmenbedingungen ausrichten.

Gemeinsamkeiten der Prozess-Ziele

Die Gemeinsamkeit der Zielsetzung besteht aus zwei Aspekten. Der erste Teil findet sich in der Erfüllung der definierten und zu liefernden Leistungen. Diese Zielsetzung wird für beide Parteien auch ein Teil der eigenen Zielsetzungen sein. Der zweite Teil der gemeinsamen Zielsetzung liegt in der gegenseitigen, reibungslosen Prozess-Integration.

Lernen und Wachstum

Die Perspektive Lernen und Wachstum beeinflusst die Zielsetzungen des kostenorientierten Outsourcinggebers vor allem mit der Motivation der Mitarbeiter und deren Produktivität.

Bei Engpass-Auslagerern stehen ebenfalls die Mitarbeiterproduktivität und –motivation im Vordergrund. Neben der operativen Ausrichtung der Mitarbeiter ist es aber für den Outsourcinggeber auch von Interesse, durch das Outsourcing sein Wissen zu verbessern um zukünftige Engpässe möglicherweise intern bewältigen zu können.

Das strategische Auslagern zielt darauf ab, vom Know-how des Partners zu profitieren. Das Lernen vom Outsourcingnehmer in Form von Best Practice ist mittel- bis langfristig von Nutzen und wird die Partnerschaft verstärken und „profitabler" machen.

Allgemeine Gültigkeit für alle Motive des Outsourcing hat die Zielsetzung der Informationsverfügbarkeit. In Abhängigkeit der zu leistenden Aufgaben muss auch die Informationsverfügbarkeit sichergestellt werden, sei es in real time oder mit definiertem Verzug. Seitens Outsourcingnehmer liegt das Interesse in der Mitarbeiterfähigkeit und –motivation. Aufgabenbezogene Informationsverfügbarkeit beeinflusst die Produktivität im positiven Sinne.

Gemeinsame Zielsetzungen

Die gemeinsamen Zielsetzungen dieser Perspektive liegen in der Motivation der Mitarbeiter und in der Zusammenarbeitskultur von Outsourcingnehmer und –geber. Beeinflusst werden diese durch Transparenz und Austausch von Wissen zur Verbesserung von successful practice.

2.5.6.4 Gemeinsame Messgrössen bestimmen

Das Bestimmen der gemeinsamen Messgrössen richtet sich an den gemeinsamen Zielsetzungen aus.

Ziel der gemeinsamen Messgrössen ist die ***Beurteilbarkeit der Zusammenarbeit*** im Rahmen des Outsourcing. Diese ergänzen die oftmals leistungsorientierten Messgrössen.[24]

Zwei Typen von Messgrössen sind zu unterscheiden. Ergebnisgrössen sind vergangenheitsorientiert, Performance Treiber eher unternehmensspezifisch.[25]

Finanzielle Zielsetzung

Die finanzielle Zielsetzung der OSC ist die Planungsgenauigkeit, daraus können z.B. folgende Messgrössen abgeleitet werden:

- Istkosten im Verhältnis zu geplanten Kosten
- Auftragsänderungen / Zusatzaufträge mit Kostenwirkung

Partner-Perspektive

Die Zielsetzungen der Partner-Perspektive sind die gegenseitige Zufriedenheit und Partnerbindung. Zur Beurteilung der Partnerzufriedenheit können nachfolgende Grössen herangezogen werden:

- Dauer der Verbindung, Planung von Verlängerungen
- Regelmässige Partnerumfrage auf Managementebene (z.B. im Rhythmus von sechs Monaten)
- Partnerbindung: Erweiterung des Auftragsvolumens

Geschäftsprozesse

Die Geschäftsprozesse werden durch die Leistungserfüllung gesteuert, daraus lassen sich folgende Messgrössen ableiten:

- Friktionen an den Schnittstellen zwischen Outsourcingnehmer und –geber, z.B. Zeitverlust, Fehler, Qualitätsverlust und Zusatzkosten

Lernen und Wachstum

Für die Perspektive Lernen und Wachstum sind Mitarbeiterzufriedenheit und Wissenstransfer von Bedeutung. Dazu lassen sich folgende Messgrössen ableiten:

- Gegenseitige Mitarbeiterzufriedenheit
- Wissenstransfer und Successful Practice gemessen durch nachhaltige Verbesserung von Prozessen
- Anzahl elektronisch abgewickelter Aufträge zur Gesamtzahl der Aufträge

---

[24] Z.B. Verfügbarkeiten, Antwortzeiten, Durchlaufzeiten

[25] Vgl. Kaplan/Norton, 1996, S. 73ff.

Mit dem Definieren der Messgrössen ist die Basis für die Implementierung geschaffen.

2.5.6.5   Erfolgreiche Implementierung

Auf die Definition der gemeinsamen Messgrössen folgt im nächsten Schritt die Implementierung. Diese erfolgt über drei Schritte, die Definition von Vorgaben und Massnahmen, Integration ins Vertragswerk und Zusammenführung mit bereits vorhandenen BSC seitens Outsourcingnehmer und -geber.

Nachhaltigkeit der OSC Um die OSC erfolgreich zu implementieren, muss dies in nachhaltiger Art und Weise geschehen. Es ist daher empfehlenswert, die OSC als Bestandteil des Vertragswerkes zu integrieren. Mögliche zeitliche Verzögerungen zwischen Vertragswerk und Definition des Inhaltes der OSC können umgangen werden, indem die OSC als Anhang mit integrativer Wirkung in das Vertragswerk aufgenommen wird.

Nach der Integration der OSC in das Vertragswerk erscheint es ebenfalls sinnvoll, die Zielsetzungen wiederum im Unternehmen bzw. in die unternehmenseigenen BSC rückzuintegrieren. Diese Integration hat zwei wichtige Wirkungen. Erstens werden die gemeinsamen Zielsetzungen im Unternehmen verstärkt, weil sie auch zum Bestandteil der eigenen Zielsetzungen werden. Zweitens ergibt sich eine Prüfung der Zielsetzungen, indem mögliche Widersprüche in den Zielsetzungen in dieser Phase auftauchen könnten und so zu einer Überarbeitung der OSC führen.

Implementierung Zum Schluss obiger Überlegungen zur Balanced- und Outsourcing Scorecard ist es sinnvoll, kurz auf Erfolgsfaktoren der Implementierung hinzuweisen:

- Das Management steht hinter der OSC
- Transparente Vorgehensweise beim Erarbeiten der Scorecards und Integration aller beteiligten Rollen
- Diskussion der BSC auf allen Ebenen der Organisation
- Klare Vision und klare strategische Ziele des Untersuchungsbereiches
- Genaue Festlegung der Kennzahlen

Diese Punkte unterstützen die erfolgreiche Umsetzung der OSC.

2.6   Projekt Management

*Kleine Taten, die man ausführt, sind
besser als grosse, die man plant.*

Georges Marshall

2.6.1   Einleitung

Das Bearbeiten eines Outsourcing-Vorhabens ist mit viel Aufwand und damit auch mit Kosten verbunden. Umso mehr ist es von immenser Wichtigkeit, diesen Prozess mit professionellem Projekt Management zu begleiten. Ziel dieser Aktivitäten ist, mit den vorgesehenen Ressourcen (Personal, Geld, Sachmittel und Zeit) innerhalb der vorgegebenen Termine die geforderten Resultate in vordefinierter Qualität zu erreichen.

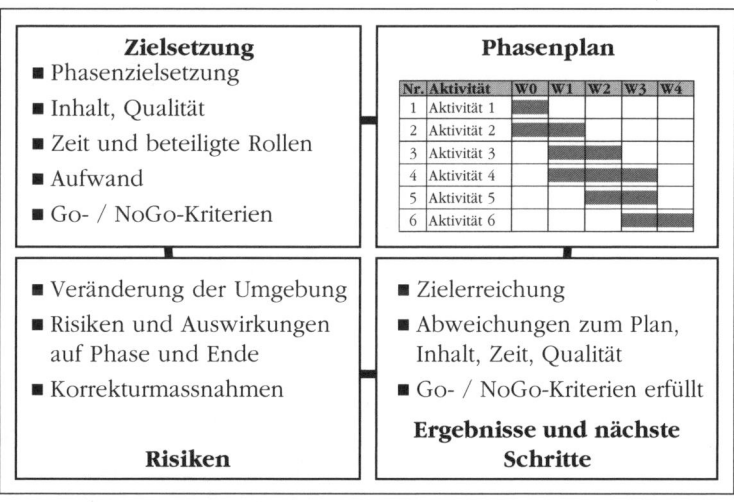

Abbildung 32: Projekt Management

Die transparente Auseinandersetzung mit Projektziel und – fortschritt stellt sicher, dass die Ergebnisse realistisch definiert und später erreicht werden können.

2.6.2   Projekt Management in der Vorbereitung

Beim Start der Vorbereitungsphase gilt es, verschiedene Aspekte zu beleuchten.

Zielsetzung:
✔ Feststellen, welcher Outsourcing-Typ weiterverfolgt wird
✔ Klare Abgrenzung des Outsourcing, ausgehend von den strategischen Rahmenbedingungen
✔ Commitment des Top Management

Involvierte Rollen:
✔ In Abhängigkeit der Grösse des Unternehmens und des Vorhabens ein bis zwei Stufen über der betroffenen Hierarchieebene, Leiter der Einheit, Projektleiter und Beratung

Erwartete Ergebnisse:
✔ Definierter Outsourcing-Typ
✔ Business Case und Projektauftrag
✔ Geplante und freigegebene Ressourcen
✔ Definition des weiteren Vorgehens

Phasenplanung:
✔ Aktivitäten mit Zeitplan und Verantwortlichkeiten
✔ Aufwand an Ressourcen, Personal und Kosten

Risikoaspekte:
✔ Strategische Grundlagen sind nicht klar ausformuliert und vereinbart
✔ Die Beteiligten können keine klare Zielsetzung und Abgrenzung definieren
✔ Ressourcen werden nicht im benötigtem Mass freigestellt

Go / No Go Kriterien:
✔ Outsourcing-Objekt ist identifiziert und im Business Case und Projektauftrag beschrieben
✔ Klares Commitment des Managements
✔ Ressourcen für die nächste Phase sind sichergestellt

Der Phasenerfolg hängt davon ab, wie intensiv sich das Projektteam während der jeweiligen Phase mit dem Grad der Zielerreichung auseinander setzt.

Fragestellungen während der Vorbereitung:

✔ Kann das Projekt ausreichend definiert oder müssen weitere strategische Abklärungen getroffen werden

✔ Gibt es Veränderungen an der Ausgangslage / Zielsetzung, die die Phase oder das Gesamtprojekt beeinträchtigen

✔ Welche Massnahmen müssen zur Sicherung des Projekterfolges eingeleitet werden

Zum Abschluss der Phase muss sichergestellt sein, dass die erwarteten Ergebnisse vorliegen und die Go / No Go Kriterien beurteilt werden können.

Abschluss der Vorbereitungsphase:

✔ Das Projekt ist abgegrenzt und definiert, der Business Case liegt vor

✔ Commitment aller beteiligten Rollen ist vorhanden

✔ Phasenabschlussbericht ist erstellt

✔ Das Vorgehen für die nächste Phase ist definiert

✔ Ressourcen für die nächste Phase sind vorhanden

✔ Go für weitere Phase wird eingeholt

Mit dem Erfüllen der Kriterien kann die nächste Phase des Vorhabens angegangen werden.

2.6.3 Projekt Management in der Anbahnung

Die Phase der Anbahnung wird durch folgende Punkte geprägt:

Zielsetzung:

✔ Outsourcingnehmer ist evaluiert

✔ LOI unterzeichnet und die Verträge zumindest in Arbeit

Involvierte Rollen:

✔ Fachliche Arbeiten: Projektleiter, ausgewählte Mitarbeiter aus dem auszulagernden Bereich, externer Berater

✔ Stufe mit Entscheidungsbefugnis, Jurist zur Unterstützung

Erwartete Ergebnisse:
✔ Pflichtenheft für Ausschreibung
✔ Long List möglicher Outsourcingnehmer
✔ Kriterien zur Evaluation sind geklärt
✔ Ausgewählter Partner
✔ Vertragswerke (mindestens die Rohlinge)
✔ Definiertes Vorgehen für nächste Phase
Phasenplanung:
✔ Aktivitäten mit Zeitplan und Verantwortlichkeiten
✔ Aufwand an Ressourcen, Personal und Kosten
✔ Abhängigkeiten der Aktivitäten und Ergebnisse
Risikoaspekte:
✔ Unvollständiges Pflichtenheft
✔ Kein Kandidat kann gewählt werden (mangelndes Commitment oder unzureichender Abdeckung, etc.)
✔ „Politik" steht bei Entscheidung über rationalen Aspekten
Go / No Go Kriterien:
✔ Pflichtenheft wird im vordefinierten Mass erfüllt
✔ Outsourcingnehmer ist selektiert und vertragliche Rahmenbedingungen sind fixiert
✔ Ressourcen sind für die nächste Phase sichergestellt

Folgende Fragen stellen sich während der Phase:

Fragestellungen während der Anbahnung:
✔ Sind die Anforderungen vollständig
✔ Sind alle potenziellen Outsourcingnehmer auf der Long List
✔ Haben sich Kriterien zur Offert-Beurteilung verändert

Zum Phasenabschluss muss sichergestellt werden, dass folgende Ergebnisse vorliegen:

> **Abschluss der Anbahnungsphase:**
> ✔ Das Pflichtenheft wird im geforderten Mass erfüllt
> ✔ Outsourcingnehmer ist selektiert
> ✔ Vertragliche Rahmenbedingungen (z.B. Letter of Intent) sind fixiert
> ✔ Das Vorgehen für die nächste Phase ist definiert
> ✔ Ressourcen für die nächste Phase sind vorhanden
> ✔ Phasenabschlussbericht ist erstellt
> ✔ Go für weitere Phase wird eingeholt

2.6.4   Projekt Management in der Umsetzung

Zur Vorbereitung der Umsetzung sind folgende Punkte zu bearbeiten:

> **Zielsetzung:**
> ✔ Das Outsourcing-Vorhaben ist für den Start bereit
> ✔ Offene Punkte sind dokumentiert und haben ein eindeutig definiertes Ende
> ✔ Übergangsphase ist definiert
> ✔ Kommunikations- und Eskalationspfade sind beschrieben
>
> **Involvierte Rollen:**
> ✔ Projektteam seitens Outsourcinggeber und –nehmer
> ✔ Steuerungsausschuss
>
> **Erwartete Ergebnisse:**
> ✔ Konzept zur Umsetzung ist erstellt (Zeitplan, Inhalt)
> ✔ Vorbereitungen zum operativen Start sind getroffen
>
> **Phasenplanung:**
> ✔ Aktivitäten mit Zeitplan und Verantwortlichkeiten
> ✔ Aufwand an Ressourcen, Personal und Kosten
> ✔ Abhängigkeiten der Aktivitäten und Ergebnisse

Risikoaspekte:

✔ Probleme bei der Übernahme und wie können diese bewältigt werden

✔ Gibt es beim Outsourcinggeber Probleme: interne Widerstände, zeitliche oder technische Probleme

✔ Welche Alternativen gibt es beim Produktivstart

✔ Gibt es Gründe für eine Verschiebung

Go / No Go Kriterien:

✔ Vorbereitungen sind abgeschlossen

✔ Offene Punkte sind nicht kritisch und lösbar

Während der Bearbeitung dieser Phase müssen begleitend folgende Überlegungen angestellt werden:

Fragestellungen während der Umsetzung:

✔ Gibt es Widerstände, welche die Umsetzung gefährden

✔ Gibt es Parameter, die sich seit der Erstellung des Pflichtheftes massgeblich verändert haben

✔ Müssen zusätzliche Anforderungen abgedeckt werden oder gibt es solche, die nicht mehr benötigt werden

✔ Kann der Zeitplan unter den gegebenen Bedingungen eingehalten werden

✔ Müssen Prioritäten geändert werden

Zum Phasenabschluss muss sichergestellt werden, dass folgende Ergebnisse vorliegen:

Abschluss der Umsetzungsphase:

✔ Vorgehen (inkl. Alternativen) zum Produktivstart ist definiert

✔ Betriebskonzept ist erstellt

✔ Offene, aber unkritische Punkte haben terminiertes Ende

✔ Ressourcen für operativen Betrieb sind vorhanden

✔ Phasenabschluss- und Projektabschlussbericht sind erstellt

2.7 Risiko Management

*Unternehmer gehen über Grenzen ins
Unbekannte, Manager implementieren
das Bekannte.*

Reinhard K. Sprenger

2.7.1 Einleitung

Wind und Wellen Risiko ist die Bugwelle des Erfolgs. Wer vorankommen will, muss Risiken eingehen. Ein Schiff, das nur auf Reede oder im Hafen liegt, bringt nichts ein. Es muss sich Wind und Wellen aussetzen. Natürlich muss man mit dem Risiko umzugehen wissen. Ein Schiffer muss erst sein Kapitänspatent machen, ehe man ihm einen Kahn anvertraut – dies sagte schon Carl Amery (dt. Schriftsteller).

> Das **Risiko Management** beinhaltet den Prozess der systematischen und laufenden Risikoanalyse des Outsourcing-Projekts und der operativen Geschäftsprozesse. Das Ziel ist, die betriebswirtschaftlich optimale Sicherheit und nicht die maximale zu erreichen.

Risiken im Outsourcing sind vielseitig und verlangen daher nach systematischem Risk Management: Untenstehende Auflistung zeigt einen Ausschnitt operativer Risiken im Outsourcing:

Zusammenarbeit	• Ungenügend geregelte Zusammenarbeit • Fehlerhaft geregelte Zusammenarbeit
Prozesse	• Prozessfehler und ungenügende Prozesse • Fehler in der Handhabung von Prozesse • Fehlerhafte Prozessunterstützung durch System
Mitarbeiter	• Unbefugte Handlungen • Missbrauch von Informationen • Diebstahl und Betrug

Abbildung 33: Risiko Management im Projekt und Betrieb

Ziel des Risk Management in Outsourcing-Projekten ist, die Wahrscheinlichkeit und Auswirkungen von positiven Ereignissen auf die Projektergebnisse zu maximieren und die von negativen Ereignissen zu minimieren.

Informationsbe-
schaffung
Zunächst einmal müssen die Projektrisiken erkannt und analysiert werden. Die Informationsbeschaffung ist die schwierigste Phase im Risiko Management und gleichzeitig eine Schlüsselfunktion. Erforderlich ist eine systematische, prozessorientierte Vorgehensweise.

Grundsätzlich wird zwischen Risiken während der Projekt- und in der Betriebsphase unterschieden.

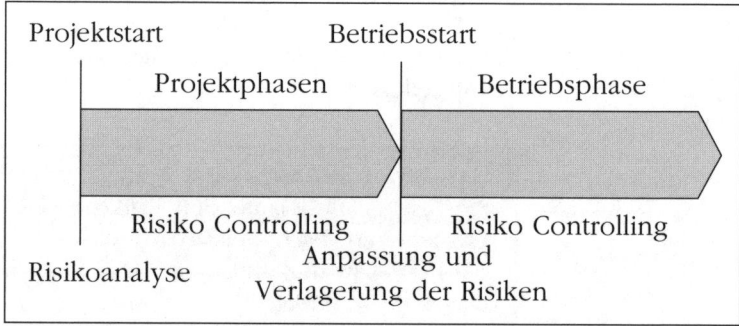

Abbildung 34: Risiko Management im Projekt und Betrieb

Bei der Erfassung der Risiken helfen u.a. Besichtigungen, Interviews, Organisationspläne, Erfahrungen aus vergleichbaren Projekten, Checklisten und Schadenstatistiken. Ein zentraler Leitspruch eines erfahrenen Projektleiters lautet: "Risiko erkannt – Gefahr gebannt!"

Risiko-Bewertung
Sind die Risiken erkannt, so erfolgt in der nächsten Phase der Risiko-Bewertung eine Quantifizierung hinsichtlich des Erwartungswerts. Der Erwartungswert bestimmt sich aus der Multiplikation der Eintrittswahrscheinlichkeit mit dem Schadensausmass. Bei der Bewertung bedient man sich diverser Analysemethoden, wie z.B.

- ABC-Analyse
- Szenariotechnik
- Fehlerbaumanalysen
- Störfallablaufanalysen
- Scoring-Modelle

- Risiko-Map
- Sensitivitätsanalysen
- Verbale Bewertungen

Ist eine Quantifizierung nicht möglich (z.B. bei Imageverlust), so wird das Risiko qualitativ bewertet (existenzbedrohend, schwer wiegend, mittel, gering, unbedeutend).

Im Allgemeinen ist der Posten des Chief Risk Officer (CRO) in der Geschäftsleitung oder auf der 2. Führungsstufe angesiedelt. In einem Outsourcing-Projekt ist der CRO in den Vorgesprächen sowie während der Umsetzungsphase im Steuerungsausschuss permanent vertreten. U.a. liegt es in seinem Interesse, das Gesetz zur Kontrolle und Transparenz im Unternehmensbereich aktiv zu kontrollieren. Der CRO tut gut daran, das Risiko Management und Controlling aktiv zu überwachen.

Risiko Manage-
mentsystem

Das Gesetz zur Kontrolle und Transparenz im Unternehmensbereich (KonTraG) fordert ein integriertes Risiko Managementsystem für das gesamte Unternehmen. Risikoreiche Projekte wie zum Beispiel ein Outsourcing-Vorhaben gehören also dazu. Ein solches System besteht aus den Elementen

- Frühwarnsystem
- Internes Überwachungssystem
- Controlling

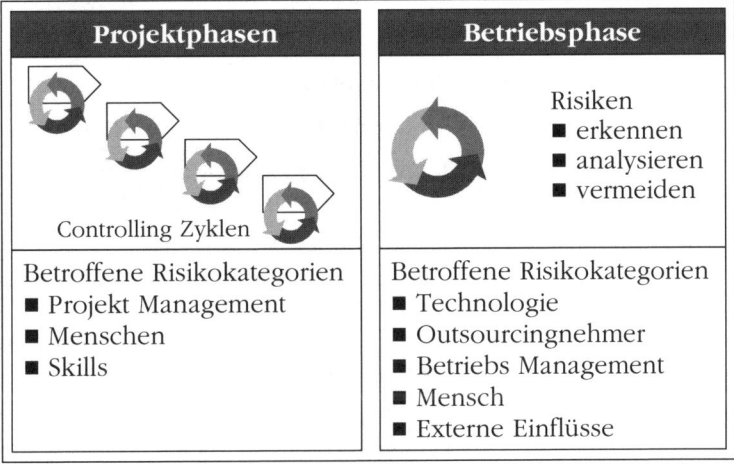

Abbildung 35: Aufbau eines Risiko Management Systems

2.7.2 **Risiko Management Prozess**

Während den Projektphasen und im täglichen Betrieb sind folgende Aktivitäten angeraten:

- Identifizierung der Risiken

- Qualitative Risikoanalyse

- Quantitative Risikoanalyse

- Reaktion und Massnahmen auf bzw. für Risiken

- Risikoüberwachung und -kontrolle

Kontrollziele Die Erfahrung zeigt, dass Risiko Management einen zentralen Erfolgsfaktor in Outsourcing-Projekten darstellt. Im weitesten Sinne müssen die Lieferergebnisse, nebst dem Setzen von Prioritäten, "on time" und "within budget" sein. Darüber hinaus ist aber auch die Erfüllung folgender Kontrollziele anzustreben:

- Richtlinien für das Projekt Management

- Beteiligung der Fachbereiche bei Projektbeginn

- Projektteam Mitgliedschaft und Verantwortung

- Projektdefinition

- Freigabe des Projekts und der einzelnen Phasen

- Projektmasterplan

- Qualitätssicherungsplan

- Planung der einzelnen Qualitätssicherungsmassnahmen

- Testplan

- Schulungsplan

- Planung der Prüfung nach der Einführung

Nur die Erfüllung möglichst aller Kontrollziele bringt eine massive Reduktion der Risiken mit sich.

Risikoidentifikation und -bewertung Ziel der Risikoidentifikation und -bewertung ist die Erstellung eines Risikoinventars bzw. einer Risikolandkarte. Ein Risikoinventar enthält eine Auflistung und Klassifizierung aller Risiken, detaillierte Angaben über Schadeneintrittswahrscheinlichkeiten sowie potenzielle finanzielle Auswirkungen.

Risikoanalyse Nach der Risikoanalyse müssen die bewerteten Risiken mit den vorgegebenen Sicherheitszielen verglichen werden. Die Phase der Risikosteuerung und -kontrolle zielt darauf ab, die Risikolage des Unternehmens positiv zu verändern. Risiken können vermieden werden, indem Outsourcinggeber und –nehmer partnerschaftlich an Workshops die Risikolandkarte systematisch durchgehen und zu jedem Risiko Massnahmen aufzeigen.

Risikoüberwälzung

Risiken können durch Risikoüberwälzung und Risikostreuung begrenzt werden. Durch einen Zusatz im Rahmenvertrag für die Umsetzungsphase kann der Outsourcinggeber die Haftung begrenzen und dem Outsourcingnehmer überwälzen. Durch regionale und personenbezogene Streuung kann ein Risikoausgleich bei voneinander unabhängigen Risiken erfolgen. Werden IT-Systeme räumlich getrennt, so wird das Gesamtrisiko reduziert.

Durch organisatorische (z.B. Notfallplanung) und technische (z.B. Backup-System) Massnahmen können Risiken vermindert werden. Die Phase der Risikosteuerung und -kontrolle umfasst ferner die Risikofinanzierung. Welche Risiken können durch Versicherungslösungen oder alternativen Risikotransfer externalisiert werden? Wichtig ist, dass es sich beim Risiko Management um einen Regelkreis handelt.

Risiko-Rating

Nachdem die Risiken identifiziert sind, müssen diese bewertet werden. Im Anschluss sind aus dem Rating risikomindernde Massnahmen zu definieren.

Risikobehandlung

Um die Risiken zu minimieren und die Restrisiken akzeptieren zu können, muss die Risikoreduktion stufenweise durch geeignete Steuerungsmassnahmen erfolgen.

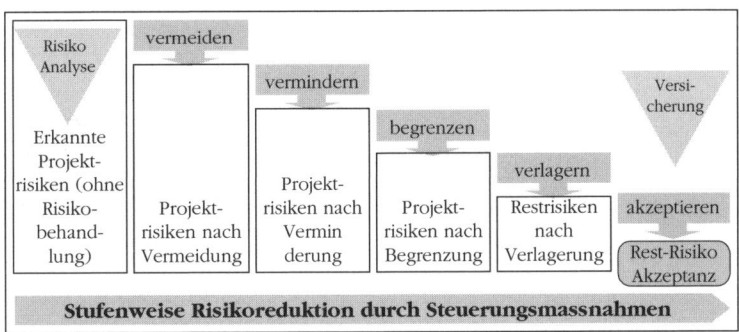

Abbildung 36: Risiko Massnahmen

Murphy' s Gesetze

Was haben Murphy' s Gesetze mit Outsourcing und Risiko Management zu tun?

- In jedem Bereich menschlicher Tätigkeit geht alles schief, was schief gehen kann

- Bleiben die Dinge sich selbst überlassen, entwickeln sie sich immer zum Schlimmsten

- Besteht die Möglichkeit, dass verschiedene Dinge schief laufen können, dann läuft genau das schief, was den meisten Schaden anrichten wird

- Sieht es danach aus, als liefe alles gut, dann ist offensichtlich etwas übersehen worden

- Die Natur steht immer auf der Seite des verborgenen Fehlers und damit gegen den agierenden Menschen

2.8 # Erfolgsfaktoren und Stolpersteine

Die Zukunft hat viele Namen: für Schwache
ist sie das Unerreichbare, für die Furchtsamen
das Unbekannte, für die Mutigen die Chance.

Victor Hugo

Klare strategische Entscheidung

Klare Entschei-
dung

Es kommt nicht selten vor, dass klare Entscheidungen fehlen. Eigentlich dienen diese als Grundlage für alle weiteren Arbeiten und als Richtlinie. Entscheidungen und deren eineindeutige Kommunikation sind daher von grosser Wichtigkeit für die nächsten Schritte.

Klare Kommunikation

Klare Kommuni-
kation

In der unternehmensinternen Kommunikation können viele Fehler gemacht werden. Es ist zu beachten, dass die Kommunikation so ankommt, wie sie vom Empfänger verstanden wird.

Zu berücksichtigen sind

- Die Empfänger
- Verankerte Kernbotschaften auf die Empfänger ausgerichtet
- Mittel der Kommunikation, z.B. Email, Veranstaltung, Hauszeitung, etc
- Zeitpunkt und Intervall der Kommunikation

Zuviele "Baustellen" gleichzeitig

Baustellen

Zuviele gleichgelagerte, in Abhängigkeiten stehende oder sich überschneidende Projekte bergen Risiken. Es ist daher wichtig, bewusste Abgrenzungen vorzunehmen und so die einzelnen Projekte zum Erfolg zu führen.

Fehlendes bzw. inadäquates Prozesswissen

Know-how-
Aufbau

Dies kommt häufig daher, dass für die Übernahme der Dienstleistung zu wenig Zeit eingeplant wurde oder die Übernahme nur oberflächlich erfolgt ist. Der Outsourcingnehmer startet mit zu wenig Know-how und besitzt nicht das notwendige Hintergrundwissen. Folge ist, dass Services nicht richtig funktionieren.

Auf falschen Voraussetzungen basierte Messungen der SLA

Erwartungen klären

Wird die Qualität der Dienstleistung vom Outsourcinggeber nicht wie erwartet erbracht, ist die logische Konsequenz, dass die Benutzer einen schlechten Service Level beklagen. Sie äussern, dass die Leistungen nicht ihren Vorstellungen entsprechen und die Dinge nicht so gut laufen, wie sie es in der Vergangenheit gewohnt waren.

Vorgehen

Als Ansatz kann es hilfreich sein, zuerst genau diejenigen Leistungen zu erbringen (und nur diese!), die der Outsourcinggeber bis anhin intern erbracht hat. Diese sind von ihm mit Hilfe eines Reports zu dokumentieren und zu qualifizieren. Sind die Erwartungen vollumfänglich erfüllt, geht man weiter. Schritt für Schritt kann nun der Leistungsumfang sukzessive erweitert werden, bis er denjenigen umfasst, der im SLA festgeschrieben ist.

Unrealistische Erwartungshaltungen

Ferner ist zu berücksichtigen, dass ein Teil der Mitarbeiter des Outsourcinggebers unrealistische Erwartungshaltungen haben. Sie glauben, der Service müsste jetzt wesentlich besser sein, weil er von extern kommt. Diese Erwartungshaltung ist zu korrigieren.

Keine Planungsszenarien für mögliche Notfälle

"Der grösste General ist derjenige, der am wenigsten (Planungs-) Fehler macht" schrieb Napoléon Bonaparte einmal.

In der Regel wird ja nur der „best case" Fall im Gesamtplan der Umsetzung geplant und beschrieben. Dies ist in unserer komplexen Welt leider nicht mehr ausreichend. Aus diesem Grunde werden für die „worst cases" bzw. auftretenden Störungen Planungsszenarien durchgespielt und in einem Notfallplan beschrieben.

Mangelnde Unterstützung

Gerade in der Umsetzungsphase können vermehrt Probleme auftreten. Dies kommt den Besserwissern und ewigen Nörglern gerade recht. Aus diesem Grunde braucht es einerseits ein klares Commitment der Geschäftsleitung zum Outsourcing und andererseits einen hierarchisch hoch angesiedelten Sponsor, der mit etwaigen Schwierigkeiten professionell umgehen kann sowie die Umsetzungsphase aktiv begleitet.

Klares Commitment

Es passiert nicht selten, dass die Geschäftsleitung sich anfänglich für das Outsourcing stark macht und die Mitarbeiter sowie das mittlere Management dann in der Umsetzungsphase auf sich alleine gestellt sind.

Fehlende periodische Fortschrittsmeetings in der kritischen Phase

Statusmeetings

Es ist sinnvoll für die kritische Umsetzungsphase und den Beginn der Betriebsphase wöchentlich ein Statusmeeting durchzuführen. Der verantwortliche Projektleiter berichtet direkt in das Projektsteuerungsgremium, in dem auch das verantwortliche Geschäftsleitungsmitglied, der CIO und CRO teilnehmen. Entsprechend sollten die Verantwortlichen des Outsourcingnehmers vertreten sein.

Mangel an Flexibilität des Outsourcingnehmers

In die Diskussion und Erstellung der Vertragsdokumente (beim Rahmenvertrag und den SLA's) ist viel Schweiss und Blut investiert worden. Sobald aber der Outsourcingnehmer das Betreiben der Leistungen übernimmt, treten plötzlich Varianten der besprochenen Leistungen auf, die nicht festgeschrieben wurden. Tatsache ist, dass viele Leistungen auf Annahmen beruhen und es nun zu Tage kommt, dass diese nicht (vollständig) korrekt waren.

Neue Anforderungen

Mit diesen unbekannten, neuen Anforderungen ist konstruktiv umzugehen. Einerseits braucht es die nötige Flexibilität des Outsourcingnehmers, auf ungeplante und nicht definierte Umstände zuvorkommend zu reagieren. Es kann so weit kommen, dass das SLA angepasst werden muss.

Fairerweise ist auch auf Seiten Outsourcinggeber zu verifizieren, ob die gestellten neuen Anforderungen zu recht bestehen, oder möglicherweise organisatorische Anpassungen nötig sind, sofern sie nicht zu hohen internen Aufwand verursachen.

Review

Einige Firmen vereinbaren nach ca. 6 Monaten ein formales Review, bei dem die IST- / SOLL-Situation anhand des SLA überprüft und angepasst wird.

Es wird dann entschieden, ob die erbrachten Leistungen in der nötigen Qualität erbracht worden sind, Leistungen erbracht werden, die nicht benötigt werden und Leistungen eventuell fehlen und im SLA aufgenommen werden müssen.

Die Erfahrung zeigt, dass kleinere Leistungsänderungen in der Regel kommentarlos vom Outsourcingnehmer übernommen werden und umfassendere Leistungen schriftlich fixiert über das Change Management' in das SLA aufgenommen werden.

Sorgfältige Auswahl des Outsourcing-Partners

„Röntgen" des Outsourcingneh- mers

Je detaillierter Abklärungen im Vorfeld hinsichtlich Finanzstärke, Kommunikationsfähigkeiten, Referenzen, Unternehmenskultur, Anzahl erfolgreich realisierter Projekte durchgeführt werden (was einem „Röntgen" des potenziellen Outsourcing-Kandidaten gleichkommt), desto grösser ist die Chance, eine für beide Seiten erfolgreiche und langfristige Partnerschaft aufbauen zu können. 100%ige Sicherheit gibt es dabei nicht.

Anwesenheit des Outsourcingnehmers vor Ort

Ein zentraler Erfolgsfaktor ist die Anwesenheit des Outsourcingnehmers vor Ort, damit die Prozesse, Strukturen, Kultur, Gepflogenheiten und die Ansprechpartner bekannt sind und vor allem auf Änderungen oder auftretende Probleme rasch eingegangen werden kann.

Regelmässige Meetings

Neben den regelmässigen (formellen) Meetings wie Projektsitzungen, Lenkungsausschuss-Sitzungen braucht es auch genügend Raum für informelle Meetings (z.B. Abteilungsanlässe), um die Harmonisierung der Kulturen einzuleiten bzw. zu fördern, um sich gegenseitig besser kennen zu lernen und eine eventuell vorgefasste Meinung abbauen zu können.

Keine oder wenig Erfahrung mit der Koordination fremdbezogener Leistungen

Spannungen

Gerade bei realisierten Outsourcing-Projekten mit Personalübergang tritt immer wieder die Situation auf, dass ein Grossteil eines Bereiches zum Outsourcinggeber übergeht und der verbleibende Teil die Koordination der Leistungen übernimmt. Hier kommt es vielfach zu offenen und verdeckten Spannungen, da ehemalige Kollegen oder Vorgesetzte nun plötzlich die Auftraggeberrolle übernehmen.

Harte Faktoren und keine weichen Faktoren im Fokus

Zwischenmensch-lichen Bereich

Selten scheitern Projekte an ungenügend klar formulierten Leistungsanforderungen. Die Mehrheit der Probleme tritt im zwischenmenschlichen Bereich auf. Meistens sind es Triebfedern wie Angst um Arbeitsplatz, neue Aufgaben, denen man vielleicht nicht gewachsen ist, ein geändertes Beziehungs- und Arbeitsumfeld, die den Projekterfolg hinauszögern oder teilweise sogar stark blockieren können.

Keine validierten Vorgehensmodelle und Methoden

Methoden und Erfahrung

Validierte Vorgehensmodelle bzw. Methoden, wie sie aus dem Projekt- und Prozess Management bekannt sind, fehlen noch weitgehend. In der Regel bringt der Outsourcingnehmer sein Vorgehensmodell mit, das er bei früheren Projekten eingesetzt hat. Dieses ist kritisch zu hinterfragen und auf die Unternehmensspezifika zu adaptieren, in Verbindung mit einem gesunden Mix zwischen konzeptionellem und empirischem Vorgehen.

3 Praxisbeispiele

Wir müssen von unseren Fehlern lernen, aber es ist viel wichtiger, von unseren Erfolgen zu lernen.

Norman Vincent Peale

3.1 Einleitung

Dieses Kapitel beschreibt drei Praxisbeispiele. Sie sind nach der gleichen Struktur aufgebaut. Für den Leser werden dadurch Unterschiede und Gemeinsamkeiten der drei Anwendungsfälle ersichtlich. Das erste Beispiel beschreibt eine Umsetzung von Application Service Providing, der zweite Fall zeigt das Outsourcing einer IT-Abteilung. Zum Schluss wird Business Process Outsourcing anhand von Facility Management beschrieben.

3.2 Beispiel 1: Application Service Provider

3.2.1 Einordnung und Positionierung

Die Application Service Provider bieten ein Geschäftmodell an, das, im vollen Umfang genutzt, zum Business Process Outsourcing führen kann.

Das ASP-Konsortium Deutschland definiert ASP wie folgt:

ASP Definition Application Service Providing ist eine Dienstleistung, die Anwendern die Nutzung von Software-Lösungen über das Internet oder andere Netze ermöglicht.

3.2.2 Ziel und Zweck des ASP-Modell

Im ASP-Modell werden IT-Infrastrukturen und Software, die Unternehmen für die Ausführung ihrer täglichen

Geschäftstätigkeiten brauchen, ausgelagert. Auch der Besitz dieser Infrastrukturen und Software wird ausgelagert.

Infrastruktur nutzen

Infrastrukturen sowie die Anwendungen werden lediglich noch „genutzt". Die Verantwortung für den Unterhalt und Betrieb, die Wartung und die Beschaffung der aktuellsten Software-Versionen sind nicht mehr Angelegenheit des Endkunden, sondern des Outsourcingnehmers. Unterschiedliche Verrechnungsmodelle für eine solche Nutzung haben sich im Laufe der Zeit etabliert und es bleibt im Verhandlungsgeschick des Kunden, für welche Verrechnungsmodalität er sich entscheidet.

Funktionales- oder qualitatives Outsourcing

Werden neben der Auslagerung der Anwendungen auch die dazugehörenden Prozesse oder Teile davon an den ASP übertragen, wird dies auch als funktionales oder qualitatives Outsourcing bezeichnet.

Funktionales Outsourcing ist eine erweiterte Form des konventionellen Outsourcing. Dabei werden nicht nur der Betrieb von Infrastruktur (Server, Netz, Betriebsysteme etc.) und Software einem Outsourcingnehmer anvertraut, sondern auch Teile der Geschäftsprozesse. Der Outsourcingnehmer stellt dann die Geschäftsfunktionalität des jeweiligen Kunden sicher.

Diese Form des Outsourcing wird durch das Einsetzen von speziellen Anwendungspaketen für dedizierte Marktsegmente (Krankenkassen, Banken, Versicherungen etc.), sowie das Integrieren der Anwendung in die vor- und nachgelagerten Systeme erreicht.

Schwierige Abgrenzung

In der Realität sind die Grenzen zwischen den verschiedenen Sourcing-Stufen oftmals nicht klar ersichtlich und fliessend, zumal die Inhalte der jeweiligen Stufen unterschiedlich verstanden und definiert werden.

Mit der Einführung eines ASP-Modells - inkl. von Teilen der Geschäftsprozesse – wird automatisch das Service Level Agreement auf die Ebene „Geschätsprozesse" angehoben.

Dies hat für den Kunden einen markanten Einfluss auf das tägliche Geschäftsgeschehen. Bleiben nämlich beim konventionellen Outsourcing die Problemkreise nahezu die gleichen wie bisher, spricht der Kunde mit dem Outsourcingnehmer beim ASP-Modell lediglich über die Verfügbarkeit seiner gemieteten Dienstleistungen. Über Themen wie Ausfallzeiten, Performanceprobleme, Serverwartungen etc. muss sich der Kunde nicht mehr unterhalten. Es wird das bezahlt, was der Outsourcingnehmer an Dienstleistung erbringt.

*ASP als
Zwischenschritt*

Wenn man nun Business Process Outsourcing mit funktionalem Outsourcing gleichstellt, kann das ASP-Modell als Zwischenschritt auf dem Weg zum BPO verstanden werden.

3.2.3 "Brauche ich ASP?"

Natürlich ist dies eine berechtigte Frage, worauf es leider keine allgemein gültige Antwort gibt. So unterschiedlich und individuell Unternehmen existieren, so vielseitig werden die Diskussionen rund um diese Fragestellung ausfallen. Dieses Kapitel wird einen möglichen Einstieg in individuelle Überlegungen und Schlussfolgerungen bieten.

Strengths	Weaknesses
■ Konzentration auf Kerngeschäft ■ Flexibilität ■ Best of Breed ■ Kalkulierbare Kosten	■ Kontrollverlust ■ Kompetenzverlust ■ Overall Management
Opportunities	**Threats**
■ Kostensenkung ■ Flexible Geschäftsprozesse ■ Schnelligkeit / Time to Market ■ Qualität	■ Geschäftsgeheimnis ■ Direkte Kundenbindung ■ Rückintegration ■ Know-how Verlust

Abbildung 37: SWOT ASP

Um zu entscheiden, ob ein Unternehmen diese Frage zulässt und ob sie beantwortet werden soll, ist es sinnvoll, zu Beginn der Auseinandersetzung eine SWOT-Analyse durchzuführen.

Sollte aus dieser Analyse resultieren, dass ASP eine Option ist, folgen der SWOT-Analyse weiterführende prozesstechnische sowie wirtschaftliche Überlegungen.

Make or buy

Wie bei jeder Anschaffung von Applikations-Software stellt sich auch hier die Frage nach dem „Make or Buy". Wobei sich die Frage nicht auf das Erstellen einer Individualsoftware vs. dem Kauf von Standardprodukten beschränkt, sondern ob und welche Teile aus der Wertschöpfungskette aus eigener Kraft gebaut (make) und welche eingekauft (buy) werden.

*Make or Buy
Matrix*

Wie viele der einzelnen Elemente aus der Wertschöpfungskette dem ASP übergeben werden sollen, kann über die

Positionierung der einzelnen Prozesse in der „Make or Buy Matrix" ermittelt werden.

Sind die Stärken des Unternehmens, hinsichtlich Qualität, Kosten und Zeit (Effizienz) hoch und trägt der Prozess (Teil der Wertschöpfungskette) zu einer beachtlichen Differenzierung gegenüber der Konkurrenz bei, dann sollte die Antwort „make" sein.

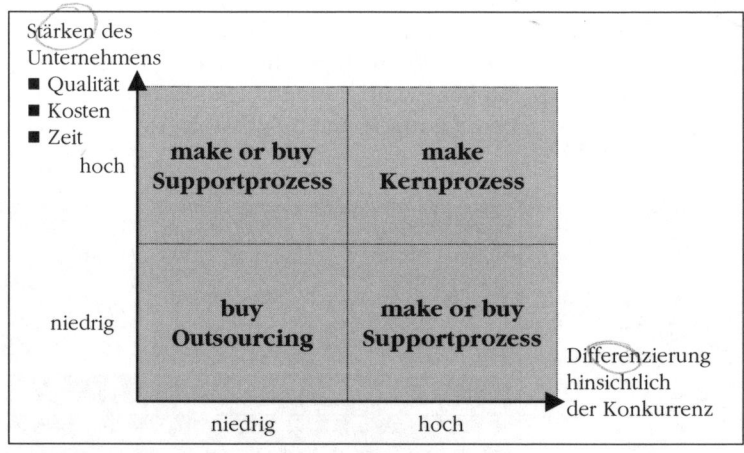

Abbildung 38: Make or Buy Matrix[26]

Müssen beide Kriterien bei einem Prozess als niedrig eingestuft werden, so sollte dieser eingekauft („buy") werden.

Neben der Positionierung des Unternehmens im „Make or Buy Fenster" gibt es auch Ereignisse in Unternehmungen und auf dem Markt, die dazu führen sollten, dass man sich über die Nutzung eines ASP-Services Gedanken macht.

ASP-Test   Der zehn Sekunden ASP-Test von Diebold listet die wichtigsten Ereignisse auf:

- Vor dem Einsatz neuer Anwendungen

- Bei schwieriger IT-Personal Situation

- Wenn der Einsatz neuer Anwendungen sehr zeitkritisch ist

- Wenn sehr schnelles Wachstum extreme Skalierbarkeit erfordert

---

[26] Vgl. Osterloh/Forst, 1998, S. 215.

- Vor der Übernahme anderer Unternehmen
- Bei geringer Eigenkapitaldecke
- Vor grösseren Investitionen
- Wenn höchste Flexibilität gefordert ist

Trifft eines oder mehrere der genannten Ereignisse zu, so drängt sich die Prüfung eines ASP-Dienstes im Unternehmen auf.

3.2.4 Ergebnisse

3.2.4.1 Unterschiedliche ASP-Angebote

Die Angebote, die von den zahlreichen ASP-Anbietern angepriesen werden, sind vielfältig und können sich im Detail stark unterscheiden. Analysiert man die Angebote und deren Leistungen, so lassen sich diese häufig in die drei folgenden Hauptgruppen kategorisieren: Functional, Verticals und Horizontals. Diese Bezeichnungen sind jedoch nicht absolut, der ASP-Markt kennt viele unterschiedliche Bezeichnungen für kongruente Angebote. Nachfolgend werden die gebräuchlichsten Kategorien inhaltlich beschrieben.

Functional ASP Im Functional ASP-Angebot sucht sich der ASP-Provider eine Branche, in der er das Marktpotenzial für eine komplett ausgelagerte Anwendung sieht.

Diese Anwendungen können aus Standard-Softwarepaketen bestehen, die dann branchenspezifisch konfiguriert werden (z.B. ERP oder Buchhaltungslösungen).

Möglich ist auch, die Anwendung gezielt auf einen Geschäftsablauf hin zu entwickeln und mehreren gleichartigen Kunden zur Verfügung zu stellen.

Beispiele Ein Beispiel stellen Krankenhäuser dar, die bei der Patientenaufnahme die Daten über ein lokales Endgerät erfassen, die Anwendung und die Datenhaltung aber bei einem ASP ausgelagert haben.

Ein ähnlicher Prozess könnte bei Banken stattfinden, was das Eröffnen und Mutieren von Kundendaten betrifft.

Diese beiden Beispiele, die heute in der Praxis sicher noch nicht weit verbreitet sind, und weitere mögliche Anwendungsbereiche wie Handelssysteme, komplette Backoffice-Anwendungen oder auch die Patientendatenhaltung, die dann sowohl von der privaten Praxis des Arztes wie auch von der Klinik aus zugänglich sind, werden aber unter dem Druck der hohen Kosten immer häufiger realisiert.

Dieser Druck wird dazu führen, dass die heute beinahe unüberwindbaren Hürden, wie Kundendaten ausserhalb der eigenen Geschäftsräumlichkeiten zu speichern oder Geschäftsdaten beim gleichen ASP-Anbieter wie die Mitbewerber zu halten, immer kleiner werden.

Horizontal ASP

Das Horizontal Angebot eines ASP unterscheidet sich vom Functional durch den nicht branchenspezifischen Pre-Setup. Hier können zum Teil die gleichen Anwendungspakete wie ERP, Buchhaltung, Personalverwaltung sowie die klassischen Büro-Applikationen eingesetzt werden[27]. Zusätzlich wird eine Integration in die weiterhin nicht ausgelagerten Systeme einer Firma angeboten, sodass Daten nur einmal erfasst werden müssen und über einen Transportlayer und die dafür notwendigen Schnittstellen in die anderen Systeme verteilt werden können.

Vertical ASP

Verticals kann man auch als Nischenangebot bezeichnen. Hier wird ein sehr dediziertes Anliegen einer Branche abgedeckt, z.B.

- Ein juristisches Nachschlagewerk für Anwälte

- Autotarife für Händler

3.2.4.2   Technologie

In den vorangegangenen Kapiteln wurden die Vorteile eines ASP-Systems aufgezeigt. Damit diese Funktionalitäten effizient und effektiv genutzt werden können, sind die dazu notwendigen technischen Voraussetzungen zu schaffen. Wenn also die Nutzung von ASP-Dienstleistungen ins Auge gefasst wird, muss man sich über die erforderlichen technischen Voraussetzungen und Gegebenheiten bewusst werden und die Vor- und Nachteile einander gegenüberstellen.

Veränderungen bzw. Voraussetzungen

Die wichtigsten Änderungen bzw. Voraussetzungen werden hier zusammengefasst beschrieben. Die Wertung kann je nach Unternehmen individuell ausfallen.

- Die Anwendung und die Daten werden künftig ausserhalb der eigenen Räumlichkeiten gehalten

---

[27] Vgl. z.B. www.isource.ch

- Der Datenzugriff verlässt mit einem ASP-System das interne lokale Netzwerk (LAN) hin zum ASP-Anbieter und verlangt damit Bandbreiten, die bei einem Netzwerkanbieter, wenn nicht ausreichend vorhanden, gemietet werden müssen

- Auf die Anwendung muss mit einer lokal installierten Client Software oder über einen Browser zugegriffen werden

- Ein Angriff (Hacker) kann direkt auf den ASP-Anbieter gerichtet sein, würde aber ausgelagerte Daten des Outsourcinggebers betreffen. Dieser „Angriff" kann auch auf die Übertragung der Daten ausgerichtet sein

Dies sind einige Einflussfaktoren, die im Vorfeld auf ihre Auswirkungen (z.B. was sagt der Kunde, wenn er weiss, dass seine persönlichen Daten nicht mehr bei der eigenen Bank gehalten werden?) untersucht werden müssen, damit bei der Implementierung einer ASP-Lösung die Resultate der Abklärung berücksichtigt und die notwendigen Sicherheitsmechanismen eingebaut werden können.

Die nachfolgende Abbildung zeigt vereinfacht den schematischen Aufbau eines ASP-Systems.

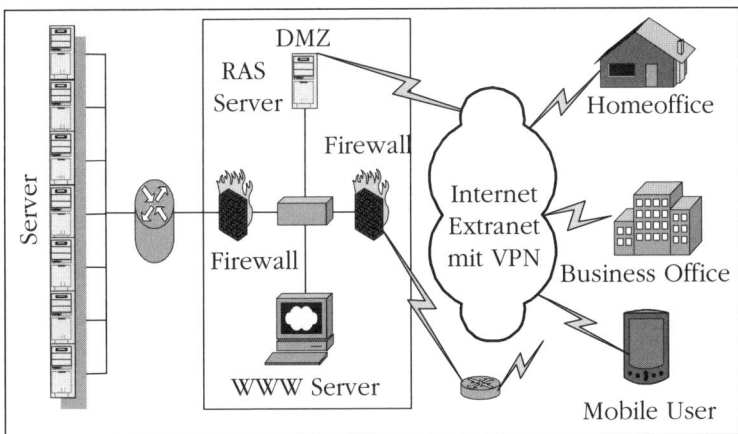

Abbildung 39: Funktionsweise ASP

Die Darstellung ist in drei Hauptbereiche aufgeteilt, den Server / Hosting Teil, die Demilitarized Zone (DMZ) sowie den Zugriffsteil über verschiedene Netze und Standorte.

Server / Hosting

177

Der Server / Hosting Teil ist das Herz eines jeden ASP. Hier werden die Anwendungen und Dienste betrieben, die der Kunde beziehen kann.

DMZ

Die DMZ dient als Puffer zwischen dem gesicherten Hosting Bereich und dem offenen Internet. Die Zugriffe werden über die Remote Access Server (RAS) und Firewalls geregelt. Attacken aus dem Internet sollten hier abgefangen werden können.

Zugriff

Der Zugriffsteil, rechts in der Grafik, zeigt einen weiteren Vorteil eines ASP-Dienstes. Der sichere Zugriff durch die DMZ in den Hosting Bereich des ASP wird üblicher Weise über ein Extranet oder über die bestehende Internet Verbindung hergestellt. Die Abschottung im Netz wird durch einen Virtual Privat Network Tunnel sichergestellt. Diese Technologie erlaubt es auf einfache Weise auch von andern Standorten aus auf die Applikationen und somit auf die Geschäftsdaten zuzugreifen: sei es über den privaten Internetanschluss des Mitarbeiters zu Hause (Homeoffice) oder von unterwegs über mobile Endgeräte.

3.2.4.3 ASP-Verrechnung

Wie werden nun die angebotenen Dienstleistungen von den verschiedenen Anbietern in Rechnung gestellt? Hierzu gibt es diverse Überlegungen und zudem Individuallösungen. Nachfolgend werden drei Möglichkeiten der Verrechnung vorgestellt, wie sie heute üblicherweise angeboten werden.

Prepaid

Dienstleistungs-bezug

Bei diesem Verrechnungsschema wird ein vertraglich vereinbarter Leistungsumfang im Voraus bezahlt und dieses Guthaben vom Kunden in Form der Dienstleistung sukzessive benutzt. Da diese Art für den ASP-Anbieter in der technischen Handhabung sehr anspruchsvoll ist, wird es heute nur selten praktiziert.

Usage based

Effektiver Bezug

Man bezahlt den effektiven Gebrauch der einzelnen Dienste. Im Vorfeld muss genau definiert werden, wie der Gebrauch gemessen wird. Es können hier linear (fester Einheitspreis) strukturierte oder nicht linear (Preis und Menge variabel) strukturierte Preise vereinbart werden.

Flatrate

Pauschaler Preis Der gewünschte Dienst wird über einen definierten Zeitraum mit einem pauschalen Preis festgelegt. Die tatsächliche Nutzung spielt hierbei keine Rolle. Dieses Modell ermöglicht dem ASP-Kunden eine sehr genaue Planung der Kosten. Es ist aber nicht ausgeschlossen, dass sich ein kalkulierter Preis später als zu niedrig oder zu hoch erweist. Deshalb ist es aus Sicht beider Parteien, ASP-Anbieter sowie Outsourcinggeber, sinnvoll, eine periodische Nachkalkulation durchzuführen und basierend auf dem Resultat, den Preis für die nächste Periode festzulegen.

3.2.5   Rollen

Wie es das gesamte Kapitel zum Thema ASP vermuten lässt, gibt es in diesem Modell zwei entscheidende Rollen, die es zu besetzen gilt. Diese können analog mit privaten Wohnverhältnissen verglichen werden. Die meisten wohnen in einem Haus oder einer Wohnung und diese wurden von einem „Generalunternehmer" erstellt.

ASP am Beispiel Mietshaus Diese Rolle nimmt typischerweise der ASP-Anbieter ein. Vergleichbar ist das ASP-Angebot mit einen „Miethaus", das schlüsselfertig dem Kunden übergeben wird. Der Kunde „zieht" ein und kann die verschiedenen Funktionen, wie sie vor dem Bau des „Hauses" vereinbart wurden, nutzen. Da es sich aber um ein Mietobjekt handelt, kann er eigenmächtig und in eigener Regie keine Umbauten vornehmen. Der Kunde, der sich für ein ASP-Angebot entscheidet, nimmt somit die Rolle des „Mieters" ein. Er benutzt das „Mietshaus". Er kann Wünsche bei seinem Vermieter anbringen, und diese werden, wenn sie für akzeptabel gehalten werden, umgesetzt, können aber auch eine „Mietzinserhöhung" mit sich bringen. Würde nun die gewünschte Änderung die anderen „Mieter" stören, so würde sie nicht genehmigt werden.

3.2.6   Kritische Erfolgsfaktoren

Eine Schlüsselgrösse des erfolgreichen Auslagerns an einen ASP-Anbieter ist die Frage nach den kritischen Faktoren, die sich in einem Outsourcing verbergen. Positiv ausgedrückt: die Frage nach den Erfolgsfaktoren im Umgang mit Outsourcing.

Selbstverständlich sind alle Tätigkeiten, die in diesem Zusammenhang durchgeführt werden müssen, von entscheidener Bedeutung. Folgende Erfolgsfaktoren werden jedoch als anspruchsvoll und damit erfolgskritisch erachtet.

Strategie

Commitment

Outsourcing an einen ASP-Anbieter muss immer auf einer strategischen Entscheidung basieren, die vom Top-Management gefällt wurde. Das Commitment des Management sichert eine schnelle Entscheidung bei aufkommenden Problemstellungen während der Migration sowie später im laufenden Betrieb.

Umsetzung

Bei der Umsetzung muss auf ein professionelles Projekt Management geachtet werden. Es empfiehlt sich, externe Projektleiter mit den notwendigen Leistungsnachweisen für die Umsetzung einzusetzen.

Mitarbeiter

Das Auslagern von Anwendungen, Daten und / oder Geschäftstätigkeiten hat neben den technischen Aspekten auch noch eine andere Seite: die „menschliche" Seite bei den Mitarbeiterinnen und Mitarbeitern des betroffenen Unternehmens. Sie weckt vor allem bei denjenigen Mitarbeitenden Unbehagen, die mit den technischen Aspekten nicht so vertraut sind. Das Auslagern wird mit „Verlust" gleichgestellt. Das Gefühl entsteht, ihre Arbeit und damit ein Teil von ihnen selbst gelangen in „fremde" Hände. Kurzum der Change Prozess enthält weit mehr als nur den technischen Teil. Diesem Umstand ist beim Durchführen einer Veränderung Rechnung zu tragen.

Diese Phänomene lassen sich durch erfahrene Projekt- und Changemanager mit ausgeprägter Sozialkompetenz gut abfedern. Ein externer Projektleiter hat zudem einen neutralen Status und kann zwischen den Parteien vermittelnd wirken.

Kommunikation

Klare Regelung

Ein Kommunikationskonzept, das genau festlegt, wer, wie und wann mit welchen Informationen beliefert wird, sollte beim Start des Projektes erarbeitet und publiziert werden. Neben der internen Kommunikation, die den Mitarbeitern erlaubt, sich über den Stand des Projektes zu informieren, muss auch die Kommunikation innerhalb des Projekts geregelt sein. Eine gut

funktionierende Kommunikation hilft, Missverständnisse auszu-
räumen oder gar nicht erst aufkommen zu lassen.

Partnerschaft

Outsourcing fängt immer mit vertrauensbildenden Massnahmen
an. Gegenseitiges Verständnis und Wertschätzung bilden die
Basis für den Aufbau von Vertrauen, Probleme sind auch nach
dem   Outsourcing   unvermeidbar,   und   beide   Parteien
(Auftraggeber und ASP) sitzen im selben Boot.

Technologie

Bewährte
Technologie

Als Grundsatz gilt: keine Experimente! Es gibt ausgereifte
Software auf dem Markt, die erprobt und seit längerer Zeit
erfolgreich im Einsatz ist. Es muss jedoch sichergestellt werden,
dass der ASP-Anbieter den nötigen Zugang zu den Technologie-
Lieferanten hat, die im Störfall die entsprechende Unterstützung
bieten können.

Markt

Marktbreite

Das ASP-Modell lebt von den „Economies of Scale". Aus diesem
Grund ist es wichtig, dass bei den Überlegungen, auch der ASP-
Markt betrachtet wird. Als „First Mover" kann zwar der Vorteil
genutzt werden, beim Aufbau eines neuen ASP-Angebots seine
Wünsche einbringen zu können. Sollte das Angebot aber nicht
den breiteren Marktbedürfnissen entsprechen, wird der ASP-
Anbieter früher oder später das Angebot rückgängig machen
müssen.

3.2.7   Nutzenpotenzial

Wie hoch ist der Nutzen, wo liegt das Potenzial eines ASP-
Systems? Leider kann diese Frage nicht pauschal beantwortet
werden. Jede Branche hat eine eigene Ausgangslage.

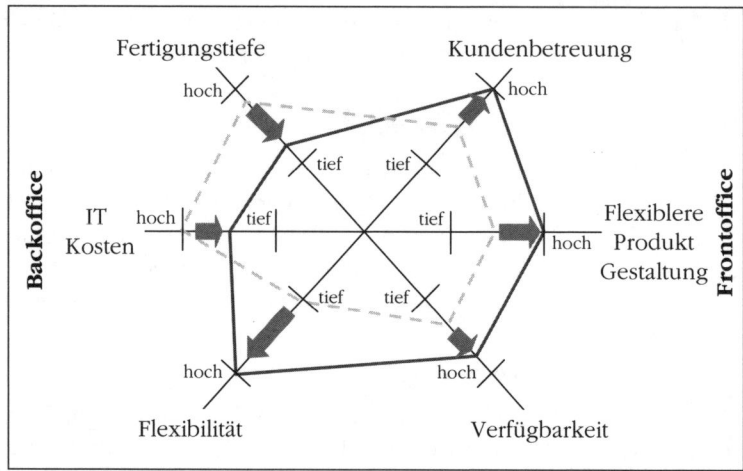

Abbildung 40: Nutzenpotenziale ASP

Das obige Beispiel zeigt ein mögliches Potenzial im Finanzsektor, das in den meisten Banken vorhanden ist:

- Viele Individuallösungen und Eigenentwicklungen
- Schlechte Integration der Systeme
- 70%-90% des IT-Budget wird für Wartung aufgewendet
- Die Core-Systeme sind veraltet und stehen vor der Ablösung

Auswirkungen   Die Grafik zeigt die Auswirkung der erwähnten Ausgangslage und den Nutzen, den die Bank mit einer ASP- oder gar BPO-Lösung ausschöpfen könnte.

3.2.8   Chancen und Risiken

Entscheidet man sich für ein ASP-Modell oder in einem weiteren Schritt für ein BPO, wird man sich Gedanken über die Chancen und Risken, die ein solcher Schritt mit sich bringt, machen müssen. Aus der Erfahrung im Umgang mit diesen Systemen können die nachfolgenden Chancen und Risiken aufgezeigt werden.

3.2.8.1   Chancen

Bündeln der Ressourcen auf Kernkompetenzen   Die Ressourcen können konzentriert auf das Kerngeschäft angesetzt werden. Die Stärken des Unternehmens lassen sich damit ausbauen. Eine klare Positionierung des Kerngeschäfts im Vorfeld ist aber Voraussetzung.

Variabilisierung der Kosten

Wird intern produziert, liegen die fixen Kostenanteile zwischen 75% und 95%. Die Gründe dafür sind die gebundenen Ressourcen der IT-Infrastruktur und des Personals. Die Kosten fallen immer an, ob die Infrastruktur ausgelastet wird oder nicht, dasselbe gilt für das Personal. Betreibt man indes Datenbanken (auch wenn es nur eine ist), so braucht man einen Datenbankadministrator – also eine personelle Ressource. Handelt das Unternehmen mit Wertschriften, braucht es Personal im Wertschriftenumfeld. Mit dem ASP-Modell lassen sich selektive Prozesse und die dazugehörende Infrastruktur auslagern.

Die Automobilindustrie gilt hier als Vorreiter. Dabei spricht man von Fertigungstiefe, die in dieser Industrie bei ca. 30% liegt. Das heisst, dass somit 70% der Fertigungsteile eines Autos variabel, also von Externen zugeliefert werden, z.B. Scheinwerfer, Tachometer oder Felgen. Bei den Banken ist man bis heute der Überzeugung, jede müsse eigene Händler an der Börse haben oder eigene Rechenzentren betreiben.

Reduktion der Kosten

„Economies of Scale" ist das Schlagwort der ASP-Anbieter, wenn man sie nach den Gründen fragt, wieso sie in der Lage seien, ihren Kunden gleichwertige Dienste kostengünstiger gegenüber den internen Herstellungskosten anzubieten.

Der Grund liegt in der Menge des Betreibens mehrerer gleichartiger Umgebungen und Prozesse und schlägt sich 1:1 im „Stückkostenpreis" nieder (one to many). Deshalb ist der ASP-Anbieter in der Lage, mit tieferen Kosten gleichwertig zu produzieren. Seine „Produktionsstrasse" hat eine höhere Auslastung.

Qualität

Hier gilt der Grundsatz: Jeder macht das, was er am besten kann. Das Wissen wird sowohl beim ASP-Partner als auch beim Kunden konzentriert und ermöglicht dadurch das Erreichen besserer Qualität. Durch die zusätzlichen Volumina kann eine höhere Automatisierung angestrebt werden, die manuelle Fehler ausschaltet.

Time to market

Schnelligkeit am Markt ist heute eines der wichtigsten Verkaufsargumente, wenn neue Produkte lanciert werden.

Als ASP-Kunde hat man sich in der "Make-or-Buy"-Fragestellung schon einmal für das "Buy" entschieden. Dies bedeutet, dass man auch bei zukünftigen IT-strategischen Überlegungen einfacher das „Not invented here" Syndrom überwinden wird.

Diese offene Haltung kann bei der Realisierung von neuen Produkten von grossem Nutzen sein. Vielleicht kann eine 80% Lösung bei einem ASP-Anbieter, die sofort verfügbar ist, wertvoller sein als eine 100% unternehmensinterne Lösung, die dann unter Umständen erst in ein paar Wochen oder gar Monaten verfügbar sein wird.

3.2.8.2   Risiken

Die Risiken sind vielfältig und müssen beachtet werden.

Wissensverlust

Dieses Risiko geht man zweifelsohne ein. Es wird keine Möglichkeit geben, kurzfristig das Wissen intern wieder aufzubauen. Das Exit-Szenario, im Zusammenhang mit der Vertragsgestaltung, muss dieses Risiko mitberücksichtigen.

Preisrisiko bei langfristigen Verträgen

Bei langfristigen Verträgen sollte man immer Meilensteine vorsehen, die eine Nachkalkulation zulassen. Der Preiszerfall für Hardware und immer einfacher zu betreibende Systeme ermöglicht dem ASP-Anbieter günstiger zu produzieren. In einer guten Partnerschaft sollte es möglich sein, einen Teil dieser Ersparnisse an den Kunden weiter zu geben.

Rückintegration des Outsourcing (Exit-Szenario)

In jeder Partnerschaft kann es zum Bruch kommen. Dieser muss nicht einmal durch Negativereignisse hervorgerufen werden. Es bestehen unzählige Gründe – wie man sie aus der Geschäftswelt kennt – warum eine Zusammenarbeit aufgelöst werden soll. In jedem Fall ist es wichtig, dass man schon beim Vertragsabschluss das Eintreten eines solchen Ereignisses mitberücksichtigt. Dieses beinhaltet Überlegungen wie:

- In welcher Zeitspanne wird rückmigriert?

- Wer trägt die Kosten?

- Wie findet der Know-how Transfer statt?

- Was sind die messbaren Elemente, die eine erfolgreiche Rückintegration ausmachen?

Je präziser ein Szenario und die Modalitäten beschrieben sind, um so einfacher wird es sein, dieses einzuleiten und umzusetzen, auch wenn die Parteien einander nicht mehr so gut gesinnt sind.

Abhängigkeit zum ASP

Selbstverständlich besteht eine mehr oder weniger grosse Abhängigkeit zum ASP. Der eigene Einfluss auf die operative Steuerung der an den ASP übertragen Komponenten und Prozesse ist gering.

Probleme, die der ASP verursacht, verärgern den Endkunden und bringen ihn in eine Situation der „Ohnmacht". Die Lösungsfindung wird dann in erster Linie vom Outsourcinggeber verlangt werden. Sollte der ASP in wirtschaftliche Probleme geraten, könnte dies zu einem Exit-Szenario führen, das bislang unbeachtet blieb. Eine weitere Schwierigkeit könnte die Kundenpriorisierung eines ASP sein, der „interessantere" Kunden einem anderen, kleineren vorziehen könnte.

3.2.9 Weiche Faktoren

Die Herbeiführung einer Entscheidung für oder gegen ein ASP-Modell ist immer auch mit emotionalen Faktoren behaftet. Was sind die Gründe?

*   Der Mensch neigt dazu, etwas zu besitzen, dies ist im ASP-Modell nicht mehr gegeben

*   Der Mensch will Kontrolle besitzen, im ASP-Modell muss er jedoch Vertrauen haben

*   Bei Veränderungen neigen Menschen aus dem europäischen Kulturkreis dazu, nur die Gefahren zu sehen, jede Veränderung bietet aber auch Chancen

*   Angst, dass ASP-Modell und deren Weiterführung BPO noch keine etablierte Geschäftspraxis ist. Zurzeit ist ASP immer noch im „First Mover" Stadium

3.2.10 Lessons learned

Applications Service Providing ist noch kein etabliertes Businessmodell. Nach dem Zusammenbruch des Internet-Hype ist man auch wieder zurückhaltender geworden.

Reifegrad

Trotzdem haben die Entwicklungen gerade in den angesprochenen Bereichen in den letzten Jahren nicht Halt gemacht. Bei einigen Kunden wurden in der Vergangenheit ASP-Lösungen implementiert, und so konnten sich Anbieter und deren Produkte weiterentwickeln. Der aktuelle Reifegrad von

ASP-Lösungen, die am Markt angeboten werden, sind stabil und frei von Kinderkrankheiten. Die Zukunft wird sicherlich Schritt für Schritt in diese Richtung weitergehen, auch wenn die ASP-Zeitrechnung erst jüngst begonnen hat.

Die Automobilindustrie hat es vorgemacht: Wenn Dienstleistungsunternehmen die operativen Kosten senken oder zu Gunsten der Produktentwicklung und Kundenbetreuung umschichten wollen, müssen sie ihre „Fabrikationstiefe" erheblich minimieren und sich auf Kernkompetenzen zurück besinnen.

3.2.11   Auswirkungen

Wie bereits erwähnt, ist ASP mehr als nur IT-Leistungen von extern zu beziehen. Die Auswirkungen sind vielseitig.

Geschäftsstrategie Die Geschäftsstrategie eines Unternehmens, das seine Prozesse oder Teile daraus auslagert, muss die strategischen Überlegungen des Partners (ASP) mitberücksichtigen.

Eine gemeinsame Abstimmung über die allgemeine Stossrichtung der involvierten Parteien, sowie den Know-how Austausch über die verschiedenen Beobachtungen im Markt, führen zu einem Marktvorteil gegenüber den Mitbewerbern.

Geschäftsprozesse Die ausgelagerten Prozesse werden vom ASP wahrgenommen. Der Einfluss auf diese ausgelagerten Teile ist nur noch indirekt steuerbar.

Der ASP muss fortan bei Anpassungen und Veränderungen der Geschäftsprozesse von Anfang an mit einbezogen werden. Dies kann die Flexibilität einschränken. Der positive Aspekt überwiegt aber in diesem Fall, denn es kann durchaus die Qualität der Prozesse erhöhen, da man von den Erfahrungen des ASP mit anderen Kunden profitieren kann.

Fazit: Man kann Teile oder ganze Geschäftsprozesse auslagern, muss aber darum bemüht sein, dass die Verantwortung zu jeder Zeit Inhouse bleibt.

Change Management Der Einfluss eines Changes ist, charakterisiert durch Änderung in den Bereichen Hard- und Softfacts in einem Unternehmen - aber insbesondere bezüglich der Softfacts - erheblich. Die allgemein gültigen Erkenntnisse aus dem Change Management können gut auf ein ASP-Projekt angewendet werden.

Das bewusste und zielgerichtete Durchführen des Wandlungsprozesses gehört zu den entscheidenden Aufgaben des Projektes.

Das Change Management trägt somit wesentlich zum Gelingen einer Überführung von Alt auf Neu bei.

Fehler

Regelmässig sind Fehler in der Umsetzung wie mangelnde oder ungenügende Kommunikation für den Erfolg der Veränderung fatal. Führungskräfte sind überrascht, dass die Neuerungen nicht greifen, und suchen nach Gründen. Mitarbeiter können die Beweggründe der Veränderungen nicht nachvollziehen, verstehen somit die Änderungen nicht, was letztlich zu Identifikationsproblemen mit dem Unternehmen führen kann.

Durch das Auslagern von Systemen, Applikationen und Geschäftsprozessen drängt sich der Gedanke auf, dass auch die dadurch betroffenen Mitarbeiter nicht mehr im gleichen Umfeld und Ausmass eingesetzt werden können.

Dieser Umstand ist den betroffenen Mitarbeitern natürlich bewusst und kann deren Motivation senken. Doch gerade das Know-how dieser Mitarbeiter wird benötigt, um die Migration und die Überführung an den ASP reibungslos abwickeln zu können.

Auftretende Unsicherheiten, Ängste und Frustration bei den Mitarbeitern eines potenziellen ASP-Kunden werden dann ihren Höhepunkt erfahren, wenn ein Teil der Belegschaft ebenfalls an den ASP, wie auch an klassische Outsourcingnehmer, überführt werden soll.

Um diese Aspekte bestmöglichst abzufedern und den Erfolg des Projektes dadurch nicht zu gefährden, empfiehlt es sich, einen Change Management-Coach im Projektteam vorzusehen. Dieser sollte neutral sein, das Vertrauen der Mitarbeiter sowie der Projektleitung geniessen. Üblicherweise wird diese Position mit einem externen Coach besetzt, der diese Anforderungen erfüllt und Erfahrung aus anderen Projekten mitbringt.

Projekt Management

Jedes Projekt, das eine gewisse Grösse und neben den technischen Aspekten auch jene des „Softbereiches" aufweist, wird komplex. Das Handling solcher Projekte erfordert überdurchschnittliche Erfahrung des Projektleiters bezüglich Technik, Sozialkompetenz und erprobter Methodik. Eine geeignete Projekt Management Methode, die in grossen komplexen Projekten seine Tauglichkeit bewiesen hat, ist PRINCE2[28].

---

[28] Vgl. z.B. www.prince2.com

- Die Methode ist prozessorientiert und auf die bestehenden Organisation ausgerichtet

- Es ist eine definierte Organisationsstruktur für das Projekt Management-Team vorhanden

- Die Methode kennt eine produktbezogene Vorgehensweise der Planung

- Die Methode betont die Aufteilung von Projekten in beherrschbare und kontrollierbare Teilschritte

- Die Methode ist flexibel und kann in jeder Umgebung für jeden Projekttyp angewandt werden

Diese Definition deckt alle relevanten Elemente ab, die bei einem ASP-Projekt berücksichtigt werden müssen. Ansonsten gelten für ein ASP-Projekt die gleichen Regeln wie bei anderen IT- und Business-Projekten.

3.3 **Beispiel 2: IT-Outsourcing**

3.3.1 **Vorstellung der Partner**

Bruno Piatti AG, ein Unternehmen der Erb-Gruppe und integriert in der Uniwood-Holding AG, ist heute das führende Unternehmen im Schweizer Küchenbau.

Gründung:	1948 als Mechanische Schreinerei durch Bruno Piatti
Produktionszweig	Küchenbau seit 1963, Wandschränke
Anzahl Mitarbeiter 2002	390
Umsatz 2002	131 Mio. CHF
Produktion 2002	14'500 Küchen
Produktionskapazität	1'000 Möbel pro Tag
Marktstellung	Marktführer mit 13,2 %
Vertrieb	Direktverkauf und Wiederverkauf über Exklusivvertreter
Fertigung	1991 / 1992 Umstellung von der Werkstattfertigung auf Lean-Production und Just in time-Philosophie.

Abbildung 41: Eckdaten Bruno Piatti AG

Die redIT Group ist ein unabhängiges Generalunternehmen mit Fokus auf den Schweizer Markt und bietet ein umfassendes Spektrum an Informatik-Lösungen. Das Angebot reicht von der Entwicklung und Vermarktung von Software-Standardanwendungen über individuelle eBusiness-Projekte bis hin zur Beschaffung, Bereitstellung sowie zum Betrieb und Wartung von kompletten IT-Infrastrukturen.

Die Kontinuität im Unternehmen und die Erfahrung der Mitarbeiter spielen bei redIT eine zentrale Rolle. Sie garantieren die Nachhaltigkeit von zukunftsorientierten IT-Lösungen und langfristigen Kundenbeziehungen. Die Integration moderner Innovationen und Technologien von redIT bildet die optimale Basis für die Zukunftsplanung der redIT Kunden.

3.3.2   Ausgangslage und Gründe für Outsourcing

Infrastruktur

Die im Jahr 2001 bestehende Infrastruktur der Bruno Piatti AG mit Novell / NT 4.0 und Office 97 konnte den Anforderungen an eine moderne IT-Umgebung nicht mehr gerecht werden. Es traten vermehrt Probleme mit der Stabilität und der Kompatibilität auf. Auch machte die geplante Implementierung der neu evaluierten ERP-Lösung auf dieser Basis wenig Sinn.

Betrieb und Unterhalt

Das grosse und damit schwer kontrollierbare Wachstum der Informatiklandschaft hatte zur Folge, dass unterschiedliche Komponenten verschiedenster Hersteller zum Einsatz kamen. Server und PCs wurden individuell und manuell konfiguriert, und die Kosten stiegen ohne die notwendige Transparenz.

Gründe für Outsourcing

Unterhalt und Betrieb dieser historisch gewachsenen, heterogenen Umgebung wurden immer schwieriger, die Basis für Erweiterungen war nicht mehr vorhanden. Nur wenige Mitarbeiter hatten das Fachwissen. Entsprechend schwierig war der Ersatz von Personalabgängen in der IT-Abteilung.

Mit dem Outsourcing des Betriebs der neuen, standardisierten Basisinfrastruktur sollen einerseits Qualität und Stabilität der Informatik verbessert werden und andererseits klar definierte Leistungen zu fixen Preisen bezogen werden.

3.3.3   Aktivitäten

Für die geforderten Leistungen wurde ein Pflichtenheft erstellt. Die eingegangenen Offerten wurden geprüft und miteinander verglichen. Mit den drei aussichtsreichsten Kandidaten wurden die Gespräche vertieft. Referenzbesuche rundeten die Meinungsbildung ab. Ausschlag gaben neben dem Erfüllungsgrad und den Kosten auch die Flexibilität und die Strukturen des Anbieters.

Absichtserklärung

Um nach der Entscheidung möglichst schnell mit den Arbeiten beginnen zu können, ohne sich für die Vertragsverhandlungen unter Druck zu setzen, wurde ein Letter of Intent unterzeichnet. Dieser Vertrag beinhaltete die Absichtserklärung der Bruno Piatti AG, den Betrieb der IT-Infrastruktur an redIT zu vergeben und den Willen beider Parteien zur Erstellung des notwendigen Vertragswerkes innerhalb einer gegeben Frist. Für den Fall eines

Nichtzustandekommens des definitiven Vertrages wurden Regelungen für die Abgeltungen bereits geleisteter Arbeiten definiert.

Auf dieser Basis wurde die neue IT-Basisinfrastruktur definiert und in einem Initialprojekt umgesetzt. Parallel dazu wurden die Vertragsverhandlungen für den späteren Betrieb geführt.

3.3.4   Ergebnisse

Infrastruktur

Es wurde eine neue IT-Infrastruktur aufgebaut, bestehend aus standardisierten Komponenten und definierten Arbeitsplatzumgebungen. Für den Betrieb wurden Werkzeuge eingesetzt, die Überwachungs- und Supportarbeiten automatisierten (z.B. proaktive Überwachungstools oder automatische Softwareverteilung). Die ausrangierten Arbeitsplatzgeräte wurden in einer Mitarbeiteraktion dem Personal zu günstigen Konditionen zum Kauf angeboten.

Vertragswerk

Es wurde ein Vertragswerk aufgestellt, das in einem Rahmenvertrag allgemein Gültiges regelt (Vertragsgegenstand, Rechte und Pflichten, Grundsätze der Zusammenarbeit, Eskalationsprozeduren usw.). Als integrierter Bestandteil des Rahmenvertrages wurden in Service Level Agreements die betriebsrelevanten Komponenten geregelt (Organisation, Verantwortlichkeiten, Bedingungen, Bereitschaftsgrade und Bereitschaftszeiten, Reaktions- und Störungsbehebungszeiten, Betriebskosten, Change- und Qualitätsmanagement).

3.3.5   Rollen

Steering Committee

Sowohl für die Arbeiten des Initialprojektes wie auch für den Betrieb wurde als oberstes Gremium ein Steuerungsausschuss gebildet. Er ist zuständig für übergeordnete strategische Fragen und fungiert als Eskalationsstelle. Das Steering Committee besteht aus Mitgliedern der Geschäftsleitungen der Bruno Piatti AG und der redIT sowie Linienverantwortlichen. Den Vorsitz hat die Bruno Piatti AG. Das Steering Committee tagt nach Bedarf, jedoch mindestens halbjährlich.

Betriebsausschuss

Hauptaufgaben sind die Überwachung der Leistungserbringung, das Qualitätsreview, die Abnahme des Quartalsberichtes, die Verabschiedung von Änderungen im Inventar und die Kostenkontrolle. Der Betriebsausschuss setzt sich zusammen aus den Betriebsverantwortlichen der Bruno Piatti AG und der redIT sowie Linienverantwortlichen. Der Betriebsausschuss tagt mindestens vierteljährlich.

Betriebsverant-
wortliche

Sowohl die Bruno Piatti AG wie auch redIT je haben einen Betriebsverantwortlichen definiert. Zusammen sind sie für das Erbringen der vertraglich vereinbarten Leistungen ihrer Firmen verantwortlich. Sie sind gegenseitig der direkte Ansprechpartner in der anderen Vertragspartei.

3.3.6 Kritische Erfolgsfaktoren

Vertragswerk

Es ist kaum möglich, eine so komplexe und vielschichtige Thematik in allen Ausprägungen vertraglich einwandfrei festzuhalten. Bewährt hat sich die Aufteilung in Rahmenvertrag und Service Level Agreements.

Um die beiden Dokumente für Nichtjuristen lesbar zu gestalten, haben Mitarbeiter beider Parteien gemeinsam in einem ersten Schritt beide Dokumente erstellt. Dabei wurde kaum auf juristisch korrekte Formulierungen Rücksicht genommen. In einer zweiten Phase wurden die erstellten Werke den juristischen Beratern der beiden Firmen zur Überprüfung und Ergänzung vorgelegt. Anhand dieser Rückmeldungen wurden der Rahmenvertrag und die SLA's ergänzt und komplettiert. So entstand ein Vertragswerk, das einerseits leicht lesbar den Willen der beiden Parteien ausdrückt und andererseits den juristischen Ansprüchen genügt.

Begriffsdefinitio-
nen

Um Missverständnissen und Fehlinterpretationen vorzubeugen, haben beide Parteien die relevanten Begriffe aufgeführt, deren Interpretation schriftlich festgehalten und die Resultate ins Vertragswerk integriert.

Betriebsverant-
wortliche

Im täglichen Betrieb hat sich die Benennung von betriebsverantwortlichen Personen bei beiden Parteien bewährt. Ausgestattet mit den Kompetenzen können sie sich bilateral, schnell und unbürokratisch jeglicher Themen der operativen Zusammenarbeit annehmen.

Qualitätssiche-
rung und Be-
richtswesen

Um die Messung der vereinbarten Leistungserbringung zu gewährleisten, sind bereits vor dem Start geeignete Messkriterien und die Verfahren zur Überprüfung zu definieren. Als äusserst hilfreich erweist sich der Einsatz von automatisierten Werkzeugen.

Prozesse und Einebnung

Von zentraler Bedeutung für ein reibungsloses Funktionieren sind die Definition der betriebsrelevanten Prozesse und die Festlegung der Schnittstellen zwischen den Partnern. Nur auf diese Weise können Doppelspurigkeiten und Missverständnisse verhindert werden. Für die Endbenutzerinnen und Endbenutzer soll der Übergang von internen Stellen zum Outsourcingnehmer transparent und (im Idealfall) nicht wahrnehmbar sein.

Standardisierung

Basis für einen reibungslosen und kostengünstigen Betrieb der Informatik ist eine möglichst hohe Standardisierung der Umgebungen, unabhängig davon, ob dies durch Dritte oder durch interne Stellen gewährleistet wird.

Werkzeuge / Automatisierung

Bei der Bruno Piatti AG sind verschiedenste Werkzeuge für Betrieb und Unterhalt im Einsatz. Die Palette reicht von der automatisierten Softwareverteilung für die Arbeitsplatzrechner bis hin zur proaktiven Überwachung von Komponenten und der automatischen Alarmierung bei Störungen.

3.3.7 Nutzenpotenziale

Leistungserbringung

Durch den Einkauf professioneller betrieblicher Leistungen steigen Qualität und Verfügbarkeit der IT-Infrastruktur, und es entsteht eine Unabhängigkeit gegenüber einzelnen Personen. Probleme und Engpässe z.B. bei urlaubsbedingten Abwesenheiten gehören der Vergangenheit an. Durch den Zugriff auf jegliche Spezialisten kann auch in Ausnahmesituationen schnell und kompetent reagiert werden.

Definierte Leistungen zu fixen Preisen

Die notwendigen Leistungen und das Entgelt für das Erbringen werden vertraglich fixiert. Kalkulationen und Budgetierung werden vereinfacht und transparent.

3.3.8 Chancen / Risiken

Auswahl des Outsourcingnehmers

Eine stabile und funktionierende Informatik ist für die meisten Firmen die Basis jeglicher Geschäftsaktivitäten. Der Wahl des Betreibers kommt deshalb eine grosse Bedeutung zu. Neben den fachlichen Qualifikationen des Outsourcingnehmers ist eine partnerschaftliche Zusammenarbeit unabdingbar. Dies umso mehr, als der Aufbau eines IT-Outsourcings aufwändig und zeitintensiv ist, sich also nicht innert Kürze rückgängig machen lässt.

Somit ist die Wahl des Outsourcingnehmers gleichsam Chance und Risiko. Davon ausgehend, dass die möglichen Anbieter über vergleichbare fachliche Kompetenz verfügen, muss der künftigen Zusammenarbeit erhöhte Aufmerksamkeit geschenkt werden.

Eine harmonische Beziehung führt zu einem geregelten und stabilen Betrieb. Auftretende Probleme werden partnerschaftlich gelöst. Unstimmigkeiten und Diskussionen über den Leistungsumfang führen jedoch unweigerlich zu Reibereien, im schlimmsten Fall bis hin zu juristischen Streitigkeiten und einem Abbruch der Geschäftsbeziehungen.

Initialprojekt

Ein schlanker und auch reibungsloser Betrieb der IT hängt stark vom Standardisierungsgrad der Geräte, den Anwendungen sowie den klar strukturierten Prozessen ab. Dies trifft insbesondere beim Outsourcing der Informatik zu.

Typischerweise besteht aber eine gewachsene IT-Umgebung aus einer Vielzahl von Gerätetypen und Anwendungen, die teilweise von den Benutzerinnen und Benutzern nach den eigenen Bedürfnissen selbst installiert oder angepasst wurden. Vielfach sind vollständig individuelle Anwendungen auf Basis von Datenbanken wie z.B. Microsoft Access im Einsatz. Informelle Prozesse sowie Abläufe für den Betrieb haben sich institutionalisiert. Aus Sicht der Benutzerinnen und Benutzer ist damit die Informatik optimal auf ihre Bedürfnisse abgestimmt. Für den Betreiber (ob intern oder extern) sind diese Installationen und Prozesse jedoch schwer greifbar und meist aufwändig im Unterhalt.

Das Initialprojekt für die Übergabe der IT an den Outsourcingnehmer ist der ideale Zeitpunkt, diese organisatorischen Aspekte in Angriff zu nehmen. Arbeitsplätze und Anwendungen sollen so weit möglich standardisiert werden. Die Prozesse sind strukturiert zu gestalten und zu dokumentieren. Darunter leidet selbstverständlich die Individualität und Autonomie der einzelnen Benutzerinnen und Benutzer. Auftretende Widerstände sind deshalb offen anzusprechen, und die höher gewichteten Vorteile der Standardisierung sind klar darzulegen.

Betriebsphase

Um die gewählte Standardisierung im Betrieb nicht aufzuweichen, sind die Rechte der Benutzerinnen und Benutzer für Manipulation an Geräten und Anwendungen auf das für die tägliche Arbeit notwendige Mass einzuschränken. Nur dadurch kann der Outsourcingnehmer seine Verantwortung für Stabilität und Verfügbarkeit der IT-Infrastruktur wahrnehmen (man denke z.B. an wilde Datenansammlungen auf lokalen Festplatten, die nicht gesichert werden und bei einem Ausfall verloren sind). Je nach

Stand und Handhabung ist es auch möglich, dass Benutzerinnen und Benutzer dies als Bevormundung ansehen und sich in ihrer Freiheit eingeschränkt fühlen. Offene Informationen und eine klare Haltung von Firmenleitung und mittlerem Kader sind deshalb ein Muss.

3.3.9   Soft Factors

Benutzerzufrie-denheit

Da sich bei bestem Willen nicht alle Eventualitäten (vertraglich) regeln lassen, ist die Handhabung der Geschäftsbeziehung von entscheidender Bedeutung, und die zwischenmenschlichen Beziehungen der beteiligten Personen wirken sich direkt auf die Arbeiten aus. Definierte Qualitätskriterien stellen in diesem Sinne immer nur ein Hilfsmittel dar. Schlussendlich ist jedoch die Zufriedenheit der Benutzerinnen und Benutzer entscheidend. Dies setzt beim Outsourcingnehmer eine Identifikation mit dem Auftraggeber und eine grosse Flexibilität voraus.

3.3.10   Auswirkungen

Geschäftsstrategie

Obwohl die Informatik die Basis für die Leistungserbringung der verschiedenen Geschäftsbereiche bildet, ist sie dennoch nur Mittel zum Zweck und hat sich an der Geschäftsstrategie auszurichten. Durch das Outsourcing der IT wird diese Haltung verstärkt. Da nicht auf bestehende Strukturen und Personen Rücksicht genommen werden muss, ergibt sich folglich ein grösserer Spielraum für die Geschäftsstrategie. Die abgeleitete Informatikstrategie kann zusammen mit dem Outsourcingnehmer ohne interne Machtkämpfe umgesetzt werden.

Geschäftsprozesse

Da Externe beteiligt sind, kommt der Definition der Geschäftsprozesse und der Schnittstellen zum Outsourcingnehmer eine zentrale Bedeutung zu. Bei Änderungen und Anpassungen ist eine partnerschaftliche Zusammenarbeit und gegenseitige Rücksichtnahme notwendig, damit das reibungslose Funktionieren weiterhin gewährleistet bleibt. Daraus resultiert eine gewisse Einschränkung bei der Wahlfreiheit der Prozessgestaltung auf Seite des Auftraggebers. Deshalb ist auch hier die Flexibilität des Anbieters äusserst wichtig. Um die Autonomie des Auftraggebers zu wahren, sind eventuell notwendige Anpassungen grundsätzlich beim Outsourcingnehmer vorzunehmen. Ansonsten wird die gewonnene Freiheit auf strategischer Ebene durch die Übernahme betriebsfremder Prozesse beeinträchtigt.

Change Management

Idealerweise wird das Change Management als durchgängiger Prozess definiert. Damit können Änderungen und Beschaffungen schlank und kostengünstig durchgeführt werden. Wichtig ist die vorgängige Festlegung der Kompetenzen bzw. der notwendigen Instanzenwege.

Projekt Management

Für IT-Projekte besteht selbstverständlich beim Auftraggeber weiterhin die Wahlfreiheit bei Auftragsvergaben. Naturgemäss besitzt der Outsourcingnehmer einen gewissen Heimvorteil, da ihm die komplette Infrastruktur bis ins Detail bekannt ist.

Wird ein Projekt an eine Drittfirma vergeben, sollte der Outsourcingnehmer trotzdem möglichst früh eingebunden werden. Einerseits wird wertvoller Input bezüglich Zusammenhängen und Abhängigkeiten eingebracht und andererseits wird der Outsourcingnehmer vermehrt einen Blick auf einen möglichst einfachen späteren Betrieb werfen. Dies kann vor allem bei komplexeren Vorhaben von grosser Bedeutung sein, da sich vielfach die Ziele der Projektabwicklung nicht unbedingt mit den Zielen des späteren Betriebes decken.

3.4   Beispiel 3: Outsourcing im Facility Management

3.4.1   Einleitung Facility Management

Das folgende Kapitel beschreibt das Entstehen und die Grundzüge von Facility Management (FM).

3.4.1.1   Historische Entwicklung

Erste Ansätze von Facility Management wurden Mitte der 50er Jahre zur Verbesserung der betrieblichen Aktivitäten und damit auch zur Produktivitätssteigerung entwickelt. Aus dem 1979 in Amerika gegründeten Facility Management Institute (FMI) wurde 1980 die National Facility Management Association (NFMA) und später die International Facility Management Association (IFMA). Gleichartige Verbände wurden in Europa Mitte der 80er Jahre gegründet, z.B. die German Facility Management Association.[29]

3.4.1.2   Definition

Facility Management selbst wird je nach Quelle, Autor und Perspektive unterschiedlich beschrieben. So beschreibt GEFMA Facility Management wie folgt:

Beschreibung   „Facility Management ist ein unternehmerischer Prozess, der durch die Integration von Planung, Kontrolle und Bewirtschaftung bei Gebäuden, Anlagen und Einrichtungen (facilities) und unter Berücksichtigung von Arbeitsplatz und Arbeitsumfeld eine verbesserte Nutzungsflexibilität, Arbeitsproduktivität und Kapitalrentabilität zum Ziel hat."

Die verschiedenen Definitionen unterscheiden sich vor allem im Umfang der Beschreibung (von normativer Betrachtung bis sehr operativer Auslegung), in der Breite des betrachteten Spektrums (Services, Menschen, etc.) oder in der Zeitperspektive (von heute bis zur Nachhaltigkeit).

Interessengruppen   Facility Management geht von drei Interessengruppen aus. Dabei liegt es in der Natur der Sache, dass die drei Parteien auch unterschiedliche Zielsetzungen haben.

Für den Eigentümer stehen im Vordergrund Werterhaltung bzw.

---

[29] Vgl. Nävy, 2000, S. 44f.

Wertsteigerung und Erhöhung der Nettorendite auf der Liegenschaft. Der Nutzer einer Liegenschaft erwartet primär einen op-
timalen Qualitäts- und Servicegrad der Leistungen zusammen mit
möglichst tiefen Kosten. Maximierung des Gebäudenutzens,
Reduzierung der Betriebs- und Instandhaltungskosten und damit
die Verbesserung der Wirtschaftlichkeit stehen für die Betreiber
im Mittelpunkt.

| 3.4.1.3 | **Lebenszyklus und Prozesse** |

GEFMA[30] untergliedert die FM Leistungen in folgende Bereiche:

• Objektvorbereitung und –Planung

• Erstellung

• Nutzung

• Gebäudemanagement

• Umbau und Nutzungsänderung

• Sanierung, Modernisierung, Wertverbesserung

• Abriss

Gebäudemanagement wird in drei Bereiche unterteilt.

Infrastrukturelles Gebäudemanagement	**Kaufmännisches Gebäudemanagement**	**Technisches Gebäudemanagement**
▪ Flächenmanagement ▪ Reinigungsdienst ▪ Sicherheitsdienste ▪ Hausmeisterdienste ▪ Dienste in Aussenanlagen ▪ Wäschedienst ▪ Umzug ▪ Entsorgen ▪ Büro-Service ▪ Sonstige Leistungen	▪ Kostenabrechnung / Controlling ▪ Objektbuchhaltung ▪ Vertragsmanagement ▪ Vermarktung von Mietflächen ▪ Sonstige Leistungen	▪ Tech. Objektmanagement ▪ Betriebsführung Technik ▪ Unterhalt ▪ Energie Management ▪ Versorgen ▪ Tech.Transportdienst ▪ Sonstige Leistungen

Abbildung 42: Gebäudemanagement nach GEFMA

---

[30] Vgl. GEFMA 100, 1996, S. 1ff.

3.4.1.4

Gründe für Outsourcing

Die Gründe für Outsourcing gelten auf genereller Ebene auch für die Funktionen von Facility Management.

Outsourcing von Sekundärprozessen

Für viele Unternehmen gehört Facility Management nicht zum Kerngeschäft. Durch gezieltes Outsourcing von Sekundärprozessen schaffen sich Unternehmen freie Ressourcen für das strategisch wichtige Kerngeschäft. Ein weiterer Grund liegt in der erwarteten Kostensenkung durch Outsourcing. Mögliche Quellen dazu sind z.B. Prozessoptimierung oder auch Verringerung von Fixkosten.

Qualitätsverbesserung

Die Qualitätsverbesserung von Leistungen im Facility Management ist von grosser Wichtigkeit, sei es um die Lebensdauer von Gebäuden durch gezielte Wartung zu verlängern oder dem Nutzer von Gebäuden ein optimales Arbeitsumfeld zu bieten. In vielen Fällen bietet Outsourcing die Möglichkeit, geforderte Flexibilität auf den Outsourcingnehmer zu überwälzen und Dienstleistungen skaliert nach Menge und Zeit zu beziehen.

All diese Aspekte werden ihren Beitrag zum Gesamtnutzen leisten. Je nach Ausgangslage und Art der Zielsetzungen für die Umsetzung wird sich aber deren Gewichtung verändern bzw. unterscheiden.

3.4.1.5

Marktstudien

Zahlreiche Studien in den vergangenen Jahren zeigen die Entwicklung von Facility Management und Outsourcing.

Aus der Studie von Travis[31] ergeben sich für die Schweiz u.a. folgende Erkenntnisse:

- Outtasking überwiegt über interne Leistungserbringung und Outsourcing. Die Umsetzung erscheint einfacher und so können gewünschte Kosteneinsparungen schnell realisiert werden

- Meist sind die infrastrukturellen Leistungen ausgelagert

- Kosten lassen sich oftmals nicht im erwarteten Masse senken. Gründe sind z.B. zu erbringende Vorleistungen zur Realisierung von Outsourcing

---

[31] Vgl. Travis, 2001, S. 13ff.

Schlüsselfaktoren — Die Studie von POM+[32] zeigt Schlüsselfaktoren für erfolgreiches Outsourcing auf. Führend dabei sind:

- Gegenseitiges Vertrauen

- Schnelle Bearbeitung von Störungen / Rückfragen

- Definierte Ansprechpartner beim Dienstleister

Outsourcing-Potenziale — Zusammenfassend zeigt sich, dass für Facility Management Outsourcing-Potenzial vorhanden ist, die Outsourcingnehmer aber auch Ansprüche an die Leistungserbringung in Form von Wertgenerierung stellen.

3.4.2 Vorstellung des Outsourcinggebers

Der folgende Teil beschreibt ein Projekt, das im Rahmen einer Gesamtbetrachtung von Real Estate (RE) und Facility Management verschiedene Stossrichtungen u.a. FM-Outsourcing beleuchtet. Das in diesem Fall beschriebene Unternehmen ist ein weltweit tätiges Industrieunternehmen mit Hauptsitz und weiteren Standorten in der Schweiz. Zusätzliche befinden sich in Amerika und in Asien. Das Unternehmen hat sich darauf festgelegt, auf das Kerngeschäft zu fokussieren und auf Grund des stark zyklischen Verlaufs am Ort des jeweiligen Markts zu operieren. Für die Schweizer Standorte besteht die Absicht, die FM-Aktivitäten einem Outsourcingnehmer zu übertragen.

3.4.3 Vorbereitung

Kernkompetenzen identifizieren

Im Rahmen der strategischen Überlegungen gilt es zu beurteilen, inwiefern die Prozesse des Facility Management zu den Kernkompetenzen des Unternehmens gehören. Die Untersuchung zeigt, dass operatives Facility Management kein Differenzierungsmerkmal im Wettbewerb darstellt und nicht zu den Kernkompetenzen gehört.

Strategisches und operatives FM — Strategische Aspekte des RE und FM jedoch sind Bereiche (z.B. Standort und damit Nähe zum Kunden), die zum Wettbewerbsvorteil beitragen können. Somit führt die Überprüfung der Kernkompetenzen zur Bestätigung der Absicht, die Dienstleistungen

---

[32] Vgl. POM+, 2002, S. 57f.

des operativen Facility Managements auszulagern, die strategischen Aktivitäten aber weiterhin durch interne Mitarbeiter vorzunehmen.

Analyse der Schwachstellen

Die Analyse des gesamten Real Estate im Unternehmen ergab folgendes Bild als Ausgangslage:

- Die Aktivitäten von Real Estate sind nicht unter einem Dach vereint, sondern werden lokal und situativ bearbeitet
- Die Strukturen und Instrumente erlauben keine zielgerichtete Führung und Optimierung des gesamten Real Estate

Für den Teilbereich des Facility Management werden folgende Schwachstellen festgehalten:

- Grundlagen für eine effiziente Organisation und Prozesse sind nicht vorhanden
- Teilweise sind Aufgaben im Sinne eines Outtasking an externe Partner weitergegeben worden
- Verändertem Bedarf nach Ressourcen (z.B. Büroräume) wird opportunistisch begegnet, es fehlt aber eine integrative Sicht mit der Geschäftsplanung
- Die Dienstleistungen des FM entsprechen nicht den veränderten Benutzeranforderungen
- Ressourcen können nicht optimal eingesetzt werden

Outsourcing-Ziele erstellen

Im nächsten Schritt wird die strategische Grundlage geschaffen. Dabei werden zuerst die Zielsetzungen für RE und FM festgelegt:

- Oberste Zielsetzung ist, den Mitarbeitern eine optimale Arbeitsumgebung zu schaffen und dadurch zur Mitarbeiterzufriedenheit beizutragen
- Auf Grund der hohen Erwartungen (Zeit, Kosten, Qualität und Flexibilität) ist es notwendig, Real Estate und Facility Management in die Überlegungen der Geschäftsentwicklung miteinzubeziehen
- Für den Bereich Real Estate wird eine unternehmensweit verantwortliche Einheit etabliert. Diese Einheit nimmt für das Unternehmen die Interessen gegenüber den Stakeholdern

wahr. Real Estate ist in den Niederlassungen durch eigene Mitarbeiter vertreten

- Diese Einheit ist für die Bereitstellung von Ressourcen im Bereich RE und FM verantwortlich

- RE und FM sind Dienstleister zur Unterstützung der Geschäftsprozesse. Strategisches FM wird selbst wahrgenommen, operatives Facility Management wird durch Outsourcing-Partner erbracht

Outsourcing-Ziele Für das Outsourcing werden die Zielsetzungen wie folgt abgeleitet:

- Das Unternehmen konzentriert sich auf das Kerngeschäft, professionelles Facility Management wird durch einen leistungsfähigen Partner sichergestellt

- Im Hinblick auf Optimierung von Zeit, Kosten, Qualität und Flexibilität übernimmt der Outsourcingnehmer die Verantwortungen für die operativen Belange des Facility Management.

Outsourcing-Bereich abgrenzen

Auslagerung des infrastrukturellen Gebäudemanagement Die Bereiche des Outsourcing werden auf Grund der strategischen Überlegungen und der Ergebnisse aus der Analyse der Kernkompetenzen abgegrenzt. Strategische Vorgaben zum Facility Management werden nach wie vor im Unternehmen selbst erstellt, ebenso das kaufmännische Gebäudemanagement. Hingegen werden technisches und infrastrukturelles Gebäudemanagement ausgelagert.

Ressourcen bereitstellen

Breites Projektteam Das Projekt wird in zwei Hauptphasen aufgeteilt, nach denen sich auch die Projektorganisation richtet. Die erste Phase des Projektes beinhaltet die Erstellung der Anforderungen und die Evaluation des Partners. Das Projektteam wird aus dem für RE verantwortlichen Mitglied der Geschäftsleitung als Bindeglied, dem Leiter des Facility Management als Projektleiter, zwei leitenden Angestellten des Facility Management, Vertretern aus dem angestammten Kerngeschäft gebildet, und zusätzlich wird das Projektteam durch externe Berater unterstützt.

Aufgabenorientierter Projektaufbau Die zweite Phase widmet sich der Realisierung des Vorhabens. Zu diesem Zweck wird die Zusammensetzung des Projektteams aufgabenorientiert ergänzt. So ist es Aufgabe der Personalabteilung, die geplante Personalübernahme durch den Outsourcingnehmer mitarbeiterorientiert und sozial verträglich zu begleiten.

3.4.4 Anbahnung

Zielsetzung der Anbahnung ist, die Anforderungen strukturiert zusammenzuführen und mit deren Hilfe den richtigen Partner für Outsourcing zu wählen.

Pflichtenheft erstellen

Die Erstellung des Pflichtenhefts konzentriert sich auf folgende Punkte:

- Anforderung an die Prozesse bzw. Leistungen
- Anforderungen an das Unternehmen

Die Outsourcingnehmer beantworten das Pflichtenheft im Rahmen einer Abdeckung der Anforderungen und erstellen gleichzeitig ein Angebot, das die Kosten für die Leistungen aufzeigt.

Outsourcingnehmer-Kandidaten selektieren

Longlist

Die Vorselektion von möglichen Outsourcingnehmern wird auf Grund von Branchenlisten und –beurteilungen durchgeführt. Im vorliegenden Fall kommen u.a. folgende Kriterien zur Vorauswahl zum Zug:

- Führender Outsourcingnehmer im Markt
- Gleiche oder ähnliche Mandate im erfolgreichen Stabile finanzielle Situation des Unternehmens
- Einschätzung möglicher Risiken

Shortlist

Die Vorselektion der potenziellen Outsourcingnehmer führt zu drei möglichen Kandidaten, die aufgefordert werden, ein Angebot einzureichen.

Outsourcingnehmer auswählen

Die Angebotsprüfung erfolgt mittels Auswertung des Erfüllungsgrades mit im Voraus definierten Gewichtungen. Diese Gewichtungen ergeben eine Punktzahl je Angebotssteller. Gleichzeitig wird ein finanzieller Vergleich der Angebote vorgenommen.

Im Rahmen der Offertstellung werden die Outsourcingnehmer aufgefordert, Referenzkunden anzugeben.

Die Beurteilung des Referenzbesuches erfolgt mit Hilfe einer Befragung der beteiligten Mitarbeiter. Dabei werden die Referenzbesuche nach folgenden Kriterien beurteilt:

Auswahlkriterien

- Vergleichbarkeit des Referenzkunden zu eigenem Unternehmen

- Beurteilung der Implementierungsleistung

- Beurteilung des operativen Betriebes

- Schwierigkeiten und Risiken

Kandidaten evaluieren und prüfen

Letter of Intent

Es liegen nun vielseitige Informationen über die Angebotsteller vor. Auf Grund der Auswertung der Informationen kann einer der Kandidaten selektiert werden. Die weiteren Arbeiten werden mit einem Letter of Intent abgesichert, um beiden Parteien für die nächsten Schritte Sicherheit zu geben.

Vertrag

Der eigentliche Vertrag wiederum wird mittels eines Standardvertrages, der vom Outsourcingnehmer eingebracht wird, ausgearbeitet. Dieser Vertrag besteht aus einer Rahmenvereinbarung und aus einzelnen Leistungsbeschreibungen. Nach Abschluss der Verhandlungen und Ausformulierungen wird das gesamte Vertragswerk durch Juristen beider Parteien geprüft. Bietet der Outsourcingnehmer keine standardisierten Verträge, gibt es verschiedene Quellen, die Unterstützung bieten können.

SLA's definieren

Die Beschreibung der einzelnen Leistungen wird in den Service Level Agreements festgehalten. Unten stehende Grafik zeigt dazu mögliche Inhalte:

Zielsetzung	Laufende Pflege der Grünanlage im Freien und Pflege der Pflanzen in den Gebäuden
Spezifikation	Bepflanzen, wässern, düngen, begrünen, säubern und schneiden der Grünanlage
Leistungsauslöser	Die Leistungen werden im Rahmen eines Arbeitsplanes erbracht, Jahreszeiten werden berücksichtigt
Reporting	Journal (wöchentlich), Regiearbeit nach Auftragserledigung, Vorschläge nach Bedarf
Kennzahlen	Kosten pro m² Grünfläche Kosten pro m² Gebäudefläche Kosten pro Arbeitsplatz oder Mitarbeiter Kundenzufriedenheit

Abbildung 43: Beispiel SLA Grünanlage

Es ist zu empfehlen, dass die Parteien die SLA's gemeinsam erarbeiten, sodass beide unter der definierten Leistung auch das Gleiche verstehen. Hilfreich ist dabei der Aufbau eines gemeinsamen Glossars.

Tiefe der Beschreibung

Die Herausforderung der Leistungsdefinition liegt in der Tiefe der Beschreibung, diese kann von sehr grob bis hin zu genau spezifizierten Leistungen reichen. Angebracht ist oftmals, einen Mittelweg zu beschreiten und auch in diesem Falle von den Erfahrungen des Outsourcingnehmers zu profitieren.

3.4.5 Umsetzung

Der Umsetzungsplan sieht drei Phasen vor:

Phase 1: Detailplanung und Vorbereitung

* Fertigstellung der Verträge und SLA's
* Detailplanung der Umsetzung
* Kostenplanung
* Übernahme von Mitarbeitern und Gerätschaften
* Kommunikation an gesamte Belegschaft

Phase 2: Pilotumsetzung

* Pilotumsetzung an einem Standort
* Überprüfung der Ausgangslage und der Leistungen durch Facility Manager und Kunden

- Ableiten von Korrekturmassnahmen

Phase 3: Rollout

- Rollout der Leistungen auf alle Standorte
- Übergang in kompletten Produktivbetrieb

Ausgestaltung der neuen Rollen

Die Verantwortlichkeiten werden auf strategischer und operativer Ebene unterteilt.

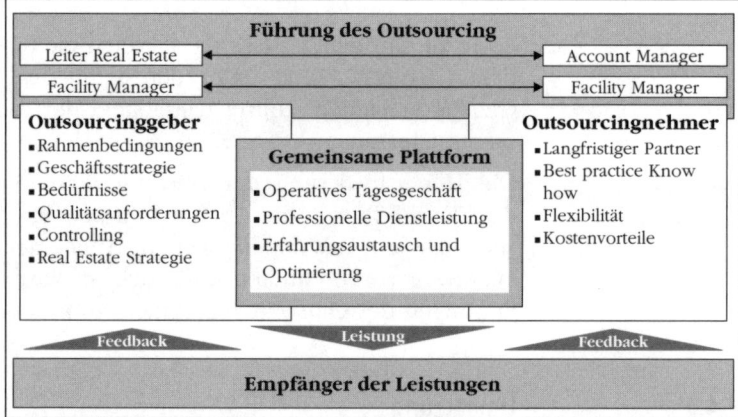

Abbildung 44: Rollen im FM-Outsourcing

Führung und operative Belange
Die strategische Führung wird durch den Leiter Real Estate und den zuständigen Account Manager abgedeckt. Operative Belange werden auf beiden Seiten durch die für die Gebäude verantwortlichen Mitarbeiter bearbeitet. Im operativen Bereich wird eine gemeinsame Plattform geschaffen, auf der die beiden operativen Leiter tätig sind.

Mitarbeiterkommunikation

Das Outsourcing des Facility Managements wird die meisten Mitarbeiter in irgendeiner Art und Weise betreffen, sei es nur, dass „Fremde" nun ihrer Arbeit auf dem Gelände oder im Gebäude nachgehen.

Gezielte Mitarbei-
terinformation

Aus diesem Grund wird mit einer gezielten Mitarbeiterinformation über die Veränderung informiert. In einem zweiten Schritt wird zu einem späteren Zeitpunkt die Zufriedenheit der Mitarbeiter mit den erbrachten Leistungen erfragt. Dies liegt bereits in der Übergangsphase im Interesse aller beteiligten Parteien.

3.4.6   Betrieb und Controlling

Der operative Betrieb wird durch drei Steuerungsebenen geleitet, ausgehend von einem Management des täglichen Betriebes, über das monatliche Controlling bis hin zu jährlich stattfindenden Audits mit anschliessender Auswertung.

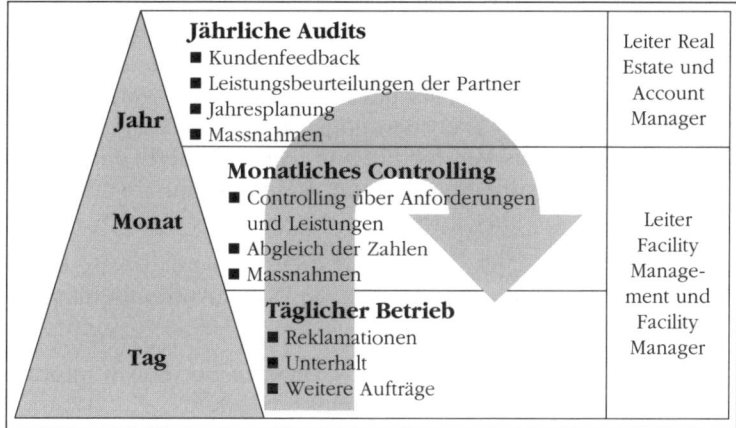

Abbildung 45: Managementebenen des Outsourcing

Während der Übergangsphase des Outsourcing werden die Zyklen des Controlling nach Bedarf angepasst.

Die Audits bezwecken die Anforderungen der Outsourcinggeber und die Leistungen der Outsourcingnehmer gemeinsam abzugleichen und Massnahmen für das weitere Vorgehen zu bestimmen.

Gemeinsames
Controlling

Der Aufbau des Controllings erfolgt gemeinsam und richtet sich erstens nach Zeit, Kosten, Qualität und Flexibilität. Zweitens sind es einerseits die SLA und anderseits die Objekte. Basierend auf diesen Grunddaten werden die benötigten Reports aufgebaut.

3.4.7 Kritische Erfolgsfaktoren

Win-Situation für alle

Die Nachverfolgung des Projektes zeigt, dass erfolgreiches Outsourcing auf Win-Win-Win Situationen basiert, bei denen Eigentümer, Outsourcingnehmer und Nutzer in gleichen Massen profitieren. Dieser Ausgleich schafft ebenbürtige Partnerschaften, die auch langfristiges Potenzial haben. Dies wiederum mündet in einer Flexibilität der Partner bei Veränderungen.

Ausgangslage bildet immer professionelle und kooperative Arbeit über alle Projektphasen und im operativen Betrieb.

3.4.8 Soft Factors

Personalüberlassung

Das oben beschriebene Outsourcing wirkt sich auf unterschiedliche Bereiche des Unternehmens aus. Erstens werden Mitarbeiter vom Outsourcingnehmer übernommen, die Mitarbeiter erhalten also einen neuen Arbeitgeber. Zweitens erbringen diese Mitarbeiter Dienstleistungen im ehemals eigenen Unternehmen für Mitarbeiter, die noch in diesem Unternehmen beschäftigt sind. Es sind also nun fremde Mitarbeiter im Unternehmen. Um diese neue – aber auch alte – Situation erfolgreich meistern zu können, werden Massnahmen ergriffen:

- Rechtzeitige und offene Kommunikation über die Veränderungen

- Betroffene Mitarbeiter persönlich informieren und verständliche Begründungen liefern

- In der Phase der Unsicherheit die Mitarbeiter begleiten, bei gravierenden Veränderungen Zeit für Anpassungen geben und auch auftauchende Widerstände konstruktiv angehen

3.4.9 Lessons learned

Die aktuellen Resultate bestätigen grundsätzlich die Entscheidung für das Outsourcing. Es zeigt sich, dass die Realisierung und Feinabstimmung länger dauert als ursprünglich angenommen. In diesem Zusammenhang erscheint wiederum das Thema der richtigen Breite und Tiefe der Leistungsbeschreibung als Herausforderung. Schliesslich sind Partnerschaft und Flexibilität während der eher unsicheren Startphase sehr wichtig und helfen, unvorhergesehene Situationen zielorientiert zu meistern. Dazu beitragen kann schrittweises Vorgehen, das Sicherheit und Vertrauen zwischen allen Partnern schafft.

3.4.10   **Auswirkungen**

Das Outsourcing des Facility Managements unterstützt die weitere Realisierung der Geschäftsstrategie. Einerseits ist es die Ausrichtung auf die Kernkompetenzen, anderseits aber auch das Schaffen von zusätzlicher Flexibilität für einen doch betriebsnotwendigen Bereich. Insgesamt kann die Auswirkung als positiv betrachtet werden.

Verbesserte Prozesse

Aus der Sicht der Geschäftsprozesse kann durch die Auslagerung Best Practice Know-how in das Unternehmen geholt werden, was wiederum eine positive Wirkung auf Durchlaufzeit und Prozessqualität hat. Ob die Kosten tatsächlich nachhaltig reduziert werden können, gilt es noch zu beweisen, zumindest aber steigt bei gleichen Kosten der Servicegrad.

Faktor Mensch

Die Übergangsphase hat eindrücklich bewiesen, dass dem Faktor Mensch im Rahmen des Change Management die angemessene Beachtung geschenkt werden muss. Den wichtigsten Beitrag zum Erfolg des Vorhabens leisten die Mitarbeiter beider Parteien.

4   Checklisten

Nicht weil es schwer ist, wagen wir
es nicht, sondern weil wir es nicht
wagen, ist es schwer.

Lucius Annaeus Seneca

4.1   Einleitung

Die Checklisten dienen als Gedankenstütze und Arbeitsinstrument. In der praktischen Anwendung wird es nötig sein, diese auf die firmenindividuellen Erfordernisse anzupassen.

4.2   Chancen und Risiken

Prozesse	
Chancen	Risiken
✔ Sind vor dem Outsourcing-Projekt klare Vorstellungen und Abgrenzung über auszulagernde Bereiche definiert. ✔ Konzentration auf das Nötige und Machbare	✔ Umfang an Aufgaben, Verantwortlichkeiten und Kompetenzen ist nicht (ganz) klar ✔ Einzelaufgaben werden an Stelle von Prozessen definiert

Strukturen	
Chancen	Risiken
✔ Mitarbeiter und Manager können sich an neuen Strukturen ausrichten ✔ Aufzeigen von Overhead	✔ Keine oder fehlende Anhaltspunkte ✔ Neues Organigramm wird nur bedingt akzeptiert

Geschäftsziele	
Chancen	Risiken
✔ Mehr Flexibilität ✔ Reduktion der Komplexität ✔ Bessere Kostenkontrolle ✔ Einsparen von Kosten ✔ Unternehmen wird wettbewerbsfähiger ✔ Erhöhung der Effizienz ✔ Schnellere time to market ✔ Schnellere Anpassungen an Marktbedürfnisse ✔ Realisieren von neuen Geschäftsideen ✔ Fokus auf Kernkompetenzen ✔ Verbesserung der Qualität	✔ Ziele werden unklar formuliert und dadurch wird der Nutzen nicht vollumfänglich erreicht ✔ Zu hohe und nicht vollumfänglich erfüllte Erwartungshaltungen ✔ Zu radikaler Umbruch ✔ Lange „trial and error" Phase ✔ Einführung hat negative Auswirkungen auf Kunden ✔ Abhängigkeit vom Outsourcingnehmer ✔ Ausstiegsszenario ✔ Langfristiges Preisrisiko ✔ Strategische Änderungen des Outsourcingnehmers

Mitarbeiter	
Chancen	Risiken
✔ Neue Arbeitsweisen / -stile ✔ Neue Methoden ✔ Aktuelle Technologien ✔ Kompetenzzunahme ✔ Erhöhung der Produktivität	✔ Mitarbeiter akzeptieren neue Situation nicht ✔ Innere Kündigung, Dienst nach Vorschrift ✔ Zeitlich befristeter Kündigungsschutz

Legal	
Chancen	Risiken
✔ Einheitliches Vendor Management	✔ Überreglementierung des Rahmenvertrags und der SLA's

Kultur	
Chancen	Risiken
✔ Kulturen sind ähnlich oder kompatibel ✔ Frische Ideen und neues Gedankengut fliessen ein ✔ Erweiterung des persönlichen Horizontes	✔ Unterschiedliche Denkansätze, Verhaltensweisen, Unternehmenssprachen, Normen und Werte führen zu Missverständnissen ✔ Andere Arbeitsstile werden nicht akzeptiert ✔ Zu unterschiedliche Kulturen

IT	
Chancen	Risiken
✔ Nahtlose Integration in die Prozesse ✔ IT unterstützt Prozesse und Business ✔ Immer aktuelle und zeitgemässe Lösungen, Ablösung alter Programme ✔ (Kosten-) Transparenz in der IT	✔ IT-Know-how geht verloren

Qualität	
Chancen	Risiken
✔ Integration in bestehendes Qualitätsmanagement System	✔ Zusagen hinsichtlich Qualität können nicht eingehalten werden

Flexibilität	
Chancen	Risiken
✔ Managementkapazität wird frei	✔ Keine neuen Aufgaben für Mitarbeiter und Manager ✔ Manager haben Mühe mit neuer Position

Kosten	
Chancen	Risiken
✔ Kostentransparenz ✔ Variabilisierung der Kosten	✔ Früher intern erbrachte Leistungen gehören nicht mehr zum Leistungsumfang und kosten zusätzlich

Nahtstellen	
Chancen	Risiken
✔ Klare Abgrenzung und definierte Aufgaben, Kompetenzen und Verantwortung ✔ Weniger Qualitätsverlust ✔ Weniger Schnittstellen	✔ Sind die gleichen wie vorher

4.3   Einsatz externer Berater

Eigene Vorbereitungen
✔ Ist die Outsourcing Fragestellung exakt positioniert?
✔ Gibt es zeitliche Abhängigkeiten
✔ Sind die zu erreichenden Ziele bzw. Resultate beschrieben und innerhalb des Unternehmens verabschiedet
✔ Ist die Rolle des externen Beraters definiert, sind Messkriterien definiert
✔ Gibt es innerhalb oder ausserhalb bereits ähnliche Lösungen
✔ Ist die Projektorganisation mit den richtigen Mitarbeitern ausgestattet

Bewertungskriterien zur Auswahl eines externen Beraters	
Fachkompetenz	✔ Ausbildung der Berater ✔ Berufserfahrung ✔ Weiterbildungen ✔ Branchenerfahrung ✔ Beratungserfahrung ✔ Erfahrung in ähnlichen Projekten
Methoden-Kompetenz	✔ Projektmanagement Methode ✔ Generell methodisches Vorgehen ✔ Projekt-, auftragsspezifsche Methode ✔ Erfahrung in der Moderation
Sozialkompetenz	✔ Kommunikation und Konfliktlösung ✔ Umgang mit Geschäftspartnern, Kunden, Mitarbeitern ✔ Wahrnehmungsverhalten ✔ Verhandlungsgeschick
Allgemeine Kriterien	✔ Referenzen (Größe, Branche, Anzahl, Art) ✔ Terminplanung Beginn, Umfang, ✔ Dauer ✔ Honorare und Nebenkosten ✔ Vertragsgestaltung ✔ Projektorganisation
Mindestanforderungen Inhalt Beratervertrag	✔ Aufgabenstellung (Ziel der Beratung) ✔ Vorgehensweise ✔ Beratungsmethode ✔ Zeitplan, zu liefernde Ergebnisse ✔ Projektteam ✔ Geplanter Zeitaufwand ✔ Honorar und Konditionen ✔ Abmachung über vorzeitige Beendigung

4.4   Inhalt Business Case

Ausgangslage
✔ Strategische Überlegungen
✔ Marktkräfte, Kundenverhalten und Kundenanforderungen

Lösungsansätze
✔ Lösungsansatz (mit Auswirkungen auf…)
✔ Strategische Aspekte
✔ Geschäftsprozesse (Fokus auf Kern- und Supportprozesse)
✔ Informatik- und Technologieaspekte
✔ Kulturelle Aspekte
✔ Strukturelle Aspekte
✔ Zielgruppe und Anwender
✔ Informations- und Kommunikationsflüsse
✔ Finanzielle Aspekte

Projekt Management
✔ Projektdaten
✔ Projektumfang (Ziele, Einschränkungen, Abgrenzung)
✔ Projekt Management (Organisation, Vorgehensplan, etc.)

Projektaufwand und -nutzen
✔ Wirtschaftlichkeit (Kosten / Nutzen)
✔ Projektkosten
✔ Interner Koordinationsaufwand
✔ Entwicklungsaufwand
✔ Externe Dienstleistungen (Consulting)
✔ Diverser Sachaufwand
✔ Net Present Value
✔ Finanzierung

Anforderungen

- ✔ Prozesse
- ✔ Schnittstellen
- ✔ Verfügbarkeit
- ✔ IT-Security-Anforderungen
- ✔ Performance-Anforderungen
- ✔ Systemplattform / Betriebssystem

Auswirkungen

- ✔ Umfang und Tragweite der Änderungen
- ✔ Anzahl Business Units / Mitarbeiter
- ✔ Betroffene Geschäftsprozesse
- ✔ Schnittstelle zu Kunden

Risiken

- ✔ Risiken (inkl. einem Risiko Rating)
- ✔ Abhängigkeiten
- ✔ Informatik- und Technologierisiken
- ✔ Personelle Risiken
- ✔ Massnahmen zur Risikominimierung

Kosten und Nutzen im Betrieb

- ✔ Betriebsaufwand
- ✔ Wartung Schnittstellen
- ✔ Gebühren (gemäss SLA, Leasing, etc.)
- ✔ Übriger Aufwand
- ✔ Nutzen und Einsparungen im Betrieb

Schlussbestimmungen

- ✔ Verantwortliche Kostenstelle
- ✔ Internes Sponsoring

4.5   **Erstellung Request for Proposal**

Project Start-up
✔ Definierter Project Scope und Zielsetzungen Rekrutierung des Projektleiters
✔ Evaluation und Engagement eines erfahrenen externen Beraters
✔ Projektzeitrahmen und Meilensteine mit dem Management abstimmen
✔ Abklären und Identifizieren von potenziellen Empfängern

Project Start-up (Fortsetzung)
✔ Unterschreiben von Geheimhaltungsvereinbarungen (falls notwendig)
✔ Angehen der potenziellen RFP-Empfänger und diese über die Ausschreibung kurz informieren sowie abklären, ob Interesse da ist ein, Angebot einzureichen
✔ Dokumentation zukünftiger Aufgaben, Kompetenzen und Verteilung der Zuständigkeiten zwischen Outsourcinggeber und –nehmer (Verantwortlichkeitsmatrix)
✔ Aufzeigen der IT-Infrastrukturen
✔ Skills und Kapazitäten des Personals
✔ Preis- und Verrechnungsmodelle
✔ Erwartete Performancestandards bzw. Service Levels

Informationsbeschaffung
✔ Beschaffen von Informationen über das Unternehmen
✔ Beschaffen von Informationen der relevanten Geschäftsfelder
✔ Beschaffen von Informationen zu den spezifischen Rahmenbedingungen des Outsourcing-Vorhabens

Erstellung des RFP (inkl. Evaluationskriterien)

✔ Erstellen eines ersten Entwurfs

✔ Review des Entwurfs mit den beteiligten Stellen (i.d.R. mehrere Durchläufe)

✔ RFP gegenüber den definierten Zielsetzungen und Projekt Scope validieren

✔ Interne Genehmigung und sicherstellen, dass Sign off für RFP vorliegt

✔ Abklären mit den Outsourcingnehmer-Kandidaten hinsichtlich offener Fragen und Annahmeschluss

✔ Sicherstellen, dass Geheimhaltungserklärung vor dem Versand unterschrieben vorliegt, falls dies erforderlich ist

✔ Versand des RFP an alle interessierten Outsourcingnehmer-Kandidaten

Vom Eingang des RFP bis zur Short List

✔ Erstellen eines Evaluationsmodells für Outsourcingnehmer-Kandidaten mit der Verwendung von vereinbarten Kriterien

✔ Eingehende Fragen beantworten

✔ Durchführen einer Fragen- / Antwortenrunde (optional, in Abhängigkeit der Komplexität des Projekts)

✔ Review der Antworten

✔ Durchführen einer ersten Lesung der Angebote

✔ Eliminieren von offensichtlichen Antworten, die nicht konform sind

✔ Beurteilung der Angebote nach den definierten Eignungs- und Zuschlagskriterien

✔ Überprüfen der Bewertung auf etwaige Inkonsistenzen bzw. Missverständnisse

✔ Erstellen der Short List

Informationen an Short List-Kandidaten

✔ Informieren, dass der betreffende Kandidat auf der Short List ist

✔ Vereinbaren und Durchführen von weiteren Workshops oder Terminen

✔ Einholen von Referenzen und Kundenbesuche durchführen

✔ Aufforderung an Outsourcingnehmer-Kandidaten die "best and final offer" (BAFO) zu senden

✔ Letzte Offerte überprüfen und Evaluation fertig stellen

✔ Entscheid Outsourcingnehmer

✔ Dank und Feed-back an alle, die eine Offerte erstellt haben, die aber nicht zum Zuge gekommen sind

4.6 Beschreiben von Anforderungen

Quellen zur Definition von Anforderungen

✔ Organisation / Struktur / Rahmenbedingungen

✔ Produkte und Dienstleistungen

✔ Erwartungen der Anwender und Anwendergruppen

✔ Gesetze, Richtlinien und Weisungen

✔ Mengen, Häufigkeiten und Grenzwerte

✔ Externe Schnittstellen

✔ Infrastruktur (Hardware, Software, Netzwerke, etc.)

✔ Bestehendes System (inkl. Systemdokumentation und Arbeitsunterlagen des Betriebs)

Funktionale Anforderungen

✔ Welche Funktionen muss das zukünftige System umfassen?

✔ Welche Bedingungen / Voraussetzungen / Abhängigkeiten müssen bei der Ausführung beachtet werden?

✔ Welche Funktionen müssen / dürfen parallel bzw. sequentiell ablaufen?

Funktionale Anforderungen (Fortsetzung)

✔ Welche Daten werden anderen Systemen ausgetauscht (Import-, Export- und Kommunikationsschnittstellen)?

✔ Welche Daten werden wie berechnet?

Nicht-funktionale Anforderungen

✔ Effizienz: Wie ist die Intensität der Ressourcennutzung?

✔ Zuverlässigkeit: Wie soll das System während einer vorgegebenen Anwendungsdauer die funktionalen Anforderungen erfüllen?

✔ Sicherheit: Wie soll das System innerhalb vorgegebener Grenzen und für eine definierte Zeitdauer einer unbefugten Nutzung oder Beeinträchtigung von aussen widerstehen?

✔ Fehlertoleranz: Wie soll das System bei einer Verletzung der spezifizierten Betriebs- und Benutzungsvoraussetzungen ein vorgegebenes Verhalten zeigen?

Nicht-funktionale Anforderungen

✔ Benutzbarkeit: Wie geeignet ist das System zum Erlernen und zur Bedienung?

✔ Änderbarkeit und Korrigierbarkeit: Wie geeignet ist das System für Änderungen seitens der Benutzer oder der Systemumgebung? Wie geeignet ist das System für die Behebung von Fehlern?

✔ Portabilität: Wie geeignet ist das System für den Einsatz in unterschiedlichen vorgegebenen Hardware- und Software-Systemen?

Anforderungen an den Entwicklungsprozess

✔ Vorgehen

✔ Release-Planung

✔ Projektplanung

✔ Kosten

✔ Termine

Anforderungen an den Entwicklungsprozess (Fortsetzung)
✔ Meilensteine
✔ Qualitätsplanung
✔ Prüfungen
✔ Problem & (technisches) Changemanagement
✔ Projektkontrolle
✔ Berichtserstattung gegenüber dem Outsourcinggeber
✔ Schulung
✔ Methoden, Entwicklungsrichtlinien
✔ Change und Konfigurationsmanagement

Gliederung	
Einleitung	✔ Zweck und Umfang der Anforderungs-spezifikation
	✔ Bezug zu den Geschäftsprozessen
System Charter	✔ Übersicht über das gesamte Software-System

Gliederung (Fortsetzung)	
Funktionale Anforderungen	✔ Beschreibung der einzelnen Funktionen, die das zukünftige System umfassen muss
	✔ System-Kontextdiagramm
	✔ Actor Liste
	✔ Use cases mit Beschreibung und Anforderungen
	✔ Weitere funktionale Anforderungen (z.B. Berechnung, Parallelität, etc.)
Nicht-funktionale Anforderungen	✔ Effizienz, Zuverlässigkeit, Sicherheit, Fehlertoleranz, Benutzbarkeit, Änderbarkeit und Korrigierbarkeit, Portabilität
Anforderungen an das Projekt	✔ Standards, Richtlinien und weitere Vorgaben
	✔ Methoden und Tools

Zyklus bei der Anforderungserstellung	
Vorbereitung	Erheben und Beschreiben der Hauptanforderungen: ✔ Aufgaben ✔ Verantwortungen ✔ Qualitätsanforderungen ✔ Mengengerüste ✔ Rahmenbedingungen
Anbahnung	Verfeinern und Ergänzen der Hauptanforderungen ✔ Ergänzung des Anforderungskatalogs ✔ Definieren der Abnahmekriterien ✔ Anforderungen genehmigen Die genehmigten Anforderungen sind die Grundlage der Planung und somit des Request for Proposal, das an die Outsourcingnehmer-Kandidaten gesendet wird.

Zyklus bei der Anforderungserstellung (Fortsetzung)	
Umsetzung sowie Betrieb und Controlling	Einführen einer den Anforderungen entsprechenden Lösung Neue Anforderungen ✔ Aufnehmen ✔ Priorisieren ✔ In die weitere Planung einbeziehen

Eigenschaften guter Anforderungen	
Richtig	✔ Sind die beschriebenen Anforderungen zielgerichtet und sachlich richtig
Prüfbar	✔ Gibt es für jede Anforderung mindestens ein Abnahmekriterium
Widerspruchsfrei	✔ Gibt es Anforderungen, die im Widerspruch zu anderen Anforderungen stehen

Eigenschaften guter Anforderungen (Fortsetzung)	
Vollständig	✔ Sind alle Anforderungen beschrieben
	✔ Wurden zur Präzisierung auch Eigenschaften erfasst, die das System nicht tun darf
Verständlich	✔ Sind alle Anforderungen für den Outsourcinggeber und –nehmer verständlich beschrieben
	✔ Sind die wichtigsten Begriffe im Glossar definiert
	✔ Wurden die Raster oder Modelle des RFP verwendet
Eindeutig	✔ Gibt es für jede Anforderung nur eine Interpretationsmöglichkeit
Priorisiert	✔ Ist jede Anforderung mit den Prioritäten unabdingbar, hoch, mittel oder tief priorisiert und sowohl auf Seite Outsourcinggeber wie auch –nehmer gutgeheissen
Realisierbar	✔ Ist jede Anforderung mit vernünftigem Aufwand und den zur Verfügung stehenden Ressourcen realisierbar

4.7 Vertragsvorbereitung

Vertragssituation im Vorfeld
✔ Besteht mit dem Outsourcingnehmer bereits (für einen anderen Bereich) ein Vertrag
✔ Gibt es ein vorvertragliches Risiko Management
✔ Sind separate Verträge für die Teile Rahmenvertrag, SLA und Betriebsanleitung erstellt worden
✔ Wie ist das Verhältnis zwischen Rahmenvertrag und SLA geregelt

---

Vertragssituation im Vorfeld (Fortsetzung)

✓ Wird zwischen Übernahme- (Projekt-), Betriebs- und Beendigungsphase unterschieden

✓ Können Rabatte ausgehandelt werden

✓ Wer ist Key Account Manager / Ansprechpartner

✓ Können die Risiken reduziert, eliminiert, verteilt oder versichert werden

✓ Wurde der Vertrag durch einen Rechtsberater geprüft

✓ Gilt nationales oder internationales Recht

✓ Gibt es branchenspezifische Spezialitäten

✓ Bestehen regulatorische Hindernisse

✓ Sind die Verhandlungsführung sowie die taktischen, politischen Schritte festgelegt

✓ Sind arbeitsrechtliche Fragestellungen bei Personalübergang zusammen mit der Personalabteilung, Gewerkschaften und den Behörden geregelt

---

Gemeinsame Sprachbasis

✓ Wurden die Begriffe definiert bzw. besteht ein Glossar

✓ Wurde der Vertrag in der Originalsprache (diejenige des Outsourcinggebers) belassen oder evtl. für den Outsourcingnehmer übersetzt (Interpretationsspielraum)

✓ Ist sichergestellt, dass der Vertrag keine gesellschaftliche Bindung (einfache Gesellschaft) vorsieht

---

Leistungsbeschreibung

✓ Wurde für den Outsourcingnehmer ein Pflichtenheft erstellt und verabschiedet

✓ Wurde für den Outsourcingnehmer ein Pflichtenheft erstellt und genehmigt

✓ Sind die Leistungen nachvollziehbar, präzise, qualitativ und quantitativ messbar sowie objektiv beurteilbar beschrieben

---

Leistungsbeschreibung (Fortsetzung)

✔ Gibt es Vorgaben bezüglich Leistungsnormen oder sind Mindestanforderungen vorgegeben

✔ Sind die Hauptzielsetzungen klar formuliert

✔ Existiert eine Prozessbeschreibung

✔ Ist die erwartete Verfügbarkeit definiert

✔ Wie sieht die tägliche Betriebsdauer (z.B. für Server, Applikationen, Datenbank) aus

✔ Ist der Betriebsstandort bestimmt

✔ Ist eine Hotline bzw. ein Helpdesk vorgesehen

✔ Kann der Outsourcingnehmer firmenindividuelle Prozesse, Produkte und Spezialitäten 1:1 abbilden

✔ Bestehen Limits für den Workload

Aufgaben, Kompetenzen und Verantwortlichkeiten

✔ Sind sowohl für Outsourcinggeber als auch –nehmer die Aufgaben, Kompetenzen und Verantwortlichkeiten besprochen und klar definiert

✔ Sind insbesondere die Nahtstellen geregelt

✔ Ist eine permanente Qualitätssicherung auf Seite Outsourcingnehmer vorgesehen bzw. sichergestellt

✔ Wer nimmt die Detailspezifikationen ab

✔ Wie sieht die Regelung für die Überführung und Implementierung des Projekts aus (Termine, Projektleiter, Projektorganisation, Kontrollfunktionen, Entscheidungsgremium, Meilensteine und Ergebnisse)

✔ Ist seitens Outsourcinggeber geklärt, wer die Weisungsbefugnis gegenüber dem Outsourcingnehmer hat

✔ Wer ist zuständig für die definitive Abnahme

Zutritts- / Zugriffsrechte
✔ Falls die Leistungen in den Gebäuden des Outsourcinggebers erbracht werden, sind die nötigen (Gebäude-) Zutrittsrechte sowie die Zugriffsrechte auf die Applikationen vorhanden und dokumentiert
✔ Bestehen entsprechende Weisungsrechte
✔ Ist die Software mandantenfähig und können die Unternehmensdaten sauber von Dritten getrennt werden

4.8 Verträge

Vertragsmanagement
Beinhaltet der Vertrag alle nötigen Angaben, z.B.
✔ Vertragsgegenstand
✔ Vertragspartner / Ansprechpartner
✔ Vertragsdauer (bestimmt vs. unbestimmt)
✔ Vertragskündigung (flexibles Kündigungsrecht, ordentliche und ausserordentliche Kündigung)
✔ Vertragskündigungsfrist (genügend Zeit, um einen anderen Outsourcingnehmer zu verpflichten)
✔ Vertragsänderung (Leistungsumfang)
✔ Vertragsgültigkeit (Übernahme, Konkurs, Geschäftsaufgabe, drastische Änderungen des Geschäftszwecks, etc.)
✔ Definition der Schnittstellen
✔ Darf der Outsourcingnehmer Teilleistungen an einen weiteren Subunternehmer auslagern bzw. vergeben und wie ist bei einem etwaigen Schaden die Haftpflicht geregelt; falls ja, bestehen die gleichen Rechte und Pflichten wie mit dem Outsourcingnehmer
✔ Gibt es Beilagen bzw. Sonderbestimmungen, die ebenfalls integrierender Vertragsbestandteil sind

Standort
✔ Soll der Standort für das Erbringen der Dienstleistungen möglichst nahe bei dem Unternehmen sein oder spielt es keine Rolle
✔ Bestehen spezielle Anforderungen bezüglich Infrastruktur und Sicherheit

Ressourcentransfer
Sind die Themen
✔ Hardware / Software, Middleware und Lizenzen
✔ Mitarbeiterüberlassung (Vertragskonditionen)
✔ Infrastruktur (u.a. Sachmittel, Gebäude)
besprochen und im Vertrag integriert worden, wie diese Ressourcen zum Outsourcingnehmer übergehen
✔ Wie sieht der Mitarbeiterüberlassungsvertrag aus (Abfindung, Sozialplan, Lohnkürzungen, Arbeitnehmerrechte)
✔ Gibt es spezielle Anforderungen bezüglich Skills bzw. Qualifikation der Mitarbeiter

Change Management
✔ Wird unterschieden zwischen Beschaffung und Betrieb einer Software
✔ Wie viele Releases gibt es pro Jahr
✔ Wie läuft die Implementierung von Updates, Patches, Fixes, Upgrades und Neuentwicklungen ab
✔ Wie wird mit auftretenden Änderungen umgegangen hinsichtlich
✔ Technologie
✔ Infrastruktur
✔ Internen und externen Anforderungen
✔ Prozessen
✔ Skills
✔ Ressourcen

Sicherheitsanforderungen und Datenschutz

✔ Bestehen eine Sicherheitsstrategie, -richtlinien und -anforderungen, die der Outsourcingnehmer zu erfüllen hat

✔ Wie ist die Datensicherung geregelt

✔ Wie ist die Vertraulichkeit, die Verfügbarkeit und die Richtigkeit der Daten sichergestellt

✔ Ist sichergestellt das die Überwachung durch den Outsourcinggeber vorgenommen wird

✔ Existieren Backup-, Contingency- und Disaster-Konzepte

✔ Besteht ein Katastrophenkonzept beim Outsourcinggeber und -nehmer

✔ Sind gemeinsame Notfallübungen geplant und beschrieben

✔ Müssen Daten eventuell verschlüsselt werden

✔ Gibt es dedizierte Vorkehrungen für den Datentransport

✔ Sind spezielle Sicherheitsanforderungen gegen Viren, Hacker, etc. vorgesehen

✔ Welche technischen und organisatorischen Massnahmen sind zum Schutz von Kundendaten vorgesehen

✔ Wie werden die Infrastrukturen, Middleware, Applikationen insbesondere geschützt, dass keine Kopien, technischen Fehler, Diebstahl, Fälschung, etc. möglich sind

✔ Sind die Sicherheitsanforderungen in einem Betriebshandbuch beschrieben

✔ Müssen die eingesetzten Mitarbeiter spezielle Anforderungen in Bezug auf Vertrauenswürdigkeit erfüllen

✔ Sind die Eigentumsübertragung und der Besitz an technischen Infrastrukturen (Hardware, Software, etc.) im laufenden Vertrag sowie nach Vertragsende geregelt

✔ Muss der Source-Code bei einem neutralen Dritten hinterlegt werden

✔ Sind die Leistungen exklusiv für den Outsourcinggeber zu erbringen oder dürfen diese auch Dritten angeboten werden

✔ Ist die Datenintegrität gewährleistet

Geschäftsgeheimnis

✔ Ist die Unterzeichnung einer Geheimhaltungserklärung sinnvoll

✔ Falls der Outsourcingnehmer Zugriff auf Kundendaten hat, ist dieser unter das Geschäftsgeheimnis gestellt

✔ Liegt ein separater Vertrag (oder Klausel) zur Wahrung der Vertraulichkeit gegenüber Kundendaten vor

✔ Ist durch technische, organisatorische und personelle Massnahmen sichergestellt, dass die Vertraulichkeit der Daten gegenüber Dritten gewährleistet ist, falls der Outsourcingnehmer seine Leistungen mehreren Kunden anbietet

✔ Ist eine Wettbewerbsklausel sinnvoll

Qualitätssicherung

✔ Welche qualitätssicherernden Massnahmen existieren auf Seite des Outsourcingnehmers

✔ Sind die Prozesse bzw. Produkte ISO-zertifiziert

✔ Wie wird mit abweichenden Leistungen umgegangen

✔ Werden externe Einflussgrössen (neue, angepasste Gesetze, etc.) vom Outsourcingnehmer auch berücksichtigt bzw. nachvollzogen

✔ Gibt es eine neutrale Instanz, welche die Qualitätssicherung des Outsourcingnehmers überwacht

✔ Ist ein Load Balancing / Sharing vorgesehen

Reporting

✔ Ist ein Reporting vorgesehen bzw. institutionalisiert und was ist wann zu berichten

✔ In welchem Rhythmus (monatlich, quartalsweise) erfolgt das Reporting

✔ Wer sind die Empfänger der Reports

✔ Wie werden die externen Reports ins interne Kontrollsystem integriert

---

Haftungsbestimmungen

✔ Haftet der Outsourcingnehmer für / bei

  ✔ Erbringen von reduzierten, verspäteten sowie mangelhaften Leistungen

  ✔ Direkten Schäden und etwaigen Folgeschäden

  ✔ Qualitätseinbussen

✔ Wer ist (neutraler) Ansprechpartner bei Konflikten

✔ Wer ist Eskalationsinstanz

✔ Wie läuft der Prozess der Schadenregulierung ab

✔ Welche Strafzahlungen (penalties) sind vorgesehen

✔ Ist der Outsourcingnehmer nur für direkte oder auch indirekte Schäden haftpflichtig

✔ Welche Gewährleistungen und Garantieleistungen bestehen

✔ Ist eine Konventionalstrafe vorgesehen und wann kommt diese zum Tragen:

  ✔ Bei jedem Ereignis

  ✔ Unabhängig vom Verschulden

  ✔ Höhe pro Vorfall

  ✔ Kriterium für Vertragsauflösung

  ✔ (Keine) Entbindung der Vertragserfüllung

Rechte und Pflichten

✔ Aufführen der Rechte und Pflichten für Outsourcinggeber und –nehmer

  ✔ Klauseln

  ✔ Gewährleistung und Sicherheitsbestimmungen

  ✔ Spezialvereinbarungen

  ✔ Zu berücksichtigende Gesetze und Vorgaben

  ✔ Empfehlungen der Branche und von Kommissionen

  ✔ Gerichtsstand und anwendbares Recht

  ✔ Sorgfaltspflicht

Rechte und Pflichten (Fortsetzung)

✔ Ist die Einhaltung sämtlicher gesetzlicher und vertraglicher Pflichten gewährleistet

✔ Ist der Outsourcingnehmer gegen Risiken (Diebstahl, Einbruch, Elementarschäden, etc.) versichert

✔ Sind die Eigentumsverhältnisse geklärt, falls der Vertrag vorzeitig beendet wird

✔ Darf mit dem Namen des Outsourcinggebers öffentlich geworben werden

✔ Besteht ein allgemeines und gegenseitiges Abwerbe- und Anstellungsverbot

✔ Wie ist die Buchführung und Aufbewahrungspflicht geregelt

✔ Wie ist eine ev. Rückführung von Leistungen gesichert

✔ Ist die Übertragung von Softwarelizenzen geregelt

Leistungsverrechnung und Konditionen

✔ Auf welcher Basis werden Leistungen verrechnet

✔ Wurden die Zahlungsmodalitäten besprochen und definiert

✔ Ist die Leistungsverrechnung transparent, was ist bei der Leistungsverrechnung inklusive und was exklusive

✔ Existiert eine Rabattstaffel

✔ Wann fallen Zusatzkosten an

✔ Wie sind die Zahlungsbedingungen und Konditionen

✔ Wann erfolgt die Rechnungsstellung

✔ Gibt es eine Abhängigkeit zum Marktpreis, einen Preisindex

✔ Wie lange ist die Laufzeit definiert

Schlussbestimmungen / Anhänge

✔ Ist das Inkrafttreten definiert

✔ Ist der Gerichtsstand geklärt und aufgeführt

✔ Bedürfen alle Änderungen der Schriftform

✔ Wurde festgelegt, welche Anhänge als integrierte Vertragsbestandteile gelten

4.9   Messung der Kundenzufriedenheit

Die Messung erfolgt mit dieser Benotung:

1 = trifft überhaupt nicht zu

2 = trifft eher nicht zu

3 = trifft teilweise zu

4 = trifft zu

5 = trifft voll und ganz zu

Gesamtzufriedenheit
✔ Wie zufrieden sind Sie insgesamt mit den erbrachten Dienstleistungen

Auftreten und Wirkung
✔ Professionell
✔ Kundenorientiert
✔ Innovativ
✔ Glaubwürdig und ehrlich
✔ Pragmatisch
✔ Sympathisch und offen

Kompetenzfelder
✔ Die Ansprechpartner sind gut ausgebildet und haben das nötige technische Know-how
✔ Die Ansprechpartner sind gut ausgebildet und haben das nötige fachliche Know-how
✔ Die Ansprechpartner sind teamfähig, kommunikativ und sozial kompetent
✔ Die Ansprechpartner werden ihren Fähigkeiten entsprechend (beim Outsourcinggeber) eingesetzt
✔ Veränderungen der Ansprechpartner beeinflussen die Qualität der Leistungen nicht

Qualitätsstandards

✔ Der Aufgabenbereich ist klar definiert

✔ Die Arbeitsabläufe sind transparent und zweckmässig

✔ Die Arbeitsabläufe werden laufend überprüft und verbessert

✔ Die Lösungen entsprechen den Erwartungen und Anforderungen

✔ Die Lösungen sind stabil

✔ Die Supportleistungen sind kompetent und zuverlässig

✔ Die Ansprechpartner unterstützen adäquat bei Problemen

Servicegrad

✔ Die Ansprechpartner zeigen Interesse, Engagement und Initiative

✔ Die Ansprechpartner sind nett und freundlich

✔ Die Ansprechpartner sind belastbar

✔ Die Ansprechpartner erbringen die Dienstleistungen professionell

✔ Die Beratung ist kompetent

✔ Fragen und Emails werden schnell beantwortet

✔ Die Ansprechpartner sind telefonisch und via Email gut erreichbar

✔ Die Ansprechpartner verstehen die Bedürfnisse des Outsourcinggebers

✔ Die Ansprechpartner gehen auf Anliegen ein

✔ Ist der Ansprechpartner nicht der richtige, so wird er die Anfrage umgehend an die zuständige Person weiterleiten

Kommunikation & Informationsverhalten

✔ Man erhält rechtzeitig und unaufgefordert die benötigten Informationen

✔ Über wichtige Unternehmensentscheide des Outsourcingnehmers wird rechtzeitig und ausreichend informiert

✔ Insgesamt ist der Informationsfluss sowie das Kommunikationsverhalten den Arbeitsaufgaben angepasst

---

Der Outsourcingnehmer als Unternehmen

✔ Der Outsourcingnehmer passt sich schnell an Marktveränderungen an

✔ Der Outsourcingnehmer hat eine klare Strategie für die Zukunft

✔ Der Outsourcingnehmer richtet sich generell an den Bedürfnissen des Outsourcinggebers aus

✔ Bei Meinungsverschiedenheiten wird nach Lösungen gesucht, die beiden Seiten zusagen

✔ Beim Outsourcingnehmer herrscht ein gutes Klima und angenehmer Umgangston

---

Termine & Kosten

✔ Zugesagte Termine werden eingehalten

✔ Zugesagte Kosten werden eingehalten

✔ Die Kosten sind transparent und nachvollziehbar

✔ Die Leistungen sind ihren Preis wert

Teamorientierung

✔ Konflikte werden angegangen und konstruktiv gelöst

✔ Anregungen und Vorschläge werden ernst genommen

✔ Über aktuelle Aufgaben bzw. Änderungen wird ausreichend informiert

✔ Die Arbeitslast kann bewältigt werden und ist ausgewogen verteilt

---

Beziehungsebene

✔ Ich bin daran interessiert, einen permanenten Dialog zu führen

✔ Meine primären Ansprechpartner sind mir bekannt

✔ Ich fühle mich gut aufgehoben

✔ Ich arbeite gerne mit dem mir zugeteilten Ansprechpartner zusammen

Beziehungsebene (Fortsetzung)
✓ Ich würde den Outsourcingnehmer weiterempfehlen
✓ Haben Sie sich über eine Leistung beschwert
✓ Wie zufrieden waren Sie mit der Abwicklung und dem Resultat Ihrer Beschwerde
✓ Wurden die Erwartungen vollumfänglich erfüllt

Stärken & Schwächen
✓ Bitte nennen Sie jeweils aus Ihrer Sicht die wichtigsten Stärken und Schwächen

Änderungsvorschläge
✓ Wo ist Ihrer Meinung nach dringender Handlungsbedarf angesagt?

Fragen zur Person
✓ Name, Vorname
✓ Business Unit
✓ Funktion
✓ Primäre Ansprechpartner

Epilog

Die Zukunft ist nicht die Linearität der Vergangenheit – will heissen, dass die Gründe für und Arten des Outsourcing zukünftig nicht die selben sein werden, wie dies in den letzten Jahren der Fall war.

Nachdem das erste Buch den Fokus auf einem Überblick im Outsourcing hatte, ist das vorliegende speziell auf die Umsetzung ausgerichtet.

Beraterleistungen werden in der Regel qualitativ als gut und zugleich als sehr teuer empfunden. Eine Idee besteht darin, dass neben der Outsourcing-Methode auch ein (kundenindividuelles) T-T-T (Train-The-Trainer-) Konzept in der Form „Hilfe zur Selbsthilfe" angeboten wird. So wird die Abhängigkeit von den Beraterleistungen abnehmen.

Zweifelsohne wollen Consultants möglichst viele Tage beim Kunden verbringen. Hier verfolgen die Autoren einen anderen Ansatz: dem Kunden „Hilfe zur Selbsthilfe" zu geben, damit dieser soweit wie möglich unabhängig von Beratern ist und diese spezifisch einzusetzen, um so die Probleme des Kunden zu lösen bzw. die Projektrisiken zu senken.

Sichern Sie sich den nachhaltigen Unternehmenserfolg durch ein durchdachtes, pragmatisches und ingenieurmässiges Vorgehen!

Das Autorenteam

Abbildungsverzeichnis

Literaturverzeichnis

Bleicher, K.: Das Konzept integriertes Management. 2. Auflage, Frankfurt/Main, New York, 1992

Bruch, H.: Outsourcing, Konzepte und Strategien, Chancen und Risiken, Wiesbaden, 1998

Computerwoche: www.computerwoche.de: Outsourcer kämpfen um den Mittelstand. 16.6.2003

Computerwoche: Der holprige Weg zum Nearshoring, 27/2005

Cunningham, P.A., Fröschl, F.: Outsourcing. Strategische Bewertung einer Informationsdienstleistung. Frankfurt, 1995

Dittrich, J., Braun, M.: Business Process Outsourcing, Entscheidungsleitfaden für das Out- und Insourcing von Geschäftsprozessen

e-business: www.e-business.de: 50 Prozent mehr Outsourcing. 26.6.2003

ephorie: www.ephorie.de/it-sourcing-map.htm, 2005

Franze, F.: Outsourcing, begriffliche und kostentheoretische Aspekte. 1998

Frosch, E., Hartinger G., Renner G.: Outsourcing und Facility Management im Krankenhaus. Strategien – Entscheidungstechniken – Vorgehensweisen. Wien/Frankfurt, 2001

Gartner: BPO market to grow to $173 Billion in 2007. 2003

German Facility Management Association: www.gefma.de, Markt FM, 20.6.2003

Greaver, Maurice F.: Strategic Outsourcing, A structured approach to outsourcing decisions and initiatives, New York, 1998

Gutzwiler, Th.: Das CC RIM-Referenzmodell für den Entwurf von betrieblichen, transaktions-orientierten Informationssystemen, Heidelberg, 1994

Helbling Management Consulting: Facility Management in Deutschland. Status und Perspektiven. Marktstruktur 2000. München, 2000

Hermes, H.-J., Schwarz, G.: Outsourcing, Chancen und Risiken, Erfolgsfaktoren, rechtssichere Umsetzung, München, 2005

Horchler, H.: Outsourcing, eine Möglichkeit zur Wirtschaftsoptimierung für Unternehmensfunktionen und –prozesse. Frechen, 1996

IDC: Transformational Outsourcing. Helping companies adapt to a volatile future. Framingham, 2003

Kaplan, R., Norton, D.: The Balanced Scorecard. Translating Strategy into Action. Boston, 1996

Kübler St.: Key Success Factors for Outsourcing and Shared Services Projects with Focus on Service Level Agreements, Diplomarbeit Hochschule Reutlingen, 2005

Lindtner, P.: Fern und doch nah, in: e-commerce magazin 3/05, S. 24

Metagroup: www.metagroup.de: Klassisches Outsourcing ist bei den Anwendern out. 20.6.2003

Nävy, J.: Facility Management. Grundlagen, Computerunterstützung, Einführungsstrategie, Praxisbeispiele. 2. Auflage, Berlin, 2000

Osterloh, M., Frost J.: Prozessmanagement als Kernkompetenz. Wie Sie Business Reengineering strategisch nutzen können. Wiesbaden, 1998

Picot A., Maier M.: Analyse und Gestaltungskonzepte für das Outsourcing, in: Information Management, 7. Jg., Heft 4, 1992

POM+ Consulting AG: FM Monitor 2002. Der Schweizer Facility Management-Markt im Überblick. Zürich, 2002

Porter, M.E.: Competitive Strategy. Techniques for analyzing industries and competitors. New York, 1980

Reichmayr, C.: Collaboration und WebServices: Architekturen, Portale, Techniken und Beispiele. Berlin, 2002

Travis AG: Swiss Facility Management 2000. Die Schweiz am Anfang einer erfolgversprechenden Entwicklung. Zürich, 2001

Ulrich, L.: Facility Management – Jahrbuch 2002 / 2003. Berlin, 2002

Wisskirchen, F.: Outsourcing-Projekte erfolgreich realisieren. Strategie, Konzept, Partnerauswahl. Stuttgart, 1999

Womack, J., Jones, D., Roos, D.: The machine that changed the world: the story of lean production. 1991

Abkürzungsverzeichnis

ASP	Application Service Provider
BAO	Business Application Outsourcing
BSC	Balanced Scorecard
BPO	Business Process Outsourcing
BPR	Business Process Reengineering
CD	Compact Disc
CEO	Chief Executive Office
CIO	Chief Information Officer
CRO	Chief Risk Officer
DMZ	Demilitarisierte Zone
ERP	Enterprise Ressource Planning
EDI	Electronic Data Interchange
FM	Facility Management
IT	Informations Technology
KMU	Kleine und mittlere Unternehmen
LOI	Letter of Intent
M&A	Mergers & Acquisition
OSC	Outsourcing Scorecard
RAS	Remote Access Server
RE	Real Estate
RFP	Request of Proposal
SLA	Service Level Agreement
SO	Selektives Outsourcing
SSC	Shared Service Center
SWOT	Strengths, Weaknesses, Opportunities, Threats
TCO	Total cost of ownership
VPN	Virtual Private Network

Über die Autoren

Marcus Hodel

Marcus Hodel, Verfasser von Fachpublikationen und Dozent, ist Inhaber eines Consulting- und Trainingunternehmens, das sich auf Consulting und Training in den Bereichen Business Process (Re-) Engineering, Change Management, Konflikt Management, Mergers & Acquisitions, Organisation, Outsourcing, Projekt Management, Teamanalyse und –Zusammensetzung (recruiting) und Tools spezialisiert hat. Die Freizeit verbringt er mit Golf spielen.

Peter Risi

Peter Risi kennt die Outsourcing Materie aus der Praxis und hat sowohl in der Rolle als Anbieter wie auch als Berater langjährige Erfahrung. Heute ist er Geschäftsführer & Inhaber der Primacos-IT GmbH in Zug, welche spezialisiert ist auf Sourcing-Strategien, Outsourcing-Realisierungen sowie Kosten- und Leistungsoptimierungen in der Informatik.

Alexander Berger

Alexander Berger hat an der Universität Bern Betriebswirtschaftslehre studiert und den MBA in Business Engineering an der Universität St. Gallen absolviert. Heute arbeitet er als Unternehmensberater bei BSG Unternehmensberatung in den Bereichen Prozesse, IT, Outsourcing und Realtime Enterprise.

Werner Bolter

Werner Bolter, dipl. Wirtschaftsinformatiker, arbeitet seit April 2000 bei RedIT. Seine Tätigkeiten umfassen den Aufbau einer Abteilung mit Schwergewicht ASP- / Outsourcing. Im Rahmen seiner Beratungstätigkeit leitet er Outsourcing.

Rocco Leone

Rocco Leone arbeitet als COO bei Convision AG - ein herstellerunabhängiges IT-Dienstleistungsunternehmen. Als Wirtschaftsinformatiker und Master of Business Process Engineer hat er mehr als 17 Jahre Erfahrung in der Leitung verschiedener komplexer IT Projekte. Vor seiner Tätigkeit bei Convision war er in diversen Unternehmungen in Führungspositionen tätig.